安徽省哲学社会科学规划孵化项目"当代中国主流意识形态在司法裁判中的介入及其边界研究"（AHSKF2018D10）阶段性成果

安徽师范大学博士科研启动金项目"意识形态视野中的司法面孔"资助出版

司法的意识形态之维

张昌辉　著

*The
Ideological
Dimension
of
Judicature*

WUHAN UNIVERSITY PRESS
武汉大学出版社

图书在版编目(CIP)数据

司法的意识形态之维/张昌辉著.—武汉:武汉大学出版社,2022.5
ISBN 978-7-307-22978-5

Ⅰ.司… Ⅱ.张… Ⅲ.司法—研究 Ⅳ.D916

中国版本图书馆 CIP 数据核字(2022)第 041590 号

责任编辑:陈 帆 责任校对:汪欣怡 版式设计:马 佳

出版发行:**武汉大学出版社** (430072 武昌 珞珈山)
(电子邮箱:cbs22@whu.edu.cn 网址:www.wdp.com.cn)
印刷:武汉中科兴业印务有限公司
开本:720×1000 1/16 印张:13.25 字数:197 千字 插页:1
版次:2022 年 5 月第 1 版 2022 年 5 月第 1 次印刷
ISBN 978-7-307-22978-5 定价:59.00 元

目　　录

导　　论

> 研究意识形态是一个遭遇许多这样的世界的过程，其中有些世界是相当狂热的和有限制的，而另一些是视野开阔的。意识形态研究本身是一个自觉地把我们的理解体系与其他人的理解体系相结合的尝试，这种尝试也可能是一次丰富的经验。①
>
> ——[澳]安德鲁·文森特

一、问题的提出与限定

司法与意识形态，前者是纠纷解决、法律实施的公正权威机制，后者是服务于统治关系的主导价值体系，两者之间看似毫无瓜葛，实则难解难分。这种似远又近的关系首先是一道实践命题，它是客观存在的现象，不容否认而只能面对。否认司法与意识形态之间的现实遭遇，实质上是不尊重实践的鸵鸟政策。这里面既隐藏着一种刻意回避或掩盖，即搁置或不争论；同时也间接包括了一种对两者现实关系的价值判断，即事实上有关联但价值上不应有关联。不管是"搁置不论"还是"价值下判"，实际上反而证明了这一对实践关系的存在。正视与面对这一客观现实，它就由此变成了一道理论命题。远一点说，司法与意识形态的关系问题是法律意识形态研

① [澳]安德鲁·文森特：《现代政治意识形态》，袁久红等译，江苏人民出版社2008年版，第28页。

1

究乃至于法律政治学这样的交叉学科研究的一个重要内容；近一点看，司法与意识形态的关系问题是司法政治研究或司法政治学中的核心问题甚至是元问题。

作为一道交叉命题，司法与意识形态关系研究的意义是双向的：在政治、社会场域中，司法越来越成为国家与社会治理体系中的必备结构性成分，而不仅仅是一个手段或技术问题，正所谓"司法治国"，由此，司法就不仅仅止于通过司法权力发挥功能的镇压性国家机器的单一面向，① 它势必承载了意识形态国家机器的角色，并主要通过意识形态发挥功能。② 主流意识形态由此获得了一条通过司法的实现载体和路径。而在司法场域中，意识形态似乎是一个陈词，一度受到排斥而致出现频率降低，或是被话语、叙事、象征、正当化等术语所替代，③ 但是，意识形态之于理解法律生活和司法实践是重要的，司法不仅面临着外部意识形态，它甚至还存在着一个内部意识形态问题。④ 尤其是在马克思主义法学传统中，意识形态概念所具有的宽广度和专属性是不容随意取消或替换的。

严格来讲，司法与意识形态的关系论题包括两大方面：司法的意识形态之维只代表着其中一个方面，其主要考察的是意识形态对司法的影响及由此生成的司法的政治逻辑；另一个方面则是意识形态的司法之维，着重考察司法对意识形态的影响与承担。只有将这两个方面综合起来，司法与意识形态的关系才能得到较为全面的考察。当然，这两个方面也并非截然

---

① 参见［法］阿尔都塞：《关于"意识形态国家机器"的说明》，孟登迎、赵文译，载王璜生主编：《美术馆——全球化语境中的博物馆经济》（总第十二期），上海书店出版社 2008 年版。

② 参见［法］阿尔都塞：《意识形态和意识形态国家机器》，孟登迎译，载《哲学与政治：阿尔都塞读本》，陈越编译，吉林人民出版社 2003 年版，第 327~339 页。

③ 参见［加］希普诺维奇：《法律与意识形态》，张昌辉译，载《南京大学法律评论》2012 年第 1 期；Alan Hunt, The Ideology of Law: Advances and Problems in Recent Applications of the Concept of Ideology to the Analysis of Law, Law & Society Review, Vol. 19, No. 1 (1985), pp. 11-38.

④ 参见［英］安德鲁·哈尔平：《意识形态与法律》，张昌辉译，载《法律与伦理》2019 年第 2 期。

分开的，意识形态对司法的影响一定程度上必然体现为司法对意识形态的担当。本书侧重考察的是前者，这样的安排一是基于法学视角的切入点考量，即尽管运用了政治学等其他学科理论与方法，但主要还是以法学为出发和旨归；二是遵循司法政治学的一般学理和研究重心，纵观国内外司法政治研究历程，法院与法官的政治维度及其运转逻辑始终是其主要研究对象和范围，其核心理论视点是"作为政治机构的法院，作为政治行动者的法官"。①

就本书的研究而言，其可能的价值与意义有二：一是，在理论上，引入意识形态问题与视角，有助于清理司法的"去意识形态化"和"泛意识形态化"两种极端认识误区，确立意识形态影响司法的辩证分析模式，揭示、拓宽司法研究的意识形态维度，提升意识形态工具在司法研究中的解释力，拓宽司法研究的多学科视野，展示一道不一样的司法风景并打开司法的另一副真实面孔。二是，在实践上，解读司法体制的建构发展、司法主体的角色塑造、司法程序的制度设计、司法审判的决策依据、司法裁决的社会认同与意识形态影响等若干现实关系，有助于为意识形态影响司法系统提供理论指引、方法论支撑，尤其是规范化的运行和约束机制；有助于反思和矫正司法日常实践和改革发展中对主流意识形态影响的误读和滥用现象，为规范社会主义核心价值观融入司法活动，坚持和完善党对司法的领导和支持，健全和优化司法参与国家治理等提供策略和机制方案。

二、研究现状综述与评价

（一）国内研究现状及其评价

随着国内司法政治研究的逐步兴起，司法的意识形态影响论题研究成果逐步增多，近十年的时间内，主要在法理与法史、诉讼法与司法制度、

---

① See Martin Shapiro, Political Jurisprudence, 52 Ky. L. J. 294（1964）；Martin Shapiro, Alec Stone Sweet, On Law, Politics, and Judicialization, Oxford University Press, 2002；Mark C. Miller, Judicial Politics in the United States, Taylor &Francis, 2015.

宪法与行政法、中国政治与国际政治等学科领域，围绕司法组织、人事和改革等具体议题，集中涌现了一批可观的研究成果。从研究内容上可将这些研究成果概括如下。

1. 司法方法论层面的研究。此类研究可进一步归为两类：一类主要从理论层面剖析司法过程中法律解释、利益衡量、法律修辞等司法方法运用与意识形态的关联，代表性文献有：陈金钊的《司法意识形态：能动与克制》（《现代法学》2010 年第 5 期）、《法官司法的克制主义姿态及其范围》（《法律方法》2008 年刊）、《法律修辞方法对构建法治意识形态的意义》（《杭州师范大学学报（社会科学版）》2014 年第 6 期）、谢晖的《法律诠释与意识形态》（《现代法学》2002 年第 1 期）、陈林林的《裁判的进路与方法》（中国政法大学出版社 2007 年版）、吴丙新的《传统司法意识形态的反思与修正》（《法学》2013 年第 1 期）、李永成和余继田的《司法克制主义——中国语境下的司法意识形态探析》（《河北经贸大学学报（综合版）》2009 年第 4 期）、张晓笑的《法官决策的思维模型》（法律出版社 2020 年版）、张利春的《日本民法中的利益衡量论研究》（山东大学 2008 年博士学位论文）、王群的《秉持一种温和的司法克制主义——我国法官司法意识形态的对策性研究》（山东大学 2011 年硕士学位论文）等。另一类结合实例考察了能动司法、社会主义核心价值观融入司法中的意识形态影响问题，代表性文献有：公丕祥的《当代中国能动司法的意义分析》（《江苏社会科学》2010 年第 5 期）、顾培东的《能动司法若干问题研究》（《中国法学》2010 年第 4 期）、陈金钊的《"能动司法"及法治论者的焦虑》（《清华法学》2011 年第 3 期）、林文学等的《以司法方式加强社会主义核心价值观建设的方法论》（《法律适用》2018 年第 19 期）、孟融的《中国法院如何通过司法裁判执行公共政策》（《法学评论》2018 年第 3 期）、廖永安等的《路径与目标：社会主义核心价值观如何融入司法》（《新疆师范大学学报（哲学社会科学版）》2019 年第 1 期）、周尚君等的《核心价值观的司法适用实证研究》（《浙江社会科学》2019 年第 3 期）、彭中礼等的《司法裁判中社会主义核心价值观的运用研究》（《时代法学》2019 年第 4 期）等。

2. 司法系统性质与功能层面的研究。这些文献在讨论司法与政治、司法政策、司法与政党、司法与道德、司法的政治功能、司法的政治理性、司法的政治生态、司法参与公共政策制定或执行等问题之中涉及司法与政治意识形态的一般关系、司法的意识形态功能、政党意识形态对司法的影响、司法对主流意识形态的回应等问题。代表性文献有：苏力的《中国司法中的政党》（《法律和社会科学》2006 年刊）、江必新的《正确认识司法与政治的关系》（《求是》2009 年第 24 期）、江国华的《常识与理性（十）：司法技术与司法政治之法理及其兼容》（《河北法学》2011 年第 12 期）、周永坤的《政治当如何介入司法》（《暨南学报（哲学社会科学版）》2013 年第 11 期）、王建勋《政治化：误入歧途的中国司法》（《领导者》2011 年总第 41 期）、周赟的《政治化：司法的一个面向》（《法学》2013 年第 3 期）、杨建军的《法治国家中司法与政治的关系定位》（《法制与社会发展》2011 年第 5 期）、程竹汝的《司法改革与政治发展》（中国社会科学出版社 2001 年版）、卓英子的《司法审判中的政治因素》（中国人民大学 2007 年博士学位论文）、吴英姿的《司法的公共理性：超越政治理性与技艺理性》（《中国法学》2013 年第 3 期）、顾培东的《当代中国司法生态及其改善》（《法学研究》2016 年第 2 期）、宋亚辉的《公共政策如何进入裁判过程》（《法商研究》2009 年第 6 期）、方乐的《司法参与公共治理的方式、风险与规避》（《浙江社会科学》2018 年第 1 期）、李红勃的《通过政策的司法治理》（《中国法学》2020 年第 3 期）等。

3. 司法文化传统层面的研究。这些文献运用司法史材料实证探讨了中华人民共和国成立后人民司法传统确立的意识形态建构、司法转型与改革的意识形态话语变迁、中国特色党政体制及其政法话语对司法的塑造、主流意识形态对法官思想的改造和对司法审判的主导等问题。代表性文献有：强世功的《法制与治理：国家转型中的法律》（中国政法大学出版社 2003 年版）、侯欣一的《从司法为民到大众司法》（三联书店 2020 年版）、刘全娥的《陕甘宁边区司法改革与"政法传统"的形成》（人民出版社 2016 年版）、高其才等的《政治司法》（法律出版社 2009 年版）、何民捷的《意识形态对司法审判的影响》(中国人民大学 2012 年博士学位论文)、滕彪的《"司法"的变迁》(《中外法学》2002 年第 6 期)、《话语与实践：当代中国司法"中心工作"的变迁》(《法哲学与法社会学论丛》2003 年刊)、程竹汝的《论当前中国司法价值的变迁态势》(《湖北行政学院学报》2004 年第 5 期)、江国华的《转型中国的司法价值观》(《法学研究》2014 年第 1 期)、杨建军的《司法改革的理论论争及其启迪》(《法商研究》2015 年第 2 期)、瞿郑龙的《我国司法模式的历史变迁与当代重构》(《法学评论》2016 年第 4 期)、孙笑侠的《司法职业性与平民性的双重标准》(《浙江社会科学》2019 年第 2 期)、郑智航的《党政体制塑造司法的机制研究》(《环球法律评论》2020 年第 6 期)、左卫民的《中国法官作用机制：基于理念的初步评析》(《现代法学》2010 年第 5 期)、刘忠的《政治性与司法技术之间：法院院长选任的复合二元结构》(《法律科学》2015 年第 5 期)、刘练军的《"红"与"专"：法官职业认知的理念与规范叙事》(《法治研究》2019 年第 5 期)等。

4. 比较法角度的研究。这些文献探讨了美国等异域国家司法的意识形态角色与功能、政党意识形态在司法建制与司法决策过程的影响等问题。代表性文献有：田雷的《法官如何决策？——司法行为研究的文献综述》(《法律方法》2009 年刊)、刘辉的《美国最高法院大法官选任过程中的意识形态因素分析》(《美国问题研究》2011 年第 2 期)、《美国最高法院的国家治理角色》(《当代世界》2015 年第 12 期)、封丽霞的《政党与司法：关联与距离——对美国司法独立的另一种解读》(《中外法学》2005 年第 4 期)、陈林林等的《基于"态度"的司法决策》(《浙江大学学报(人文社会科学版)》2014 年第 3 期)、于明的《司法治国》(法律出版社 2015 年版)、杨建民的《拉美国家的法治与政治：司法改革的视角》(社会科学文献出版社 2015 年版)、王彬的《论司法决策的政治面向——以美国联邦最高法院为中心》(《法律方法》2018 年第 3 期)、于晓虹的《计算法学：展开维度、发展趋向与视域前瞻》(《现代法学》2020 年第 1 期)、徐霄飞的《司法政治研究的兴起与分化》(《法律和政治科学》2020 年第 1 期)、江国华等的《美国司法政治变迁的内在逻辑》(《河北法学》2021 年第 1 期)、李炳烁的《司法制度的政治功能——民权运动时期美国联邦最高法院的政治角色分析》(吉林大学2008 年博士学位论文)、郝丽芳的《美国联邦司法政治研究》(南开大学2013 年博士学位论文)等。

5. 一些文献在探讨法律与意识形态的关系、法律意识形态议题时简要论及司法与意识形态的关系或司法意识形态问题。代表性文献有：任岳鹏的《西方马克思主义法学视域下的"法与意识形态"问题研究》(法律出版社2009 年版)、吕明的《法律意识形态的语义和意义》(安徽大学出版社 2011年版)、黄辉的《法律意识形态论》(中国政法大学出版社 2010 年版)、孙春伟的《法律意识形态论》(法律出版社 2014 年版)、刘祥林的《法的意识形态性研究》(南京大学 2012 年博士学位论文)等。

综合来看，在法政治学复兴、政法主题回归的背景下，随着国内法学界研究的不断深化和政治学等学科视野的不断介入，司法中的意识形态影响问题本身不应遭受的偏见得到清理，摆脱了少有人问津的局面，在理论与实践上的研究价值也逐渐呈现。在核心价值观融入法治建设、法治中国建设系统推进的新时代背景下，该一论题有望获得更多、更深入的关注。但是，不足之处也是显然的。第一，概念工具上，国内学界相关研究还未能与意识形态一般理论实现充分的融通，意识形态的概念把握上还存在偏差，其与政治、公共政策、道德价值等术语的学理关系未能厘清，从而严重阻碍了相关研究的广度和深度。第二，分析模式上，相关研究还缺乏较为自觉而明确的分析范式，尽管有学者提出并应用了一定的分析框架，但缺乏细致、严谨的理论建构；尽管一些研究潜藏有一定的分析模式，但均有待深入检视和提炼；尽管有对国外分析模型的译介，但既存在遗漏，未能追踪到最新理论动态，又出现一定的误读现象。第三，研究内容上，大量的研究或泛泛而谈或浅尝辄止，具体影响机制及其界限还缺乏集中而充分的探讨。第四，研究视角和方法上，还主要局限于法学和政治学学科领域，多学科资源与交叉研究方法有待进一步引入。具体分析方法上，规范分析有余，实证分析不足，定性分析未能与定量分析有机结合，法官意识形态及其影响的量化分析相当匮乏。

（二）国外研究现状及其评价

国外学界关于意识形态影响司法的研究起步较早。相关研究内容概括如下。

1. 主要法学流派的思想观点和知名法学人的专门研究。

其一是主要法学流派方面。分析法学作为一种逆向意识形态，其法律与政治、与道德的分离命题实际成为理解司法与意识形态关系的一种典型模式，而哈特有关法律开放结构中的司法裁量分析①、拉兹关于实证主义的司法裁量观的概括②都给意识形态影响司法问题提供了视角。自然法理论毫不避讳自身的意识形态性，自然法视角下的法律向政治、道德环境保持开放，法律不仅是由价值或意识形态所形塑，而且背负着实现这些价值或意识形态的使命。富勒对司法的内在道德与外在道德进行了详尽论证③，德沃金提出了原则概念和原则司法的思想④，其间都闪现着关于司法与道德意识形态关系的深刻见解。法律社会学派侧重于从功能角度对司法与意识形态的关系进行实证研究，在庞德关于"不据法审判"的理论⑤中，意识形态在司法自由裁量过程中扮演着重要准据或参酌的角色；在伯克利学派关于压制型法、自治型法与回应型法的类型化研究中，⑥ 法律与政治在不同历史背景和现实语境中的关系模式为分析和诠释意识形态影响司法问题

① 参见［英］哈特：《法律的概念》，许家馨、李冠宜译，法律出版社 2006 年版，第 188~257 页。

② 参见［英］拉兹：《法律的权威》，朱峰译，法律出版社 2005 年版，第 158~171 页。

③ 参见［美］富勒：《法律的道德性》，郑戈译，商务印书馆 2005 年版，第 40~215 页。

④ 参见［美］德沃金：《认真对待权利》，信春鹰、吴玉章译，中国大百科全书出版社 1998 年版，第 41~119 页。

⑤ 参见［美］庞德：《法理学》第 2 卷，邓正来译，中国政法大学出版社 2007 年版，第 345~362 页。

⑥ 参见［美］诺内特、塞尔兹尼克：《转变中的法律与社会：迈向回应型法》，张志铭译，中国政法大学出版社 2004 年版，第 16~126 页。

提供了重要的框架和模型。在西方马克思主义法学和批判法学理论中，政治和意识形态均作为关键词占据着显要的位置。阿尔都塞的《意识形态和意识形态国家机器》(孟登迎译，吉林人民出版社 2003 年版)、《关于"意识形态国家机器"的说明》(孟登迎、赵文译，上海书店出版社 2008 年版)等关于意识形态、法律意识形态的探讨为司法的意识形态影响研究打下了扎实的理论基础；Colin Sumner 的 *Reading Ideologies：An Investigation into the Marxist Theory of Ideology and Law*(Academic Press，1979)考察了司法中的意识形态阅读方法；柯林斯的《马克思主义与法律》(邱昭继译，法律出版社 2012 年版)关于司法过程中法律推理自治的批判为司法与意识形态关系问题提供了精辟分析。批判法学的"教皇"肯尼迪的《私法判决的形式与实质》(肖宁译，《私法》2007 年第 1 期)、《判决的批判》(王家国译，法律出版社 2012 年版)是司法的意识形态批判分析的代表性著述；批判法学的"基督"昂格尔在《现代社会中的法律》(吴玉章、周汉华译，译林出版社 2001 年版)中对司法推理展开了深入的意识形态批判分析；批判法学第二代代表人物 Jack M. Balkin 的 *Ideology as Constraint*(Stanford Law Review，43(5)，1991)一文解读了意识形态在法官法律解释中的影响。现实主义法学反对形式主义的机械司法观，强调法官行为和政治因素对判决的影响力，凸显了法官个性、偏见、价值观念等因素在司法过程中的地位。不管是法律怀疑论还是事实怀疑论，现实主义法学为意识形态与司法之间的互动开辟了空间和渠道。

其二是知名法学人方面。比克尔的《最小危险部门：政治法庭上的最高法院》(姚中秋译，北京大学出版社 2007 年版)、沃尔夫的《司法能动主义——自由的保障还是安全的威胁》(黄金荣译，中国政法大学出版社 2004 年版)，这些研究分别在司法克制与司法能动的理念层面为该论题提供了不同立场的解读。达玛什卡的《司法和国家权力的多种面孔》(郑戈译，中国政法大学出版社 2015 年版)考察了主流意识形态对司法程序观念及其制度设计的深刻影响，他关于科层式、协作式、纠纷解决型、政策实施型程序及其组合类型的论证中包含了大量的意识形态分析。波斯纳的《法官如何思考》(苏力译，北京大学出版社 2009 年版)一书梳理与评析了司法行为的九种理论，运用经济学和实用主义理论解读了司法决策中的意识形态因素及其影响范围、方式和制约等问题。关于司法意识形态的测量，Joshua B. Fischman 和 David S. Law 的 *What Is Judicial Ideology, and How Should We Measure It?*（Washington University Journal of Law and Policy, 29（2009））一文对司法意识形态主题的实证研究所面临的困境与难题进行了深度考察。文章指出，在理论上，实证研究缺乏对意识形态语义的清晰理解，从而导致误读和分歧；在方法论上，司法意识形态测量存在着无法直接观测、观测等价、多维面向等难题。文章进而对替代测量、行为测量、移植测量等几种司法意识形态测量法的优劣及其实际表现进行了深入考察和比较评估。

2. 司法政治学领域的集中研究。国外司法政治自 20 世纪中期正式兴起以来，先后经历了法律现实主义与政治行为主义、新制度主义和新法律现实主义的两波理论基础与方法论推进，汇聚了政治学、经济学、法学、人类学、心理学等多学科理论资源与研究方法，研究空间从美、英扩展到欧陆、非、亚等世界多地，研究主题从司法决策过程与行为拓展到司法选任，法院内部决策群体，法院与利益集团、当事人、媒体、公众舆论的互动，司法裁判的执行及其后果，一国法院与他国司法机构的互动等多方面，业已发展成为一门公认的分支学科。[①] 由于有着明晰的学科意识和自觉的方法论，国外司法政治研究对意识形态在司法决策中的角色及影响问题提出了一些比较成熟的解释理论和分析模型。

首先是态度模型。C. Herman Pritchett 在 *The Roosevelt Court: A Study in Judicial Politics and Values*, 1937-1947（Octagon Books, 1969）等著述中开创性地将法官政策偏好与司法裁决关联起来；Glendon A. Schubert 在 *Behavioral Jurisprudence*（Law and Society Review, 3（1968））、*The Judicial Mind: The Attitudes and Ideologies of Supreme Court Justices*, 1946-1963

----

① See Keith E. Whittington et al., The Oxford Handbook of Law and Politics, Oxford University Press, 2008; Mark C. Miller, Exploring Judicial Politics, Oxford University Press, 2009; Robert M. Howard et al., Routledge Handbook of Judicial Behavior, Routledge, 2018.

（Northwestern University Press，1965）等著述中提出并分析了基于意识形态的司法裁决模型；Harold J. Spaeth 在前人研究的基础上明确提出了司法决策的态度模型，他和他的学生 Jeffrey A. Segal 的《正义背后的意识形态——最高法院的模型》（刘哲玮译，北京大学出版社 2012 年版）代表了态度模型的集大成理论。Segal、Spaeth 比较分析了态度模型相较于法律模型、理性选择模型的解释力，系统论证了意识形态在最高法院的创立，大法官选任，案件的准入、裁决、意见撰写分配等各个环节的影响力。

其次是新制度主义模型。尽管较长时间内态度模型在解释美国最高法院司法决策中处于支配地位，它还是遭遇了后来者——新制度主义解释的批判和挑战。理性选择制度主义或曰策略模型由 Walter F. Murphy 等人创立并被 Lee Epstein 等人推广壮大，认为法官作为策略性行动者，其实现偏好的能力受到司法系统内外部其他行动者的制约，而这种制约又是由制度性环境所决定的。历史制度主义解释模型以 Edward Corwin、Robert McCloskey、Martin Shapiro 等人为先驱，后因 Cornell W. Clayton 和 Howard Gillman 两人推出的两本论文集（*Supreme Court Decision-Making*：*New Institutionalist Approaches*，University of Chicago Press，1999；*The Supreme Court in American Politics*：*New Institutionalist Interpretation*，University Press of Kansas，1999）而兴起，该模型对法官何以以及如何采取某种意识形态立场进行了追问，承认法官意识形态偏好的重要性，但又强调司法的内在程序、规范以及法院与更大政治环境之间关系等制度因素对司法决策的影响，认为这些因素不仅可以制约司法行为，而且能塑造或改变法官偏好。

最后是一些解释模型的调适方案。随着司法政治在理论与方法论上的深入进展，一些学者推出了更为综合和平衡的分析模型，从而对司法的意识形态影响提出了更为调和的解释。Lawrence Baum 在《法官的裁判之道》（李国庆译，北京大学出版社 2014 年版）中提出受众本位模型，将获取受众的尊重作为法官决策的核心动机，并以此来综合诸如意识形态、法律、策略等其他因素。Georg Vanberg（2001）提出迈向统一的司法行为理论，将法律、态度、策略、制度等因素整合为一个模型中的不同变量，以此来综合考察意识形态偏好与制度等其他因素对法官决策的影响。① 爱泼斯坦、兰德斯、波斯纳三人合著的《法官如何行为》(黄韬译，法律出版社 2017 年版)一书主张一种将法条、意识形态、其他主观动机以及策略考量统摄起来审视的现实主义裁决理论。

综合来看，国外相关研究存在以下问题：其一，缺乏对意识形态一般理论传统的梳理和重视，未能明晰意识形态与政治取向、党派倾向、偏好、态度等因素的关系。其二，研究方法上，定量有余、定性不足、规范性相对忽视，后起之秀的历史制度主义模型虽有望弥合实证政治分析与规范性法律关切之间的鸿沟，但仍有待观测。由于政治体制、法治环境、司法制度的不同，国外相关研究的理论模式和实践经验有何参考价值、如何进行借鉴需进行谨慎而深入的研究。

三、关键词解释

(一)司法概念的简要界定

探讨司法的意识形态之维，首先必须确定或限定这一对关键词的意义，以免泛泛而谈、不着边际。司法的含义相对较为清晰。司法是相对于立法、执法、守法而言的一个概念，严格意义上的司法指的是司法机关适用法律解决案件的活动。② 本书是在较为宽泛的意义上使用"司法"概念的，本书将司法描绘为一个由主体、程序、方法、裁判及其结果构成的统一体。也就是说，本书的司法，首先指涉行使司法权的主体，而且若无特别交代，本书的司法主体限定于法院或审判机关；③ 其次指涉着司法主体

① Arthur Dyevre, Unifying the field of comparative judicial politics: towards a general theory of judicial behaviour, European Political Science Review, 2(2010).

② 参见张文显主编：《法理学》，高等教育出版社、北京大学出版社 2007 年版，第 252 页；公丕祥主编：《法理学》，复旦大学出版社 2002 年版，第 381 页。

③ 在我们国家，根据宪法和相关组织法，司法主体是由法院系统和检察院系统构成的。本书将司法主体限定在法院这一块，并不是说探讨检察机关的意识形态维度没有意义。本书的这种限定纯粹是为了论述的集中性，或者说对法院系统的意识形态维度分析一定程度上可以适用于对检察机关的相关解读。

赖以解决纠纷的程序机制；再次指涉司法主体所运用的一套职业方法；最后指涉司法主体进行的裁判活动及其结果。之所以对司法概念作出这样的处理，是因为本书试图选取司法问题的几个切入点，来深入探测意识形态影响司法的细节。相对于司法概念，意识形态概念的把握就没有那么简单和轻松了，下面进行较为深入的解读。

（二）意识形态的基本规定性

1. 意识形态的概念简史

"几乎没有一个社会研究领域像意识形态理论那样激动人心、意义重大，同时也几乎没有一个社会研究领域像意识形态理论所标识的那个领域那样充满了争议和论争。"[1]加利将其界定为一个"本质上有争议的概念"[2]，萨托利将其描绘为一个包纳着复杂现象的黑箱[3]。穆林斯指出，如果意识形态概念还值得继续存在下去的话，就必须厘清其中的概念性混乱和术语性混乱。[4] 然而，给意识形态清洗身体，不代表将其废除或抛弃。意识形态两百余年浮沉的学术历程本身表明了它让人爱恨交织而又无法摆脱的特征。自被提出以来，意识形态概念受到了哲学、政治学、社会学、心理学、文化学、法学等多种学科的深入关注，[5] 几乎渗透到每一门人文社会科学领域中，[6] 形成了马克思主义与非马克思主义两种研究传统、理

---

① ［英］约翰·B. 汤普森：《意识形态理论研究》，郭世平等译，社会科学文献出版社 2013 年版，第 1 页。

② ［英］大卫·麦克里兰：《意识形态》，孔兆政、蒋龙翔译，吉林人民出版社 2005 年版，第 1 页。

③ See Giovanni Sartori, Politics, Ideology and Belief Systems, American Political Science Review, Vol. 63, 1969, p. 398.

④ See Willard A. Mullins, On the Concept of Ideology in Political Science, American Political Science Review, Vol. 66, 1972, p. 498.

⑤ 参见季广茂：《意识形态》，广西师范大学出版社 2005 年版，第 15~24 页。

⑥ 参见［英］约翰·B. 汤普森：《意识形态理论研究》，郭世平等译，社会科学文献出版社 2013 年版，第 1 页。

性主义与历史主义两种研究路径，① 两种传统和路径又都分别涌现了众多代表性的理论人物和丰富的理论观点。尽管 20 世纪五六十年代在欧美世界掀起的一股"意识形态终结"思潮来势汹涌，一度有终结意识形态问题之势，② 然而，到了 60 年代末 70 年代初，"终结论"便遭到来自"重新意识形态化"观念强有力的批判。这些挑战也迫使系统阐述"非意识形态化"观念的贝尔等人不得不反思自己的研究立场和观点："我所说的意识形态终结不是指一切意识形态思想都已结束。实际上我不止一次地证明，旧的意识形态的穷竭引起寻求新意识形态的必要性。"③一定程度上讲，被终结的是"意识形态终结"思潮，意识形态问题本身的名誉和价值却在受到短暂冲击之后得到了恢复，意识形态研究又在法兰克福学派和后现代主义的相关研究中得到了深入推进和阐发。因此，不管是贝尔所言的意识形态是"一个不可挽救的堕落的词"，还是阿尔都塞所言的"人生来就是意识形态的动物"，均夸大其词而耸人听闻；一个更为中肯而稳健的判断是，纠缠于意识形态之中是人类无法摆脱的宿命之一。因此，可怕的不是意识形态，而是我们对于意识形态的盲目恐惧和逃避。

2. 意识形态的使用角度

回顾学术史中意识形态概念的各种理论观点，我们可以看出，人们主要是在中性和批判性两种意义上使用意识形态一语的，而"摇摆于肯定的和否定的含义之间，是意识形态概念的全部历史的特点"。④ 肯定与否定、正面与负面、褒义与贬义之间的这种对立在意识形态早期史上便已表现出来并在随后的岁月里几经变幻。意识形态概念之父特拉西推出观念科学工

---

① 参见［英］大卫·麦克里兰：《意识形态》，孔兆政、蒋龙翔译，吉林人民出版社 2005 年版，第 119~120 页。

② 参见［苏］莫斯克维切夫：《"非意识形态化"理论的产生》，谢遐龄译，载《国外社会科学文献》1984 年第 2 期。

③ ［苏］达维久克、季塔连科：《从"非意识形态化"理论到"重新意识形态化"观念》，夏伯铭译，载《国外社会科学文献》1984 年第 2 期。

④ ［英］大卫·麦克里兰：《意识形态》，孔兆政、蒋龙翔译，吉林人民出版社 2005 年版，第 8 页。

程之际是怀揣着重建社会政治秩序的美好愿景的，意识形态始初无疑是一种正能量，而推行之后不久便被出尔反尔的拿破仑皇帝打进了伪科学的冷宫，并被赋予了否定色彩。① "最值得尊敬的、作为实证与卓越科学的观念学逐渐让位于只值得受嘲笑和鄙视的、作为抽象和幻想观念的意识形态。"②这是从肯定到否定的第一步。

如果说拿破仑对意识形态概念的冲击还主要是气急败坏或意气用事的话，那么马克思与恩格斯则是真正从理论上改变了意识形态概念命运的人，然而，深究起来，马克思与恩格斯的意识形态理论又不可作简单的、单面的、粗略的定论。"虽然马克思无疑是意识形态概念史上最重要的人物，他的著作却并未提供单一、一贯的观点。"③"马克思对意识形态的处理与其说是一个充分展开的理论，不如说是'一连串的真知灼见'。"④在《德意志意识形态》等文献中，我们发现马克思在抽象或不实际、错误或幻想、表达统治利益、支持统治关系的批判或负面意义上使用意识形态，⑤而在《资本论》等更为成熟的著作中，马克思的否定性意识形态概念开始包容了一些肯定性内容，"《资本论》中不太强调幻象，因为意识形态在这里被认为反映某些真实(虽然明显是部分的)事物，而且其本身也被看做一种真实的力量"⑥。正因此，针对很多学者认为马克思的意识形态是否定性或批判性的意识形态的观点，有学者提出了质疑，认为这个否定性概念并不周全，需要用一个肯定性来补充，也就是说，不能将意识形态等同于虚假

①　参见季广茂：《意识形态》，广西师范大学出版社 2005 年版，第 28 页。

②　[英]约翰·B. 汤普森：《意识形态与现代文化》，高铦等译，译林出版社 2012 年版，第 35 页。

③　[英]约翰·B. 汤普森：《意识形态与现代文化》，高铦等译，译林出版社 2012 年版，第 31 页。

④　[英]大卫·麦克里兰：《意识形态》，孔兆政、蒋龙翔译，吉林人民出版社 2005 年版，第 26 页。

⑤　参见[英]约翰·B. 汤普森：《意识形态与现代文化》，高铦等译，译林出版社 2012 年版，第 61 页。

⑥　[英]大卫·麦克里兰：《意识形态》，孔兆政、蒋龙翔译，吉林人民出版社 2005 年版，第 21 页。

意识，虚假意识只能代表马克思意识形态概念的一个面向或内容，"马克思恩格斯具体地描述了意识形态这种普遍现象的多重属性，有些描述是否定性、批判性的，有些是不加评价的中立的、客观的描述，有些是对其历史作用的肯定。不能把这些描述对立起来，硬要把其中一种描述说成是马克思关于意识形态概念的否定性、中性或肯定性的'定义'"。①可以说，在马克思那里，否定性内涵得到了深入阐发，同时也兼容了肯定性内容。这是意识形态概念性质变迁的第二步。

马克思之后，由其开创的马克思主义传统中，意识形态概念的一个显著倾向是中性化，② 即从否定到肯定的转化。这一转型的关键一步是由列宁完成的，卢卡奇、葛兰西、阿尔都塞等人进而分享和延续了这个中性或肯定性的意识形态概念。③ 在非马克思主义研究传统中，曼海姆"创立了第一个，迄今为止最后一个全面详尽的意识形态理论"。④ 曼海姆的《意识形态与乌托邦》代表着马克思主义传统之外第一个系统提出并阐释中性意识形态概念的著作。⑤ 当然，在后世研究中，否定性仍然是一些意识形态研究者无法摆脱的立场或包袱。意识形态终结论者们和热衷意识形态终结论的后现代主义者们的立场无疑是否定性的。⑥ 弗洛伊德、赖希、弗洛姆等人于心理学角度的研究也是从否定性或批判性层面上使用意识形态的。⑦ 以阿多诺、马尔库塞、哈贝马斯等人为代表的法兰克福学派使用的也是批

---

① 赵敦华：《"意识形态"概念的多重描述定义——再论马克思恩格斯的意识形态批判理论》，载《社会科学战线》2014 年第 7 期。

② ［英］约翰·B. 汤普森：《意识形态与现代文化》，高铦等译，译林出版社2012 年版，第 49 页。

③ 参见［英］大卫·麦克里兰：《意识形态》，孔兆政、蒋龙翔译，吉林人民出版社 2005 年版，第 33~45 页。

④ M. Seliger, Ideology and Politics, Allen and Unwin, London, 1976, p. 13.

⑤ ［英］约翰·B. 汤普森：《意识形态与现代文化》，高铦等译，译林出版社2012 年版，第 52 页。

⑥ 参见［英］大卫·麦克里兰：《意识形态》，孔兆政、蒋龙翔译，吉林人民出版社 2005 年版，第 69、111 页。

⑦ 参见季广茂：《意识形态》，广西师范大学出版社 2005 年版，第 50~62 页。

判性的意识形态概念。① 总的来看，当代大多数意识形态研究者都是在中性意义上使用这一概念的。②

3. 意识形态的内涵与要素

就其实质内涵来讲，意识形态的界定可谓丰富多彩，或说是五花八门。萨姆纳在《阅读意识形态：马克思主义意识形态与法律理论研究》中概括了十种意识形态的含义③，伊格尔顿在《意识形态导论》中总结了六种意识形态的定义④。约翰·汤普森归纳了两种一般的意识形态类型，即描述性概念和批判性概念；雷蒙德·盖斯则更为精细地将意识形态概念概括为描述性、批判性和积极性三种类型。根据他们的解释，所谓描述性概念，"意味着指一些现象的特点是意识形态或意识形态的，而并不是说这些现象必定是误导的、幻想的，或者与任何特定集团的利益相一致的……意识形态对于反对社会秩序的从属集团以及对于维持社会现状的统治集团可能都是必要的"。⑤ 描述性的意识形态是中性的，不包括价值评价，在内容上包括人类社会群体成员"所持有的信仰、观点、态度、心理倾向，以及他们的动机、期望、价值、偏好、艺术作品、宗教仪式、手势等"。⑥ 所谓意识形态的批判性概念，"意味着特点为意识形态或意识形态的这种现象是误导的、幻想的或片面的；把一些现象的特点视为意识形态就带有对它们

---

① 参见王晓升等：《西方马克思主义意识形态理论》，社会科学文献出版社 2009 年版，第 131 页。

② 参见［英］约翰·B. 汤普森：《意识形态与现代文化》，高铦等译，译林出版社 2012 年版，第 62 页。

③ See C. Sumner, Reading Ideologies：An Investigation into the Maxist Theory of Ideology and law, London：Academic Press, 1979, p. 5.

④ See Terry Eagleton, Ideology：An Introduction, London：Verso, 1991.

⑤ ［英］约翰·B. 汤普森：《意识形态与现代文化》，高铦等译，译林出版社 2012 年版，第 59 页。

⑥ 王晓升等：《西方马克思主义意识形态理论》，社会科学文献出版社 2009 年版，第 188~189 页。

的含蓄批判或谴责"。① 批判性意识形态是否定性和贬义的，是或以应受谴责的方式发挥功能，或有一段不光彩渊源的虚假意识。所谓积极性的意识形态，它探讨的是何种文化体系或世界观对于特定群体而言是最为适合的，最能满足人们的欲望、需求和利益的。如果说描述性意识形态指的是人们可以发现或为了解释的目的而预先设定的现象，批判性意识形态是指可以发现并为了批判目的而分离出来的东西，那么，积极性的意识形态则是对特定社会的愿景，是被建构出来而非实际存在的东西。②

　　由此来看，试图一劳永逸地给意识形态下一个四平八稳的界定是不可能的任务。研究者势必要立足于理论传统和时代背景中，根据研究主题和任务选择一个研究角度和立场，并以一种兼容的方式对意识形态概念进行处理。诚然，成功的意识形态表述必须将描述性角度与批判性角度有机结合起来。③ 本书秉承马克思主义的意识形态研究传统，并以描述性兼容批判性的方式来把握和使用意识形态。与此同时，本项研究也注意到了当代意识形态研究从之前的哲学、政治学到文化学、符号学等视角的显著转向，及其对象征或意义、权力或统治因素的强调。④ 这就是说，本书不打算刻意地清除意识形态的负面意义，片面地将其改造成一个纯粹的描述性概念，而是在立足于描述性框架的同时保留它的批判性潜能。在马克思主

---

　　① ［英］约翰·B. 汤普森：《意识形态与现代文化》，高铦等译，译林出版社2012年版，第60页。

　　② See Raymond Geuss, The Idea of a Critical Theory：Habermas and the Frankfurt School, Cambridge Universtity Press, 1981, pp. 21-23.

　　③ 参见［英］大卫·麦克里兰：《意识形态》，孔兆政、蒋龙翔译，吉林人民出版社2005年版，第123页。

　　④ 当代意识形态研究视角从之前的哲学、政治学转向了文化学、符号学和社会学等视角，其中，以格尔茨和汤普森等人为代表的文化学视角研究认为，意识形态是一种文化体系、意义结构；而以巴赫金、福柯等人为代表的符号学视角则认为，意识形态以各种符号形式广泛存在于日常生活中，"哪里没有符号，哪里就没有意识形态"，"话语就是权力"等。参见范树成、李海：《当代西方意识形态研究视角的转向及其启示》，载《教学与研究》2014年第2期。

义的立场上，意识形态是一个复合的多面向的立体框架。①

　　首先，意识形态指涉一种观念体系，作为观念体系的意识形态"可以视为有关社会行动或政治实践的'思想体系'，'信仰体系'或'象征体系'"②。在内容上，作为观念体系的意识形态既包括系统化的理性成分也包括非系统化的心理情感，既涉及事实认知又涉及价值诉求。观念导向意味着，"一种意识形态就是用价值语句、号召语句和解释性陈述所表达的一组信念或不信(拒绝)⋯⋯保证人们以协调起来的行动来维护、改革、解构或重构给定的秩序"③。观念层面是意识形态的基本性层面，或曰是基本性意识形态层面，价值与道德命令在基本意识形态中具有核心地位。④ 其次，意识形态指涉一种实践机制，作为实践机制的意识形态既表现为政治实践又表现为日常生活，既基于阶级利益又植根于个人旨趣。⑤ 实践导向意味着，意识形态要"保证人们以协调起来的行动来维护、改革、解构或重构给定的秩序"⑥。实践层面是意识形态的操作性层面，或曰操作性意识形态层面，策略与技术命令在操作维度(操作性意识形态)上具有优先性。⑦

　　上述两个方面并不是分离的，毋宁说是一种意识形态的两个核心要素，即基本原则和操作技术，只有将这两要素紧密结合，才能准确把握意识形态的实质和精髓。换言之，一种意识形态的内核是一套价值意义体系，但是意义体系本身并不等于意识形态，拥有意义的象征现象本身不等

---

　　① 参见唐爱军：《马克思关于意识形态的分析框架及其拓展》，载《中共中央党校学报》2015年第2期。

　　② ［英］约翰・B.汤普森：《意识形态与现代文化》，高铦等译，译林出版社2012年版，第6页。

　　③ Martin Seliger, Ideology and Politics, George Allen & Unwin, 1976, pp. 119-120.

　　④ ［英］约翰・B.汤普森：《意识形态理论研究》，郭世平等译，社会科学文献出版社2013年版，第82页。

　　⑤ 季广茂：《意识形态》，广西师范大学出版社2005年版，第10~12页。

　　⑥ Martin Seliger, Ideology and Politics, George Allen & Unwin, 1976, pp. 119-120.

　　⑦ ［英］约翰・B.汤普森：《意识形态理论研究》，郭世平等译，社会科学文献出版社2013年版，第82页。

同于意识形态，也不会自动转化为意识形态，意义体系能否成为意识形态的关键在于它是否服务于特定权力或统治关系。① 当然，那些并不服务于统治关系而是对其提出质疑、挑战甚至是进行破坏的意义体系也是值得关注的，它们代表着对意识形态的批判。还需注意的是，基本原则和操作技术这两个要素又以一定的认知解释要素为基础，认知的、价值的和策略的要素共同构成了意识形态内在的完整结构，其中，"认知解释侧重于理论学说，价值信仰主要是目标要求，实施策略侧重于策略主张"②。在一种意识形态之中，基本原则与操作技术之间可能会存在紧张冲突关系；在不同的意识形态之间，一些意识形态可能更擅长于操作技术，而一些意识形态可能更专注于基本原则；③ 此外，不同的意识形态，在基本原则或操作技术上还可能存在交叉重叠关系，"没有什么所谓纯洁的学说，所有的意识形态都是内在复杂的、混合的和重叠的，绝不存在任何一个纯粹的社会主义或者自由主义的世界观。宣称纯洁就如宣称更具真理性一样通常是虚假的或误导的"④。

4. 意识形态的形式与类型

在马克思主义看来，意识形态表现为哲学的、宗教的、政治的、法律的、道德的、文学的、艺术的等形式。⑤ 据此，有一种典型的观点认为，意识形态可以划分为哲学意识形态、经济意识形态、政治意识形态、法律

---

① 所谓统治关系就是指以支配—服从为表现的权力关系不对称现象，其在范围上包括但不限于阶级统治关系，男女之间、民族之间、个人与国家之间、国家与国家之间都存在着统治现象或权力关系，而意识形态研究就是要探讨意义体系服务于统治/权力关系的各种模式及具体方法问题。参见［英］约翰·B. 汤普森：《意识形态与现代文化》，高铦等译，译林出版社 2012 年版，第 64 页。

② 刘友女：《结构视域下中国主导意识形态研究》，复旦大学出版社 2015 年版，第 60 页。

③ 参见［澳］安德鲁·文森特：《现代政治意识形态》，袁久红等译，江苏人民出版社 2008 年版，第 24 页。

④ ［澳］安德鲁·文森特：《现代政治意识形态》，袁久红等译，江苏人民出版社 2008 年版，第 27 页。

⑤ 参见《马克思恩格斯文集》第 2 卷，人民出版社 2009 年版，第 592 页。

意识形态、道德意识形态、审美意识形态等形式。① 这些不同的形式似乎都自成一体、彼此独立，② 但实际上不过是总体意识形态的一个层次或面向，在一个整体之中互为制约和配合。③ 当然，在不同的历史时期，在不同的国家或社会中，意识形态的诸种表现形式中可能会有一种占据主导地位，成为该意识形态的主要特色或标志。但是，不能因此得出某种意识形态是纯粹政治的、道德的或什么性质内容的结论。比如古代中国的意识形态，我们可以将其概括为伦理型意识形态，但这并不是说，古代中国的意识形态没有政治的、法律的或其他性质的内容，只是说伦理型是一种主色调。西欧中世纪时期的意识形态可以宗教型意识形态来表达，同样，这种表达只是突出一点但并未否定其余。在当代中国，作为社会主义主流意识形态的核心内容与本质体现，核心价值观很难说是政治意识形态、道德意识形态或其他什么单一的意识形态，而是包纳了上述所有面向，比如，富强所表达的主要是经济性面向的内容，民主、法治、自由等更多的是政法面向的，敬业、诚信、友善等则属于伦理道德性的，而这些面向是统一于社会主义核心价值观之中的。

不管是哪种表现形式，意识形态都是归属于主体也需要占有主体。正是来自主体的"他们的生存条件、他们的实践、他们的斗争经验，等等"塑造了意识形态，而意识形态又通过各种意识形态国家机器向人们输入各种价值和意义进而赢得主体的承认和信守，最终实现对特定统治关系的维护。"没有不借助于意识形态并在意识形态中存在的实践；没有不借助于主体并为了这些主体而存在的意识形态。"④"主体是构成所有意识形态的基本范畴。……主体之所以是构成所有意识形态的基本范畴，只是因为所

① 参见周宏：《理解与批判——马克思意识形态理论的文本学研究》，上海三联书店 2003 年版，第 134~135 页。

② 参见童庆炳：《审美意识形态论的再认识》，载《文艺研究》2000 年第 2 期。

③ 参见周宏：《理解与批判——马克思意识形态理论的文本学研究》，上海三联书店 2003 年版，第 135~140 页。

④ ［法］阿尔都塞：《意识形态和意识形态国家机器》，孟登迎译，载《哲学与政治：阿尔都塞读本》，陈越编译，吉林人民出版社 2003 年版，第 360 页。

有意识形态的功能(这种功能定义了意识形态本身)就在于把具体的个人'构成'为主体。"①从信守主体角度来看，意识形态可以划分为社会意识形态、群体意识形态和个体意识形态。②在这里，社会意识形态是特定时代或社会的意识形态，群体意识形态是具体的组织集团的意识形态，这两者可以结合曼海姆的总体意识形态概念来理解，他认为意识形态的总体含义指的是"某个时代或某个具体的历史—社会集团(例如阶级)的意识形态，前提是我们关心的是这一时代或这一集团的整体思维结构的特征和组成"③，比如社会主义意识形态、无产阶级意识形态、执政党意识形态等。但是，不管是社会整体的意识形态还是具体组织集团的意识形态最终需要落实在具体的人、个体成员的身上，"无论是阶级的、社会的总体意识形态，还是集体的、组织的群体意识形态，都一定离不开个体思想意识"④。而且为个人所信奉的意识形态不是对个人所从属的社会时代或集团组织意识形态的一种系统复制，而是体现出了一些丰富、感性、差异性特点。由于意识形态有着前面所述的不同的表现形式，社会整体的意识形态、群体的意识形态、个体的意识形态也都分别拥有着政治、道德、法律或经济等各种性质或面向的内容。

　　基于意识形态的不同表现形式及其所归属的不同主体，我们绝不可以将意识形态简化为政治意识形态或者政党意识形态。之所以作此强调，是因为在实践和研究中切实存在着这样的误会和滥用。本书后面章节的论述中会使用到政治的、政党的、政治性的或政治意识形态等措词，但是，笔者绝无将意识形态简化为政治意识形态的用意，而且认为根本不应该作出这样错误的简化。所以，为自我辩护或以正视听，必须对此予以辨析。就

---

　　① [法]阿尔都塞：《意识形态和意识形态国家机器》，孟登迎译，载《哲学与政治：阿尔都塞读本》，陈越编译，吉林人民出版社2003年版，第361页。

　　② 参见刘少杰：《当代中国意识形态变迁》，中央编译出版社2012年版，第62页。

　　③ [德]曼海姆：《意识形态与乌托邦》，黎鸣、李书崇译，商务印书馆2000年版，第57页。

　　④ 刘少杰：《当代中国意识形态变迁》，中央编译出版社2012年版，第78页。

政治一语来讲，其本身也充满复杂性，古往今来，不同角度和立场阐发了多种政治概念，有如价值性解释、神学性解释、权力性解释、管理性解释等。除神学性解释外，其他角度的政治概念在政治研究中仍然频繁出现。① 在司法政治研究中，政治概念的解读也往往是模糊或矛盾的，塔玛纳哈概括了五种经常在司法政治研究中出现的政治概念：一种将政治理解为国家政治机器，法院于是成为政治的分支，法官成为政治行动者；一种将政治理解为公共政策创制与执行，法官的解释、推理、裁决发挥着公共政策功能；一种将政治理解为意识形态，视之为意识形态的同义词，作为决策主体的法官的判断和推理受到意识形态影响，作为决策依据的法律在出现漏洞、模糊、不确定等情况时意识形态得以介入；一种将政治理解为争议性的政治议题，争议性政治问题的裁决由此被认为具有政治性；一种将政治理解为政治人事任免，法官选任免退过程中存在政党政治的影响。② 由此可见，政治有时会在意识形态的意义上使用。所以，本书在使用"政治"一词的时候，如无特别说明，均是在意识形态层面上来谈的，在这一层面上，政治性与意识形态性亦可参照理解。但是，这并不表示政治就是意识形态而无其他面向，也不代表意识形态就是政治的而无其他内容。作为意识形态来理解的政治实际上是在宽泛的意义上讲的政治，它指涉一套价值体系及其实现过程，这些价值在性质上有可能是严格意义上政治性的（如构建一党制）、文化上的（如促进核心家庭发展）、道德性的（如禁止卖淫）或是社会性的（如构建失业救济制度）等面向。③ 简言之，狭义的政治意识形态是意识形态的形式和内容，但不代表意识形态的全部；政党意识形态是作为特定集团的政党所信奉和推行的意识形态，但意识形态还有着归属于其他主体的具体类型。

----

① 参见燕继荣：《政治学十五讲》，北京大学出版社 2004 年版，第 3~4 页。

② See Brian Z. Tamanaha, The Several Meanings of "Politics" in Judicial Politics Studies：Why "Ideological Influence" is Not "Partisanship", Emory Law Journal, 61, 2012.

③ See Mauro Zamboni, Law and Politics：A Dilemma for Contemporary Legal Theory, Springer-Verlag Berlin Heidelberg, 2008, pp. 57-58.

(三) 司法研究中意识形态的概念框定

基于上文对意识形态概念史的简要梳理以及对意识形态内涵、要素、形式与类型等基本问题的考察,可作如下概括:

首先,本书主要从中性的角度来把握意识形态概念,认为将意识形态概念引入司法研究并不可怕,司法与意识形态的关系问题本身值得认真对待,可怕的反而是我们对意识形态的盲目恐惧、对司法与意识形态关系的盲目逃避。

其次,本书认为,以价值主张与意义诉求为内核的意识形态旨在服务于统治关系之建立与维系,拥有着政治性的、道德性的等多个层次的形式,并有着社会整体、组织集团或个人等不同归属主体的差异。后面的讨论中会提及的道德价值、政治态度、政策偏好等都是在意识形态的意义上、作为意识形态的具体形式的层面来谈的,非泛泛而谈的价值、态度或偏好。

再次,探讨司法与意识形态的关系,笔者主要探究的是,特定国家或社会中的服务于统治关系的那些意义体系能否或应否介入司法主体、程序、裁判等司法结构性层面并产生相应影响,从而发挥其服务统治关系的功能;如果能,那么这种介入和影响有着怎样的根据、理由、内容、范围、方式、边界和限度。对司法施加影响的意义体系,其形式上可能是政治性的、道德性的、经济上的、文化上的等,① 其归属主体上可能是社会整体的、政党等特定组织集团的或是个人的。

最后,意识形态不同于政治,司法与意识形态的关系也不应化约为司法与政治的关系。但如上所述,政治有时会在意识形态的意义上使用,所以,后面研究所涉的“政治”一词,若无特别指出,主要是在意识形态的意义上使用的。

---

① 尽管不能将意识形态简化为政治意识形态,但是,在当今世界各国,政治意识形态无疑是非常活跃的意识形态形式。政治意识形态也是本书研究所谈论的影响司法的意识形态的主要形式。

第一章　司法与意识形态关系的分析模式

意识形态对司法的影响不是孤立而静止的，它是一个具有历史感与现实感的问题，需要动态地考察。欲全面而深入地把握这一问题，笔者认为分析模式与立场是首先需要解决的。分析模式在根本上反映了研究者对于司法与意识形态的关系问题的基本立场与态度，关乎着研究者组织和运用相关概念、命题和理论的逻辑模式，决定着研究者关于司法与意识形态之间区分与关联的具体把握，诸如意识形态能否介入以及如何介入司法、司法能否以及如何承担意识形态等正当性、可能性、方式方法、后果意义、限度边界等问题。因此，分析模式的问题成为系统研究司法与意识形态关系的逻辑起点。分析模式与立场是研究者的理论概括和价值选择，但是这种概括和选择又是深深植根于他所处于其间的传统与现实之中的，正是这种历史感和现实感才会让研究者避免自说自话的独语或自说他话的学舌状态，而以一种理解与对话的姿态去探讨司法的意识形态之维。

第一节　域外分析模式

国外学界就司法与意识形态的关系议题提出的分析模式总体上可概括为两类：一是较宏观的分析框架，针对的是司法系统与意识形态的关系，提出了所谓的嵌入型、自治型与回应型框架；二是较微观的具体模型，针对的是法官及其司法决策与意识形态的关系，提出了所谓的法律模型、态度模型、策略模型与历史制度主义模型。当然，微观模型与宏观框架并非截然分开，前者整体上是以后者为立论基础的，在研究进展上存在承接借鉴关系，至少在理论逻辑上是相呼应的。进一步讲，宏观框架与微观模型都是以法的理想类型及其所蕴含的法政关系的理想类型为逻辑起点和理论基础的。由于相关文献十分丰富，笔者下面主要以美国法学界的交叉研究和政治学界的司法政治研究的相关成果为检视样本，① 从法的理想类型切入，将宏观分析框架与微观分析模型有机整合起来，来考察司法与意识形态关系之分析模式的主要形态、演变趋势与根源及规律。

一、域外分析模式的主要形态

（一）嵌入型法框架下的态度模型

嵌入型法现象广泛存在于传统社会并在现代国家有着不同程度的体

---

① 司法政治是关于司法的政治知识，是对司法何以无法中立而必须采取政治性行动的集中考察。就其渊源而言，司法政治是从政治学的公法领域中生发起来的，直接得益于法律现实主义与政治行为主义运动的兴起，以及政治司法化与司法政治化实践现象的涌现。司法行为、司法过程、司法决策、法律与法院、政治法理学等是司法政治的别名或与其直接相关的标签，相比较而言，法律与法院这一标签相对中性，而司法政治这一称谓更受学界的青睐。自 20 世纪中期正式兴起以来，司法政治研究群体与区域不断扩大，从政治学扩展到经济学、法学、人类学、心理学等学科领域，从英美世界扩展到欧陆、非、亚国家；研究对象、范围和主题不断拓展，从司法决策行为拓展到司法招募选任，法院与利益集团、媒体、公众舆论的互动，司法表决态度的统计分析，司法裁决的执行及其后果，等等；研究方法与路径不断创新，即笔者在下文中要考察的分析模型及其演变。司法政治的核心议题是司法主体与司法系统内外部主体之间的政治性互动影响关系。司法政治的当前热点是联邦低级法院和各州法院的司法行为、比较司法政治、司法意识形态的测量。英美学界司法政治研究之概览可参阅如下资料：Whither Political Jurisprudence: A Symposium, The Western Political Quarterly, 1983, 36 (4), pp. 533-569; Lawrence Baum, Judicial Politics: Still a Distinctive Field, in Ada W. Finifter ed., Political Science: The State of the Discipline, The American Political Science Association, 1983; Martin Shapiro, Public Law and Judicial Politics, in Ada W. Finifter ed., Political Science: The State of the Discipline II, The American Political Science Association, 1993; Martin Shapiro, Law and Politics: The Problem of Boundaries, in Keith E. Whittington et al. ed., The Oxford Handbook of Law and Politics, Oxford University Press, 2008; Keith E. Whittington et al., Overview of Law and Politics the Study of Law and Politics, in Robert E. Goodin ed., The Oxford Handbook of Political Science, Oxford University Press, 2011.

现，嵌入型法理论最典型的主张者莫过于自然法学，其在美国表现为18世纪末从英国继受的自然法思想、20世纪后期的复兴自然法理论以及批判法学。① 嵌入型法有着鲜明的道德主义和政治化特征，所谓道德主义是说法律反映社会支配性道德观念，通过道德的法律强制实施以维系公共价值与秩序；所谓政治化是指法律从属于权力政治，作为政治工具存在的法律机构直接受到政治的影响。因为与道德和政治的混同或依赖，"法律在很大程度上仍然与政治、行政和道德秩序没有区别"②。静态层面上，法律是政治和道德环境的构成部分，作为工具的法律的使命在于推进和实现政治、道德的价值目标。法律自身的性质和结构是充满弹性的，法之理最终只能在政治或道德层面上去寻找。动态层面上，法律运作向政治秩序充分开放。法律系统并无不可逾越的理性与逻辑，法律运作的每一环节都可能受到意识形态上的价值介入和影响。认识论上，嵌入模型之下的法学研究不仅强调而且积极推动政治资源与方法的使用，政治学、经济学、社会学、伦理学等多学科研究视角得以广泛引入，意识形态话语也得以在法学领域自由行走，法学由此变成了一门混合学问。③

　　从嵌入型法的角度看，作为一种维护秩序的法律机器，司法隶属并服务于政治，反映并推行社会公共道德。嵌入型司法的运作势必引入并极为注重意识形态因素，意识形态由此得以长驱直入并深刻影响司法，司法与意识形态的关系呈现出一种频繁交流的面貌。作为政治工具的司法是意识形态国家机器的重要成员，无法在意识形态竞争或冲突面前置身事外，执行和实现党派的、道德性的、文化上的、社会的、经济的价值是司法活动的使命所在。裁判过程中，意识形态话语倾向于直接介入其间。法官的司

---

　　① 参见［美］P. S. 阿蒂亚、R. S. 萨默斯：《英美法中的形式与实质》，金敏、陈林林、王笑红译，中国政法大学出版社2005年版，第189~222页。

　　② ［美］诺内特、塞尔兹尼克：《转变中的法律与社会：迈向回应型法》，张志铭译，中国政法大学出版社2004年版，第58页。

　　③ See Mauro Zamboni, Law and Politics: A Dilemma for Contemporary Legal Theory, Berlin: Springer-Verlag Berlin Heidelberg, 2008, pp. 49-80.

法推理成为转换和实现意识形态的关键，在案件缺乏确定性法律指引的情况下，法官便会基于政治与社会环境中的意识形态标准来选择可适用的原则和范畴。实质推理、价值衡量、漏洞填补、司法造法等方法势必备受瞩目，意识形态话语及其分析方法、司法政治学等跨学科研究在司法研究中备受推崇。

　　具体到司法政治领域关于法官的司法决策行为研究上，与嵌入型法背景及其蕴含的分析框架相呼应的是所谓的态度模型。作为公法行为主义的主要标签，态度模型于20世纪40年代末50年代初开创了司法行为研究的第一条路径，其自20世纪60年代以来成为解读美国联邦法院司法决策的支配性模式，① 并进一步影响到英国乃至欧洲的司法政治研究。普里切特（C. Hermann Pritchett）的研究奠定了司法政治的行为科学基础，是态度模型的首席"建筑师"。舒伯特（Glendon Schubert）将态度分析方法发展为一种研究范式，他致力于一种全面运作的态度模型。斯佩思（Harold Spaeth）的主要贡献在于司法行为研究的数据库构建以及对态度模型既有研究成果的巩固。塔嫩豪斯（Joseph Tanenhaus）和库克（Beverly Blair Cook）作为态度模型的研究先驱，主要着力于对该模型的反思与修正。西格尔（Jeffrey A. Segal）是态度模型的当代代表，其最新研究也体现出对态度模型的进一步修正及与其他模型的融通。② 态度模型的核心主张是，"法官根据自己意识形态上的态度和价值来认定事实、作出裁决"③。这一模型本身经历了从纯粹到改进的版本发展：在纯粹的态度模型看来，法官专注于良好政策的追寻，真诚地依其政策偏好行动；在改进的态度模型中，策略性考量被纳入法官的态度性行动，法律因素也被赋予一定的制约作用，但法官的价值偏

① See Lee Epstein, Jack Knight, Toward a Strategic Revolution in Judicial Politics: A Look Back, A Look Ahead, Political Research Quarterly, Vol. 53, No. 3(2000), pp. 625-661.

② See Jeffrey A. Segal, Judicial Behavior, in Robert E. Goodin ed., The Oxford Handbook of Political Science, Oxford University Press, 2011.

③ [美]杰弗瑞·A. 西格尔、哈罗德·J. 斯皮斯：《正义背后的意识形态——最高法院与态度模型》，刘哲玮译，北京大学出版社2012年版，第101页。

好或意识形态仍然被视为影响司法决策的主要变量。① 尽管不应将态度模型之中的态度狭隘理解为意识形态，但是，意识形态很重要，是解读司法决策行为最为显著的自变量。② 显然，态度模型中司法决策与意识形态是交融且不可分离的关系。

(二) 自治型法框架下的法律模型

自治型法现象主要是近代以来的事情，自治型法理论集中出现于 19 世纪下半叶并于 20 世纪早期一跃占据法律思想的支配地位，直到现在依然强劲地影响着法学研究和法律人的思维，持此学说最典型的是法实证主义，在美国表现为兰德尔主义法律科学，格雷、霍菲尔德等人的分析法学，以及"二战"后作为形式主义之复兴的法律过程学派。③ 在自治型法视野中，法律呈现出与道德、政治相分离的自治性特质，是一种自治的现象、进程和学科。自治并不意味着法律与道德或政治之间没有任何联系，而是说即使有互相遭遇的空间，法律的性质与结构也只能通过自身的概念和范畴来理解。在静态方面，自治型的法律是刚性的，有着自己稳定的形式与结构，专注于内在的程序完整性道德，不再裹挟于社会公共道德之中，不会被向其输送价值的政治世界所改变。在动态方面，拥有自治权威的法律机器是封闭运作的，免除政治干预也不介入政治决策领域。尽管要接收来自外部世界的内容输入，但是，外部价值要求一旦转化为法律表达之后就必须按照法律本身的机制和程序来处理。在认识论方面，法学是纯粹性的知识门类，拒绝政治元素的介入，避免使用其他学科中具有误导性的术语而仅专注于法律本身的话语体系。④

---

① 参见[美]劳伦斯·鲍姆：《法官的裁判之道》，李国庆译，北京大学出版社 2014 年版，第 8~10 页。

② See Nancy Maveety ed., The Pioneers of Judicial Behavior, Michigan：University of Michigan Press, 2003, p. 63.

③ 参见[美]斯蒂芬·M. 菲尔德曼：《从前现代主义到后现代主义的美国法律思想》，李国庆译，中国政法大学出版社 2005 年版，第 153~182 页、第 212~226 页。

④ See Mauro Zamboni, Law and Politics：A Dilemma for Contemporary Legal Theory, Berlin：Springer-Verlag Berlin Heidelberg, 2008, pp. 19-41.

在自治型法背景下，作为法律实施重要环节的司法机制有着自身的主体、程序、方法和裁判逻辑，司法机构独立，法官成为法律秩序的象征，裁判过程强调规则导向、程序正义并与政治意志保持分离，"不必细究正义或公共政策的一些基本问题，甚至也无须细究其判决的更广泛的社会效果"①。作为服务于统治关系之意义体系的意识形态，原则上不能介入司法过程，司法面向意识形态保持尽可能的自治，司法运作与意识形态系统的价值活动保持分离。在两者极为有限的关联空间内，意识形态向司法机器输送的价值要求必须经过严格的转化进而以法律表达的形式介入。一旦输入司法之后，意识形态内容只能听由司法系统工作机制的安排和处理，具体的司法裁判活动极少再受到意识形态话语的直接干预。据此，自治模型的司法研究也就务求纯粹性，对意识形态话语、范畴或概念持排斥姿态，司法的跨学科角度的研究也变得不必要或不可能。

就具体的司法裁决活动而言，与自治型法及其蕴含的分析框架相呼应的是司法政治研究中主要作为批判对象而提出的法律模型。作为旧制度主义的核心内容，法律模型是解读司法行为的传统模式，它既有欧洲概念法学和英美法律形式主义的理论支撑，也在司法实务和理论界有着众多拥趸。将自给自足的法学视为基础的裁判法条主义仍然是司法行为的官方理论。从一定意义上讲，上文述及的态度模型、下文将要述及的新制度主义模型都是在对法律模型的批判和反思中确立和发展起来的。尽管在对法律模型的理解上存在传统的和现代的、贬义的和非贬义的、纯粹的和温和的等多种把握方式，② 但通常来说，其核心要义是一套基于规则和逻辑的裁决观念。③ 也就是说，法官的裁决是根据宪法和法律的文义、立法者目的

① ［美］诺内特、塞尔兹尼克：《转变中的法律与社会：迈向回应型法》，张志铭译，中国政法大学出版社 2004 年版，第 65 页。

② 参见［美］波斯纳：《法理学问题》，苏力译，中国政法大学出版社 1994 年版，第 52~53 页。

③ See Frederick Schauer, Formalism, Yale Law Journal, Vol. 97, No. 4(1988), p. 523.

以及司法先例，并主要运用演绎性推理作出的，而无须诉诸非法律性理由和非法律性推理。① 在法律模型看来，由于主张客观、中立和无偏私，强调规则、原则和逻辑推理，意识形态等法外因素在裁决中几无影响空间或存在余地。② 尽管严格的法律模型从未反映法学界主流的司法决策观，当代学者大多也不坚持严格的形式主义，但某种程度的形式主义不可避免，法律对法官判决的约束、法律对法官裁量偏好的严格制约均得到承认。③ 总的来看，法律模型中的司法裁决活动是高度自治的，与意识形态保持较高程度的分离。

(三)回应型法框架下的新制度主义模型

回应型法现象基本上是 20 世纪以后才出现的法律图景，其代表性的理论倡导者是兴起于 19 世纪末期、兴盛于 20 世纪二三十年代并在衰落后仍然持续影响着后世法学思潮的法律现实主义，④ 以及于 21 世纪初呈现复兴苗头的所谓新法律现实主义。⑤ 在回应型法那里，法律既不过度卷入也非完全独立于道德和政治世界，而是对政治与道德世界保持一种适度开放的回应姿态，"一个回应的机构仍然把握着为其完整性所必不可少的东西，同时它也考虑在其所处环境中各种新的力量"⑥。法的回应模型为观察法律

① See Brain Z. Tamanaha, Beyond the Formalist-Realist Divide: the Role of Politics in Judging, Princeton: Princeton University Press, 2010, p. 160.

② 参见［美］理查德·波斯纳：《法官如何思考》，苏力译，北京大学出版社 2009 年版，第 38～44 页。

③ See Frank B. Cross, Political Science and the New Legal Realism: A Case of Unfortunate Interdisciplinary Ignorance, Northwestern University Law Review, 1997, 92(1), pp. 251-326.

④ 参见［美］斯蒂芬·M. 菲尔德曼：《从前现代主义到后现代主义的美国法律思想》，李国庆译，中国政法大学出版社 2005 年版，第 348 页。

⑤ 参见邓矜婷：《新法律现实主义的最新发展与启示》，载《法学家》2014 年第 4 期。

⑥ ［美］诺内特、塞尔兹尼克：《转变中的法律与社会：迈向回应型法》，张志铭译，中国政法大学出版社 2004 年版，第 85 页。

与外部世界的关系提供了一种崭新的视角。在这一视角下，法律因其拥有着真正的规范性内核从而获得一定的自治性，但同时又与政治、道德世界切实存在交叉、重叠领域。静态层面上，作为规范性现象的法律在结构上对外部世界保持刚性和分离，但是，这种刚性和分离又是局部的，法律向社会政治层面的经验要素开放。动态意义上，法律运作向外部秩序开放，法律行动者的法律操作受到社会共同体的价值生成与选择活动的一定影响，法律实施由此承担了一种政治价值工具的角色。在认识论上，法律的局部刚性与开放性决定了法学必然是局部混合的，意即法学一方面坚持研究对象的独特性，另一方面又向政治资源开放，非法学的范畴、方法由此得以进入法学领域。①

回应型法视野中司法与意识形态关系的适度互动状态是十分鲜明的。在此，司法是拥有自主逻辑与方法的适法活动，但是为回应社会需要、考虑社会事实、实现实体正义，司法开始引入道德价值考量和政策分析，这导致了"法律分析和政策分析的聚合，以及法律判断和道德判断、法律参与和政治参与的重新统一"②。这种统一既不同于自治型司法中的独立自治，也迥异于嵌入型司法中的完全混同，而是两个各自保持完整性的世界之间的交流。在此背景下，意识形态可对司法系统施加的影响是有限而适度的。这种有限的影响主要体现在意识形态为法官裁判所提供的灵感或指引上，即为法官在疑难案件中的事实认定、法律选择或续造、裁判论证提供理由或判准。在司法研究层面，意识形态分析由此成为一种必要的路径和方法，经验分析与价值分析、法律资源与政治材料局部混合于司法研究中。

将回应型法及其蕴含的分析框架具体应用于法官决策分析时，我们可以在司法政治研究那里发现所谓的新制度主义模型。新制度主义模型的第

---

① See Mauro Zamboni, Law and Politics: A Dilemma for Contemporary Legal Theory, Berlin: Springer-Verlag Berlin Heidelberg, 2008, pp. 85-123.

② ［美］诺内特、塞尔兹尼克：《转变中的法律与社会：迈向回应型法》，张志铭译，中国政法大学出版社 2004 年版，第 124 页。

一个阶段是策略模型。策略模型理论的奠基人是墨菲(Walter Murphy)，他在司法行为研究中引入策略理性观念，为策略范式奠定了一般理论基础。霍华德(J. Woodford Howard Jr.)的贡献体现在对态度模型提出了关键性挑战——"如果态度是如此固定且具有决定性，那么如何解释司法选择的流动性?"丹尼尔斯基(David Danelski)强调人际关系互动和影响在法院合议庭决策之中的重要地位。策略模型的当代代言人爱泼斯坦(Lee Epstein)着力于对该模型的理论反思、修正和创新。作为对态度模型的批判理论，策略模型自20世纪90年代以来成为司法政治研究无法绕过的一股浪潮。① 策略模型本身经历了两个发展阶段：早期的外在策略模型，强调分权制度对法官决策的制约；后期的内在策略模型，考察法院内部的决策过程。② 策略模型将司法决策的分析重心从个人转向制度环境，指出了政治态度、合议庭选择、制度性规则、角色导向、意见联盟等变量在司法决策中的综合作用，认为法官是策略性行动者，其实现政策目标的能力取决于其他行动者的偏好与可能性选择，以及他们身处其间的制度背景。展开来讲，策略型法官仍然是偏好追寻者，但是为了最大化其价值偏好，法官决策时要将司法系统内外部的其他相关行动者考虑在内，有时会因此偏离其理想的意识形态点，最终的决策由此成为法官与其他行动者之间制度性互动的结果。③ 可见，策略模型并未否定意识形态的影响力，而是将这种影响力置于一种更大策略性背景和制度性约束中进行考量。尽管进一步发展的策略模型理论不再将政策偏好视为司法决策的主要关切和目标，④ 但是，意识

① See Lee Epstein, Tonja Jacobi, The Strategic Analysis of Judicial Decisions, Annual Review of Law and Social Science, Vol. 6 (2010), pp. 341-358.

② See Pablo T. Spiller, Rafael Gely, Strategic Judicial Decision Making (August 2007), NBER Working Paper No. w13321, Available at SSRN: https://ssrn.com/abstract = 1008815.

③ See Lee Epstein, Jack Knight, Reconsidering Judicial Preferences, Annual Review of Political Science, Vol. 16 (2013), pp. 11-31.

④ See Robert M. Howard, Kirk A. Randazzo ed., Routledge Handbook of Judicial Behavior, Abingdon: Taylor & Francis, 2018, pp. 81-84.

形态仍然占有不容忽视的一席之地，并与法官的法律动机和其他非法律目标相互作用，司法和意识形态的关系由此基本呈现为一种交叉互动的格局。

新制度主义模型发展到第二个阶段的成果是历史制度主义模型，作为对态度模型和策略模型反思的产物，它代表着 20 世纪 90 年代以来解读法律与政治如何共同影响司法决策问题的一个重大进展，有助于弥合司法政治的实证研究与规范性关切之间的鸿沟。① 科温（Edward Corwin）是历史制度主义模型的最早开拓者，关注公法研究的规范性面向。麦克洛斯基（Robert McCloskey）指出法官决策受到法院属性之授权与限制双重作用。达尔（Robert Dahl）的探讨进一步证明了历史制度主义的折中性质。夏皮罗（Martin Shapiro）的政治法理学强调裁判研究的广泛制度视角，探讨影响司法决策的法律与政治背景。克莱顿（Cornell W. Clayton）和吉尔曼（Howard Gillman）合编的两本论文集很大程度上展现了历史制度主义司法研究流派的兴起。② 历史制度主义模型理论关注制度环境本身，其视野中的司法行为是情境性、语境化的，认为司法系统中的具体教义以及更广义层面上的制度制约和塑造着司法决策。与态度模型相比，历史制度主义模型尽管承认法官政治偏好的重要性，但又十分强调司法的内在程序和规范以及法院与更大政治环境之间的关系等制度因素之于司法决策的影响。③ 与策略模型相较，历史制度主义模型推进了对制度的解读，重新请回了法律并赋予其非工具性的重要地位，并从约束与塑造两个层面来界定包括法律在内的制度之于法官意识形态立场的影响。④ 采取这一路径的学者一般认为，法官裁决、

① See Rogers Smith, Political Jurisprudence, The "New Institutionalism", and the Future of Public Law, The American Political Science Review, Vol. 82, No. 1(1988), pp. 89-108.

② Cornell Clayton and Howard Gillman eds. Supreme Court Decision-Making: New Institutionalist Approaches, Chicago: University of Chicago Press, 1999; Howard Gillman and Cornell Clayton eds. The Supreme Court in American Politics: New Institutionalist Interpretation, Lawrence: University Press of Kansas, 1999.

③ See Keith E. Whittington, Once More Unto the Breach: Post Behavioralist Approaches to Judicial Politics, Law& Social Inquiry, Vol. 25, No. 2(2000), pp. 601-634.

④ See Robert M. Howard, Kirk A. Randazzo ed., Routledge Handbook of Judicial Behavior, Abingdon: Taylor & Francis, 2018, pp. 118-119.

法律教义会受到政策偏好和态度的影响，但包括法律在内的制度不仅可以通过约束法官动机来限制其选择，还可以通过影响其观念来塑造其偏好。历史制度主义的研究表明，将司法政治分析的不同路径整合起来是可能的，不同模型之间的真诚对话将提供更完整的司法政治图景和更丰富的研究议程。在历史制度主义模型的理论视野中，司法既担当政治功能又拥有相对自治，既真诚地理解法律材料又策略地追求意识形态目标，① 法律和价值偏好这两种因素以较为复杂的方式相互作用，司法与意识形态之间呈现为一种典型的交往互动关系状态。

二、域外分析模式的演变趋势与根源

（一）域外分析模式的演变趋势

上面的梳理与检视，以法的理想类型为背景描绘了几种不同的司法与外部政治社会环境关系的研究框架，在这些宏观框架下，司法系统与意识形态体系、司法决策与意识形态因素之间分化出几种不同的关系分析模型。可以看出，这些理想类型、研究框架和分析模型，彼此之间并非是简单的历时性更迭关系，而是在一定程度上存在着相互重叠和渗透的领域。② 但是，它们在某种意义上也确实代表着"法律与政治秩序和社会秩序的关系的进化阶段"③，我们也确实在其中发现了一种反思更新、批判综合的演变趋势。

1. 宏观分析框架的演变趋势

就法政关系格局及其蕴含的司法与意识形态关系的宏观分析框架而

---

① See Keith E. Whittington, R. Daniel Kelemen, Gregory A. Caldeira ed., The Oxford Handbook of Law and Politics, New York: Oxford University Press, 2008, p. 50.

② 参见［美］昂格尔：《现代社会中的法律》，吴玉章、周汉华译，译林出版社2001年版，第232页。

③ ［美］诺内特、塞尔兹尼克：《转变中的法律与社会：迈向回应型法》，张志铭译，中国政法大学出版社2004年版，第21页。

言，当代英美学界很少还有人坚称法律彻底独立于政治或完全依赖于政治，更多的主张则处于"法律由外在政治塑造"与"法律由内在理性支配"之间的立场上，法律由此被解读为一种由政治塑造和内在理性构成的混合物，① 法律的创制与实施也因此具备了替代性政治秩序及其进程与日益专业化的法治运转机制的双重面相。在此种分析格局中，嵌入型司法因其向非法律环境过度开放而取消了法治的价值，作为一种司法发展的低级阶段在整体上遭到理论上的否决；反其道而行之的自治型司法尽管象征着法治最持久而稳定的状态，但也遭遇到开放性之失的难题；较好平衡了"向外部开放"与"忠实于法律"这两者关系的回应型司法在理论上获得了较多肯认。据此种理论演变，司法既非纯粹的"唯法律是瞻"的纠纷解决型的，亦非"唯意识形态是瞻"的政策实施型的；意识形态虽在司法系统的塑造和运作中扮演着重要角色，但这种角色的功能又是有限的而且其实际发挥也是受限的。② 由此，司法中的法律因素与包括意识形态在内的其他法外因素之间就是一种交叉互动的关系。正是基于这样的理论基础及分析框架的演变，当代美国一些知名的司法研究者才提出了所谓的均衡司法话语。在他们看来，司法的形式主义与现实主义之严格界分根本上是错误的，现实中的司法研究者并不持有那种纯粹的立场，形式主义者实际上持有一些相当现实主义的裁判观，而现实主义者实际上也接受形式主义裁判观的核心内容，大多数人实际上立足和坚称的是一种均衡司法观。这种均衡的司法观兼具两个面向：一是对法律的局限及其开放性保持敏感和自觉，从而承认意识形态对法官裁判的介入；二是对良好运转的法律系统的信心及对法律的遵守和适用，从而坚持法律等制度因素对法官裁判的制约。③

---

①　See Roger Cotterrell, Law's Community: Legal Theory in Sociological Perspective, Oxford: Clarendon Press, 1995, pp. 277-278.

②　参见[美]达玛什卡：《司法和国家权力的多种面孔》，郑戈译，中国政法大学出版社 2015 年版，第 326 页。

③　See Brain Z. Tamanaha, Balanced Realism on Judging, 44 Val. U. L. Rev. 1243 (2010).

2. 微观分析模型的演变趋势

具体到司法政治研究所提出的司法决策的诸种分析模型,笔者在前文中已经初步述及几种分析模型之间的论争以及由此引发的模型演变。诚然,随着司法政治研究在理论与方法上的不断发展,以法律模型为代表的形式主义路径,与以态度模型、新制度主义模型为代表的现实主义路径逐渐呈现出一种调和、平衡的趋势。纯粹的形式主义与纯粹的现实主义决策路径已很少有人支持,"有鉴别能力的司法观察者绝对不会认为我们体制中所有的法官……一直是法条主义者,或者……一直是现实主义者"①。首先,法律要素及其制度性约束得到大多数司法政治研究者的承认,法律因素与政治偏好在特定的法院和案件背景下往往是兼而有之的,② 运作于政治背景中的司法并未因此而混同于政治。其次,态度模型与新制度主义模型在一定程度上是兼容的,态度模型更多强调的是目的和依目的的真诚裁决,策略模型更多关注的是实现目的的手段和策略式裁决,历史制度主义则兼顾了法官决策中的态度和策略,但又重构了制度及与态度的关系。最后,20 世纪后半叶以来,那种坚持法律与政治二分法的法律模型已失去学界的认同,并逐渐被一种主张法律与政治交叉而不混同的观念所取代。③ 正是基于上述模型理论的变迁,有学者提出了一种将法条、意识形态、其他主观因素以及策略考量等要素统摄起来的现实主义理论,以求更为精准地理解意识形态在司法中的作用和特点;④ 有学者以法官与其受众的关系为视角考察了司法决策中的法律与政策等激励和约束因素,从而改进或扩

---

① ［美］李·爱泼斯坦、威廉·兰德斯、理查德·波斯纳:《法官如何行为:理性选择的理论和经验研究》,黄韬译,法律出版社 2017 年版,第 48 页。

② See Keith E. Whittington, R. Daniel Kelemen, Gregory A. Caldeira ed., The Oxford Handbook of Law and Politics, New York: Oxford University Press, 2008, p. 28.

③ See Robert M. Howard, Kirk A. Randazzo ed., Routledge Handbook of Judicial Behavior, Abingdon: Taylor & Francis, 2018, p. 64.

④ 参见［美］李·爱泼斯坦、威廉·兰德斯、理查德·波斯纳:《法官如何行为:理性选择的理论和经验研究》,黄韬译,法律出版社 2017 年版,第 24~27 页。

展了主流的决策模型;① 还有学者将态度模型、内在制度模型与外在制度模型等编制为一个分析模型中的不同变量,态度变量能否影响司法决策取决于制度变量给不给予相应支持。② 可以看出,在上述这些学术努力所展现的调和模型中,意识形态因素、法条主义要素、其他非法律性动机在法官决策中呈现为一种交叉互动、竞争协作的关系状态。

(二)域外分析模式的演变根源

思想源生于具体的社会—历史情景之中,"主体构想事物的整个模式受到其历史和社会环境的制约"③。梳理与检视美国学界所提出的诸种较为自觉的分析框架及其模型,我们可以发现,每一种分析模式的背后都有着特定理论学说的支撑,而支撑分析模型的理论学说又是对其所产生时代的历史、现实和司法实践经验的反应。概言之,每一种关于司法与意识形态关系问题的分析模式都是对法治发展及其与外部世界的实践关系的理论表达。司法及其所属社会的实践变了,问题及其解答也必随之而变。④ 因此,只有深入美国社会法治与司法发展背景中,才可能挖掘出司法与意识形态关系的分析模式演变的根源及规律。无论是法的理想类型从"压制型法"到"自治型法"再到"回应型法"的进展,还是司法的决策模型从"法律模型"到"态度模型"再到"新制度主义模型"的演化,都在总体上植根于美国两百多年从"前自由主义"到"自由主义"再到"后自由主义"的整体时代变迁背景,以及在变迁背景下美国政治学说所经历的从"旧制度主义"到"行为主

① 参见[美]劳伦斯·鲍姆:《法官的裁判之道》,李国庆译,北京大学出版社2014年版,第24~26页。

② See Arthur Dyevre, Unifying the Field of Comparative Judicial Politics: Towards a General Theory of Judicial Behaviour, European Political Science Review, Vol. 2, No. 2 (2010), pp. 297-327.

③ [德]卡尔·曼海姆:《意识形态与乌托邦》,黎鸣、李书崇译,商务印书馆2000年版,第271页。

④ 参见[美]庞德:《法律与道德》,陈林林译,中国政法大学出版社2003年版,第156页。

义"再到"新制度主义"的演变历程、美国法律思想所经历的从"形式主义"到"现实主义"再到"新现实主义/新形式主义"的演变进程。这种时代背景转换和价值观念更新为本书所考察的司法与意识形态关系的诸种分析框架与模型及其演变提供了真实的实践根源。

1. 法律的政治化与专业化之并行根源

从当代美国学界法政关系之分析框架与司法决策之分析模型的最新演变趋势来看，司法系统与意识形态体系关系的均衡论、司法决策中法律因素与意识形态因素关系的调和论，尤其是其间展现的交叉互动型分析何以日趋居于主导？在直接的意义上，这是对当代美国社会乃至于当代西方主流国家中并存的政治化与专业化这两种现实力量的理论回应，这两种力量牵引并强烈影响着法律现象及其规范秩序。① 在当代美国复杂的转型语境中，相较于 19 世纪和 20 世纪早期国家与社会、政府与市场、公域与私域、公益和私益之间呈现出的分离和自治的实践关系状态②，在"一战"后初步兴起、"二战"后充分发展的福利国家背景下，随着国家对社会的介入、政府对市场的干预力度和范围越来越大，公共领域与私人生活、公共利益与个体利益之间逐步趋近、混合，③ 这其间经历了对分离的否定、过度的混同、适度的融合等阶段的波折性转型。④ 正是由于经济、政治、社会等各方面条件变化所共同构成的剧烈转型，以美国为代表的西方法律在制度、程序乃至价值观念和思维方式上都面临着重大危机，西方法律传统的许多独特性遭遇重创或付诸东流，但亦有一些可贵的特征幸存了下来。⑤ 法律

① See Mauro Zamboni, The Policy of Law: A Legal Theoretical Framework, Oxford: Hart Publishing, 2007, p. 92.

② 参见[英]罗杰·科特威尔：《法律社会学导论》，潘大松等译，华夏出版社 1989 年版，第 53~54 页。

③ 参见[美]伯纳德·施瓦茨：《美国法律史》，王军等译，法律出版社 2018 年版，第 207~287 页。

④ See William N. Eskridge, Gary Peller, The New Public Law Movement: Moderation as a Postmodern Cultural Form, Michigan Law Review, 1991, 89(4).

⑤ 参见[美]伯尔曼：《法律与革命——西方法律传统的形成》，贺卫方等译，中国大百科全书出版社 1993 年版，第 38~48 页。

之重创来自政治化力量，法律之幸存集中于专业化方面，两种影响力量几近同步增长：政治化力量使法律高度他治，"与其他社会生活领域闭合地连结"，专业化力量代表着法律的高度自治，即"高度专门化和技术性"。①在此背景下，法律既受到政治上集体目标的强烈影响，又未完全沦陷为政治，"法律成为政治的工具，但同时它也为政治规定了法律可以被利用的程序条件"②。在这里，法律的政治性工具角色与法律本身的独特性质与功能是并存而非消长关系，"尽管深嵌于并强烈地受制于社会，但现代法律系统事实上是一个相对自治的系统"③。

2. 司法的工具性与职业性之并存根源

法律之现实角色的变换客观要求法律之理论范式转型。正是受法律的专业化与政治化并行与竞争实践的决定性影响，局部自治与有限受制日趋成为当代美国学界分析当代法律与外部政治环境之间关系的主流模式。在此实践背景及其所决定的主流模式视野中，司法场域的实践逻辑也告别了单一的形式主义或工具主义，其"特定逻辑是由两个要素决定的，一方面是特定的权力关系，另一方面是司法运作的内在逻辑，前者为场域提供了结构并安排场域内发生的竞争性斗争……后者一直约束着可能行动的范围并由此限制了特定司法解决办法的领域"④。一方面，司法越来越成为政治行动者手中达成价值目标、实现意识形态的主要工具，司法能动主义实践典型代表了意识形态对司法领域的高调介入和司法对公共政策创制实施的直接担当；另一方面，司法的职业化、专业化程度越来越高，其技艺的精细和复杂程度越来越让想要亲自操刀的政治行动者无从下手，司法的法律

---

① ［德］托依布纳：《法律：一个自创生系统》，张骐译，北京大学出版社 2004年版，第 10 页。

② 转引自［德］哈贝马斯：《在事实与规范之间：关于法律和民主法治国的商谈理论》，童世骏译，三联书店 2003 年版，第 530 页。

③ ［比］马克·范·胡克：《法律的沟通之维》，孙国东译，法律出版社 2008 年版，第 52 页。

④ ［法］布迪厄：《法律的力量——迈向司法场域的社会学》，强世功译，载《北大法律评论》1999 年第 2 卷第 2 辑，第 498~499 页。

话语体系与运作机理由此大幅度限制了甚至驱逐了意识形态话语的随意介入。也正因此，在司法与意识形态的关系分析上，自治与互动兼备的交叉模式日益成为更为妥当也更受青睐的研究模式，这一主导模式又进一步具体影响了前文所考察的司法决策中法律与意识形态关系的分析模型之演变。

第二节　国内分析模式

如导论中文献梳理所显示的，围绕意识形态影响司法议题，国内学界的讨论日趋增多，理论价值日益突显，现实紧迫性也逐渐增强。在推进国家治理体系和治理能力现代化的新时代征程中，可以看到，作为当代中国主流意识形态的核心内容，社会主义核心价值观正与法律系统发生着频繁的交往互动，这种交往互动不仅见于官方文件或政策中，而且它切实发生在新时期法治改革与法治实践中。这一实践背景不仅激活了法政关系、政法体制诸如此类的传统议题，而且提出了一系列亟待回答的新课题。尤其是，在社会主义核心价值观融入司法实践中，如何既肯认这种融入又谨慎进行操作，如何在政治介入与司法自治之间保持一种妥当平衡？这就要求对意识形态影响司法系统的正当基础、技术机制以及限度边界等问题作出系统的解读。对这些问题的回答，需要法学、政治学等多学科理论与方法资源的投入，需要拓展和深化法政治学、法政策学，尤其需要确立和推进司法政治研究领域。应该说，这种研究是一个系统性工程，而其间亟待着手的一项基础性、起点性工作是确立一种面向当代中国、植根法政实践的妥当分析模式，而这恰恰是我们相关研究的短板。当然，自20世纪90年代始，随着国内司法政治研究逐步兴起和司法政治研究文献的不断增多，司法与意识形态关系的分析模式之问题意识日益自觉。大量的研究虽然没有明确提出一定的分析框架或模式，但是其具体论述中潜隐着的分析立场已经大体分化出来。少数研究提出并应用了一定的分析模式。此外，对国外相关分析模型的理论译介也日益深化。下面笔者将以当代中国司法研究领域的代表性研究文献为考察材料，这些文献主要集中在司法与政治的一般关系、人民司法传统、政法体系中的司法、社会主义核心价值观融入司法等方面。笔者主要从"司法的职业理性与政治逻辑关系（静态方面）""司法自主运行与意识形态介入关系（动态方面）""司法研究的纯粹性与混合性关系（认识论方面）"等方面来归纳和提炼国内相关研究潜在的分析模式，①进而检视诸种分析模式各自存在的问题及彼此之间呈现出的演变态势，挖掘其背后的政法理论与实践根源，最后，立足中国特色政法体制和治理型法治的生成发展进程，参酌国外分析模式演变经验与一般规律，提出面向当代中国司法研究的分析模式之优化和重构的方案。

一、国内分析模式的潜在类型

（一）"泛意识形态"的嵌入模式

在处理中华人民共和国成立后前三十年司法泛政治化的历史材料时，诸多学者采取了一种"泛意识形态"的嵌入型分析模式，这种模式同样存在于当下一些学者对改革开放以来中国司法体制机制的整体观察。这样一种把握方式也体现在一些基于司法案例的实证研究成果之中。该分析模式总体上认为，不管是在宏观的司法构造与运行上，还是在事实认定和法律适用具体司法环节上都存在意识形态的介入问题，司法与意识形态是高度关联的，意识形态对司法的影响是频繁而深入的。

在共和国前三十年司法史的研究方面，尤其是关于中华人民共和国成立后至"文革"前十七年司法实践，有学者以大量一手的诉讼文书档案及相关访谈材料，细致展现了人民司法正式确立时期鲜明的政治化色彩，将其归结为阶级性、民主性、党性与程序的次位性四项内在特点。② 据此，司

---

① 之所以说"潜在"，是因为国内大量司法政治类研究并没有自觉地构建或应用分析框架或模式，但是在其整体论述中又确实可以归纳提炼出一定的分析模式，尤其是将相关研究进行整体比对时，这些潜在模式更为突显。当然，必须承认，也有少量司法政治研究文献明确提出并运用了一定的分析模式。

② 参见高其才、左炬、黄宇宁：《政治司法：1949—1961 年的华县人民法院》，法律出版社 2009 年版，第 3 页、第 357~361 页。

法角色定位上，完成政治专政任务、执行党的政策或意识形态；司法组织设置上，受到党委、政府的强控制和全方面领导；司法人员选任上，突出政治标准和要求，强调阶级出身、政策水平等因素。在上面的宏观体制机制架构中，司法审判活动强调从"阶级立场"出发、走"群众路线"、围绕党和政府的"中心工作"并以党的政策为主导性的裁判依据。[1] 论者显然使用的是描述式笔法，并持有同情式理解的姿态，认为受制于特定时期的政治、经济和社会等方面的综合条件，此一阶段泛意识形态的政治司法具有客观必然性与情境合理性。

在党政体制中考察司法与意识形态的关系，有学者明确提出并采取了嵌入型分析模式。"中国特殊的国情结构决定了中国共产党必须将自身嵌入国家政权体系，形成政党组织结构和国家权力机构相复合的双重层级结构。中国司法就是在这种背景下展开的。""中国独特的党政体制决定了法院系统与政治系统并非一种结构耦合性关系，而是一种嵌入关系。"[2]也就是说，我们的司法系统是嵌入在党政体制之中的，受到意识形态、政治动员、治官权等党政体制具体运作机制的深刻塑造。嵌入型司法受到意识形态的塑造体现在三个方面：其一是对司法主体的塑造，党政体制塑造了极具政治素养和政治意识的法官形象，强调法官政治上的坚定、忠诚和担当——讲政治、顾大局，从政治制度伦理、政治意识形态等层面对法官进行思想教化和行为约束。其二是对司法依据的塑造，党政体制通过"从党的政策到司法文件"的转化机制，将主导性政治话语和理念等意识形态内容嵌入司法系统，进而影响法官裁判依据的选择和裁量。在司法文件及其蕴含的政治话语与既有法律规则及其技术不一致时，党政体制必然要求法官对法律作出一定变通或某种创制。其三是对司法效果的塑造，党政体制不断向司法活动传递意识形态目标，推动和强化司法机关对社会效果的追

---

① 参见高其才、左炬、黄宇宁：《政治司法：1949—1961 年的华县人民法院》，法律出版社 2009 年版，第 182~184 页、第 257~262 页。

② 郑智航：《党政体制塑造司法的机制研究》，载《环球法律评论》2020 年第 6 期。

求。在涉及其他政府部门的案件从而可能出现所谓的合作困境时，党政体制通过意识形态话语表达来强化案件解决的政治社会意义，从而促成其他部门对法院审判的配合和协同。在论者看来，置身党政体制中的中国司法是不可能采取西方那种以法律与政治相分离为基础的自治型司法模式的。

在司法个案和诉讼实践考察方面，有学者聚焦于行政诉讼领域，为当代中国司法描绘了一幅嵌入型面相：嵌入型司法的角色是多重的（"既是官僚机构的一部分，又是实现正义的中立机构，还是追求自我利益的一个部门"①），功能是多元的（纠纷解决、维持社会稳定、促进社会进步、提升民主参与），方式是多样的（"在法律与政策、实质正义与程序正义、维护政府权威与实现个人权利之间游移的选择性司法"②），效果是多种的（法律效果、政治效果、社会效果的统一）。有学者基于特定类型案件解决、城乡基层法院运作的实证考察，对嵌入型司法/法院进行了更细腻而全面的诠释。嵌入性视角下，法院嵌入在政治、行政、社会、经济等因素共同构成的外部环境之中，其具体运作处于遵循规则的法律适用与工具主义的维护稳定之间，法官决策置身于法律、权力、政治等多重交织的复杂因素中，司法行为嵌入到多种体制性约束之中，法律并非法官的唯一遵循，政治话语等外部力量深刻影响着法官决策。③ 特别值得指出的是，相关研究还发现，尽管嵌入型司法因其嵌入性而深受意识形态等政治因素的影响，但这并不意味着司法毫无自主空间和独立的余地。相反，法院在一定程度上有能力采取策略性行动（扩大审查范围、创造性解释法律、协调结案和

① 汪庆华：《中国行政诉讼：多中心主义的司法》，载《中外法学》2007 年第 5期。

② 汪庆华：《中国行政诉讼：多中心主义的司法》，载《中外法学》2007 年第 5期。

③ 参见贺欣：《离婚法实践的常规化——体制制约对司法行为的影响》，载《北大法律评论》2008 年第 9 卷第 2 辑；贺欣：《为什么法院不接受外嫁女纠纷——司法过程中的法律、权力和政治》，载《法律和社会科学》2008 年第 3 卷，第 66~97 页；Kwai Hang Ng, Xin He, Embedded Courts: Judicial Decision-Making in China, Cambridge University Press, 2017, pp. 191-192.

多样化判决等），既介入地方政治事务又保持司法尊让，由此从其所嵌入其间的政治和权力体系中发展出某种独立自主性。[①] 在嵌入性中发掘了策略性，使得司法与意识形态的关系变得动态化，指出了一种策略分析模型构建的可能性。

(二)"去意识形态"的自治模式

由于司法泛政治化现象曾经十分严重，"去政治化"几近成为改革开放以后司法学界的一种不自觉的情结。在对司法泛政治化历史和现实的反思批判中，一些学者采取了去政治化的路径，为司法与意识形态描绘了一幅自治的图景。基于"去意识形态"倾向的自治型分析模式，反对司法的高度政治化和意识形态的过度介入，旨在捍卫现代司法的自主品性与职业逻辑。这种自治分析模式就自治的强度而言又可以划分为较强意义和较弱意义两种类型。

就较强意义上的自治模式而言，相关研究者首先描述性地交代了司法现实的高度政治化现象、特点及其危害，进而将此种司法价值评判为人治化的、非规则化的、异化了的司法，从而将其与去政治化的所谓现代司法的本来面目截然区分开来。[②] 基于这样的事实与价值的双重考察，意识形态之于司法只应是一种消极的、尊重的对待方式，面向意识形态影响的司法也应保持自治的规律和品性。在这里，司法的政治化现象与司法的职业逻辑是对立的关系，司法的政治化意味着司法品性与规律的歪曲，而司法的日常运转应该遵循专业化的自主性逻辑，[③] 司法的改革与发展应该去政

---

① 参见应星：《行政诉讼程序运作中的法律、行政与社会》，载《北大法律评论》2008 年第 9 卷第 1 辑；贺欣：《法院推动的司法创新实践及其意涵——以 T 市中级人民法院的行政诉讼为例》，载《法学家》2012 年第 5 期；于晓虹：《策略性服从：我国法院如何推进行政诉讼》，载《清华法学》2014 年第 4 期。

② 参见周永坤：《政治当如何介入司法》，载《暨南学报（哲学社会科学版）》2013 年第 11 期。

③ 参见王建勋：《政治化：误入歧途的中国司法》，载《领导者》2011 年总第 41 期。

治化，① 排除政治话语对司法改革的全面主导、意识形态对司法的过度渗透，让"司法的归司法，政治的归政治"，从"政治司法"走向"法律司法"。② 显然，较强意义上的自治分析力图将意识形态影响驱离于司法之外，司法由此被塑造成纯粹司法。

就较弱意义上的自治型分析而言，针对一度推行的较为热烈的能动司法，一些学者反思指出，我们的司法能动是司法在缺乏自治的情况下服务于政治、接受政治统领、完成政治使命的能动，实则是司法的政治化。③ 我们司法的问题不是"要不要能动"，而是基本没有坚守过"克制"。因此，从维护法治的角度来看，需要警惕能动，坚守克制。④ 但是，值得警惕的司法能动并非铁板一块：在政治话语层面，能动司法是一种意识形态，是在扩展法院的政治职能，削弱法院的法治捍卫者角色，这是需要深入批驳的，从而捍卫司法的自治性，要求"一种去政治化的司法姿态"；而在学术话语层面，也即司法方法论意义上的能动司法，这是"一个法治原则下技术或方法论问题"，是"在极个别情况下，法律规范和社会正义发生冲突时，经过认真论证才使用的方法"，就是法官在运用目的解释、价值衡量和法律论证等方法，"根据法律与情势、法律与政治、法律与社会等因素针对个案重构法律"⑤。既否定又不完全否定司法能动，这体现出捍卫自治司法与反对机械司法的双重诉求。在这里，面向意识形态等法外因素，司法保持了一种谨慎的开放，故称其为一种较弱意义上的自治主张。

---

① 参见徐昕：《司法改革应"去政治化"》，载《财经》2011 年第 3 期。

② 所谓政治司法，主要体现在司法职能的政治性、司法用语的政治性、司法活动的政治性、司法权力对政治权力的依附性、法官素质的政治性等方面；所谓法律司法，主要体现在司法主体的独立性、注重司法程序、当事人主导地位、注重法官职业素养等方面。参见王广辉：《从政治司法到法律司法》，载《政法论丛》2013 年第 3 期。

③ 参见杨建军：《变革时代政法人的司法使命——沃伦与王胜俊能动司法哲学观比较》，载《政法论丛》2012 年第 4 期。

④ 参见陈金钊：《司法意识形态：能动与克制的反思》，载《现代法学》2010 年第 5 期。

⑤ 参见陈金钊：《"能动司法"及法治论者的焦虑》，载《清华法学》2011 年第 3 期。

如果说"去意识形态"的自治型分析主要是基于对"泛意识形态"的司法实践现象之反思与理论研究之批判而生的话，那么，从"泛意识形态"到"去意识形态"，首先在逻辑上就存在较大问题，因为"泛意识形态"意指过度意识形态，所以其反面应该是"去泛意识形态"，而非"去意识形态"。一个"去"字，与其说是理性，不如说是激情或狂热。较强意义上的自治型分析只是将司法的意识形态维度强行取消，并没有妥当地安顿司法与意识形态关系问题的本身。反而，较弱意义上的司法自治主张是值得肯定的，因为其在主张自治的同时并未完全否决司法与意识形态的可能遭遇和关联。

(三)"辩证关系"的互动模式

近些年来，越来越多的研究者在司法与意识形态关系问题上采取了一种辩证的分析方式，其总体的见解是，司法与意识形态是两种具有差异而又彼此关联的现象，两者之间既各具属性和价值又相互作用和影响，司法运行的职业自主之维与意识形态之维由此是兼具的，司法研究体现出社科进路与教义进路的某种融合。与前面两种潜在分析模式比较，该分析模式既反对司法泛意识形态论，又否定司法去意识形态论，故名之为司法与意识形态关系的互动模式。

在一般理论阐释方面，该模式主张"既要防止忽视政治的倾向，又要防止泛政治化的倾向"[1]。司法与政治之间的关系应该合理定位：一方面，司法区别于政治，司法相对独立于政治，两个系统具有不同的属性和价值；另一方面，司法又不能完全脱离政治，更不可能去政治化，司法对政治要保持回应。[2] 一方面，政治影响着司法的权力配置、结构布局、人员组成、现实保障，主流政治意识形态影响着司法的运作过程和法官的裁判活动；另一方面，司法对政治体制、国家政权或政治力量产生巨大反作

[1] 江必新：《正确认识司法与政治的关系》，载《求是》2009 年第 24 期。
[2] 参见杨建军：《法治国家中司法与政治的关系定位》，载《法制与社会发展》2011 年第 5 期。

用。在实践运作方面，司法应该将政治意识与法律意识相结合、适度的能动与必要的克制相结合、法律效果与政治效果相结合、政治问题法律化与法律问题政治化相结合，要防止司法的政治功能弱化和异化，理性处理回应政治影响力与提升司法公信力的关系。不管是宏观上对政治意识形态的回应和还是微观上的司法裁判过程中的政治效果回应，都是有界限的。从反面来讲，辩证互动模式明确批判了司法与政治关系问题上的泛政治化与去政治化两种极端认识，以及泛政治化的滥用意识形态和去政治化的驱离意识形态的做法。司法在结构上是技术性与政治性兼具的，"司法是一门技艺，它具有技术性；司法也是一种政治智慧，它具有政治性"①。司法的技术性之维展现着司法相对自主的品格，而司法的政治性之维则体现了司法的政治本质、政治功能和政治动力。技术性与政治性含量在司法结构中的比例会随着司法的历史发展而变动，但是，纯粹技术性或政治性的司法都是不存在的。

在具体实证考察方面，近几年来，社会主义核心价值观融入司法问题上集中涌现了一批研究成果，这些研究以丰富的案例事例为分析材料，考察了核心价值观融入司法的理据、特点、意义、原则、目标、范围、方式、实然效果、现实困境、优化对策等问题。集中于核心价值观融入司法的正当理据与适用方式上，这些研究一方面肯定了司法的政治逻辑，封闭的非融入论遭到抛弃；另一方面又强调政治影响的司法逻辑，机械融入、盲目融入、泛滥式融入实践均遭到批判。② 在封闭与开放之间的中道立场上，③ 融入的必要与可能、可行与限度几近受到同等的探究。作为政治话

---

① 江国华：《常识与理性(十)：司法技术与司法政治之法理及其兼容》，载《河北法学》2011 年第 12 期。

② 参见林文学、张伟：《以司法方式加强社会主义核心价值观建设的方法论》，载《法律适用》2018 年第 19 期；廖永安、王聪：《路径与目标：社会主义核心价值观如何融入司法》，载《新疆师范大学学报(哲学社会科学版)》2019 年第 1 期；于洋：《社会主义核心价值观的司法适用》，载《法学》2019 年第 5 期等。

③ 参见陈金钊：《"社会主义核心价值观融入法治建设"的方法论诠释》，载《当代世界与社会主义》2017 年第 4 期。

语的核心价值观，与司法场域及其法律话语之间被描绘为一种渗透与塑造的互动关系。① "融入"过程中，"介入"代表着主流意识形态内容对司法的渗透，而"转化"则表达了司法原则与规律、司法程序与方法对意识形态的塑造。② 与此类研究相似且较为关联的是，学界在探讨公共政策与司法的关系，尤其是人民法院执行公共政策进而参与公共治理问题时，两类问题（政治、道德问题与法律问题）的兼顾、两种逻辑（政治、道德逻辑与司法规律）的转换是较为突出的分析姿态。③ 在此一框架中，公共政策介入并影响司法的实践现象及其现实意义得到肯定，但介入与影响的风险也备受关注，风险评估与规避机制成为重要研究内容。④ 这种潜在分析模式背后的学理基础也体现出社科法学与法教义学研究进路的局部混合，前一进路秉持司法实用主义立场，后一进路遵循程序理性的司法自主规律。⑤

司法与意识形态之间的这种辩证分析方式整体上展现了司法与意识形态之间的部分关联又局部分离的关系格局。言其关联是指两者之间存在着一定范围和幅度的交叉重叠领域，这种交叉重叠的范围和幅度又低于嵌入模型；言其分离是指两者之间各自保持着性质和结构上的刚性和自治，但这种刚性和自治又弱于自治模型。尽管国内这种辩证关系论潜隐着交互型的分析框架，但是，辩证论总体上属于一种宏观方法，直接使用则显得模

---

① 参见周尚君、邵珠同：《核心价值观的司法适用实证研究》，载《浙江社会科学》2019 年第 3 期；孙海波：《社会主义核心价值观融入司法的原则及界限》，载《人民法院报》2021 年 3 月 22 日第 002 版等。

② 参见彭中礼、王亮：《司法裁判中社会主义核心价值观的运用研究》，载《时代法学》2019 年第 4 期；杨福忠：《论司法培育和弘扬社会主义核心价值观的机理与技术路径》，载《法学论坛》2020 年第 2 期；陈林林：《社会主义核心价值观的司法应用与制度保障》，载《中国社会科学报》2020 年 12 月 2 日第 004 版等。

③ 参见孟融：《我国法院执行公共政策的机制分析》，载《政治与法律》2017 年第 3 期。

④ 参见方乐：《司法参与公共治理的方式、风险与规避——以公共政策司法为例》，载《浙江社会科学》2018 年第 1 期。

⑤ 参见廖永安、王聪：《法院如何执行公共政策：一种实用主义与程序理性有机结合的裁判进路》，载《政治与法律》2019 年第 12 期。

糊而笼统，在具体论述上还存在不少大而化之的地方，无法精确地指明司法与意识形态关系的具体格局，也无法为相关研究的深入开展提供细致的指引。

（四）小结：总体评价

整体上看，国内学界在司法与意识形态关系问题上的分析模式大体分化出来，但是，这种分化还存在明显不足，各种分析模式之间存在着界线模糊、观念重叠的现象，彼此之间缺乏较高的辨识度。如前所述，嵌入型分析与自治型分析有交叉，自治型分析又与互动型分析有重叠。与此同时，整体上看，由于法政治学学科意识弱，司法政治研究理论基础模糊、研究方法论混杂，研究者的分析模式意识是自发而不自觉的，分析模式是潜在而不甚明晰的。如前所述，较少有自觉提出或构建并应用一定分析模式展开研究的。

进一步讲，国内分析模式内部构造上均显得精细化不够，主要体现在以下两个方面。第一，在理论论证上较粗糙，在整合法学、政治学等多学科基础理论方面仍显薄弱，一些关键概念和术语界定较模糊。比如，"意识形态化"，究竟是指"意识形态性"还是"泛意识形态"？这将进一步涉及对如下问题的回答："去意识形态化"，究竟是"去意识形态性"还是"去泛意识形态"？以及其间涉及的"去""化""自治"这些看上去十分纯粹而绝对的字眼或修辞。这些基本概念和观念的定位将直接涉及各分析模式的理论精确度以及彼此分化程度。第二，应该说，除了基础理论论证的细致深入外，成熟的分析模式构建还应该着力于宏观分析框架、微观分析模式、具体分析方法与技术等层面。国内既有的大量研究在司法系统与意识形态体系的关系上着墨较多，而对于司法过程尤其是法官决策中的意识形态影响问题用力不够，也即宏观构架有余、微观布局不足。在具体分析方法上，规范与实证、评价与描述、价值有涉与中立之间的关系处理不当，呈现出不同程度的混杂状况。

二、国内分析模式的演变动态及根源

(一)国内分析模式的演变动态

综观上面的文献检视与模式提炼,尽管我们主要进行的是模式的横向观测,但也初步触及模式之间的演化变动状态。诚然,分析模式不是静止固定的,诸分析模式之间是变动发展的。深入研讨并比对国内分析模式,确实可见其间日益呈现出一种进展态势。泛意识形态的嵌入型分析模式仍有一定的市场,但是,它主要是以描述性方式处理共和国前三十年的司法往事。尽管当下仍有学者采取此路径来探讨晚近司法与意识形态的关系,但从前面的检视中,可以看出,他们的阐述在自觉或不自觉地兼顾司法之自治面向,至少指明了自治性生长的空间,这一方面代表着嵌入型分析的自我反思,另一方面也佐证了自治型分析的必要和合理。在去意识形态的自治型分析中,较强意义的自治型分析存在着诸多的理论误区和缺陷,较弱意义的自治型分析逐渐成为主导,而较弱意义的自治型分析无疑是在兼顾嵌入型分析所强调的意识形态因素。辩证关系的互动型分析则是主张局部自治与有限开放,基本实现了反思后的嵌入型分析和较弱意义的自治型分析的共同关切。如果说嵌入型分析是对司法的意识形态影响的强调,自治型分析是对意识形态因素的否定,互动型分析则是一种兼顾和整合。当然,这个过程并不平坦,充满了学者及其研究的矛盾和忧虑。嵌入型分析是对过往的一种描述风格,即使获得一些研究者的价值肯定,但是这种肯定又显得有些飘忽不定,这从其对自治因素的兼顾甚至是向互动型分析靠拢的倾向中可见一斑。① 自治型分析是向过去看、痛定思痛的叙事风格,

① 例如,有学者肯认式地提出并运用嵌入模式来分析当下意识形态对司法的深刻影响,但是其在别处的论述中又对法政关系的分离论与依附论均进行了否定,并指出二元共生与双向进化关系论的合理性。参见郑智航:《党政体制塑造司法的机制研究》,载《环球法律评论》2020 年第 6 期;郑智航:《政治与法律的二元共生与双向进化》,载《中国社会科学报》2018 年 7 月 18 日第 007 版。

其一方面由于司法泛意识形态化的沉痛历史而对司法自治空间因其向意识形态的开放而可能导致的失守沦陷充满忧虑，另一方面又不得不逐渐承认和正视司法与意识形态之间客观存在且不断增多的交往互动空间。相比较而言，互动型分析则采取了一种向前看、平和、自信而稳健的姿态。在笔者看来，模式理论演进中的这种矛盾或忧虑心态既可视为既有理论研究上的缺陷，又暗示着从"司法他治"到"司法自治"再到"司法有限开放"的理论基础转换，及其所蕴含的司法与意识形态关系的分析模式演进趋势。

　　由于司法与意识形态的关系是法律与政治关系这一法政治学根本性问题的一个层面，所以，国内学界关于法政关系的分析模式转换为司法与意识形态关系的分析模式演变提供了理解框架和理论佐证。新中国法学经历了被政治学吞噬、借政治学正名、经由诠释法学对政治学的否定、经由社科法学对法学与政治学交叉的承认历程，① 这一心路历程中，法政关系的理解范式也发生了显著变化。在较长一段时间内，学界的相关讨论陷入"分离论"与"依附论"截然相对、非此即彼的怪圈，缺乏基于历史经验与现实材料的全面而综合的考察。随着法学研究的发展，尤其是社科法学范式的兴起，20 世纪 90 年代以来，越来越多的学者注意到法律与政治的共生互进的事实与逻辑，从共同体的公共利益追求与公共秩序维护的高度来审视法政关系格局，既肯认了法律与政治的共生、互补的一面，又坚称着法律与政治的差异、超越的一面。② 尤其是通过引入系统论法学理论，学界进一步推进了对法政关系的研究。在系统论视角下，法律系统与政治系统在功能分化的现代社会中既独立运作又互为环境，彼此之间是一种双向进

---

　　① 参见闫海：《"法理学家问，政治学家答"：我国法政治学范式的产生和发展》，载《中国社会科学报》2011 年 5 月 24 日第 010 版；刘涛：《中国法政治学的发展趋向》，载《中国社会科学报》2019 年 8 月 7 日第 007 版。

　　② 参见姚建宗：《法律政治逻辑阐释》，载《政治学研究》2010 年第 2 期；姚建宗：《论法律与政治的共生：法律政治学导论》，载《学习与探索》2010 年第 4 期；周祖成：《法律与政治：共生中的超越和博弈》，载《现代法学》2012 年第 6 期等。

化发展的关系状态。① 无疑，作为一种认识论基础和认知框架，法政关系分析范式的转换在宏观上印证了我们前面所考察的司法与意识形态关系的分析模式的演变趋势。②

(二)国内分析模式的演变根源

"法律哲学，就像法律自身一样，只有从社会和政治语境中理解它，才能显示自己完整的意义。"③司法与意识形态关系研究的分析模式在根源上同样不能囿于司法职业性内部视角，还应该将其视为对特定社会和政治发展的回应，而分析模式的演变与转换同样植根于特定司法与意识形态的历史与现实背景之中。从司法的"泛意识形态论"到"去意识形态论"再到"辩证关系论"，从嵌入模式到自治模式再到互动模式，要追问这种理论进展与模式演化的根源，我们就必须深入中华人民共和国成立后七十余年法治进程的社会和政治语境中。可以说，从革命、继续革命到建设、改革与发展，从人治、权治到走向法治，从工具主义观、虚无主义法律观到经验主义、理念主义法律观，④ 从法制国家到法治国家、从依法治国到全面依法治国，⑤ 从法治虚无、工具型法治、自治型法治到治理型法治，国家、社会、政治、法律/法治及其关系的整体嬗变，塑造和更新了法治发展形

---

① 参见伍德志：《欲拒还迎：政治与法律关系的社会系统论分析》，载《法律科学》2012 年第 2 期；郑智航：《政治与法律的二元共生与双向进化》，载《中国社会科学报》2018 年 7 月 18 日第 007 版；蔡琳：《政治与法律内在关联的逻辑前提》，载《中国社会科学报》2018 年 12 月 12 日第 009 版。

② 理论上讲，政治学等与司法政治研究紧密关联的学科领域发生的研究范式转换，之于理解司法与意识形态关系的分析模式演变也是十分重要的视角。在这里，笔者之所以没有触及国内政治学领域的研究范式和模式演变，主要是因为国内政治学在司法政治研究这方面的学术产出极为有限。不过，可以预期的是，在政治法学不断复兴的背景下，将会有更多的政治学者涉足这块交叉研究领地。

③ ［英］罗杰·科特威尔：《法理学的政治分析：法律哲学批判导论》，张笑宇译，北京大学出版社 2013 年版，第 3 页。

④ 参见江平：《中国法治三十年》，载《经济观察报》2008 年 5 月 26 日第 046 版。

⑤ 参见张文显：《中国法治 40 年：历程、轨迹和经验》，载《吉林大学社会科学学报》2018 年第 5 期。

态与司法运转模式，进而为我们正确把握司法与意识形态关系之分析模式演进提供了真实的实践背景。接下来，我们大致按照司法缔造、司法初创与改造、司法重创、司法重建、司法改革与深化改革这条脉络来发掘模式演变的根源。

缔造时期的人民司法肇始于陕甘宁边区政府的司法实践。尽管经历了学习苏联和借鉴欧美国家，但现行司法在体制机制理念等方面与革命时代的边区司法仍存在千丝万缕的联系，这种联系在晚近法治变革和司法发展中又备受强调和重视，① 所以，追溯当今司法渊源实属必要。革命时期，囿于客观现实和主观条件，在共产党的政权建设中，司法方面采取了一条自下而上的群众路径。② 此时处于摇篮时期的人民司法伊始便强调司法与政治的深度关联，"法律是政治的一部分，是服务于政治的，因此司法工作是在政权工作的整个领导之下执行政治任务的……这是法律与政治的关系，也是司法工作的政治目的，我们边区的司法工作正是表现了这一特点的"③。具体而言，司法的角色是分工的，在实质上与其他机构并无二致；司法的首要功能是政治性的，"要从政治上来司法"④，不可能也不应该是独立的。尽管边区司法改革也曾尝试过规范化建设，但大众化最终胜出，李木庵司法改革失败、马锡五审判方式流行即是最好的证明。总的来看，在革命年代的革命法制观指引下，⑤ 司法缔造采取革命范式，司法运行受到意识形态的支配，司法活动遵循政治思维，区分敌我、捍卫政权、政治

---

① 参见侯欣一：《从司法为民到大众司法：陕甘宁边区大众化司法制度研究（1937—1949）》，三联书店 2020 年版，第 11 页。

② 参见郑智航：《人民司法群众路线生成史研究（1937—1949）——以思想权力运作为核心的考察》，载《法学评论》2017 年第 1 期。

③ 上海社会科学院院史办公室：《重拾历史的记忆：走近雷经天》，上海社会科学出版社 2008 年版，第 177 页。

④ 王定国等编：《谢觉哉论民主与法制》，法律出版社 1996 年版，第 159 页。

⑤ 参见陈景良主编：《当代中国法律思想史》，河南大学出版社 1999 年版，第 55 页。

司法、群众司法等革命理论与经验贯穿其中。①

　　人民司法传统是在打碎旧法统下的旧司法机器过程中正式创立的，在经过改造和一定发展后又遭遇重创。在确立新政权合法性的过程中，人民司法的初创是一场司法革命而非一般意义上的司法改革。② 革命就是要革除旧司法的理念、制度、组织、人员、程序乃至技术方法，从政治上、组织上、作风上确立人民司法的纯洁性。这期间，意识形态上的改造是第一位的，尤其是 1952 年 6 月至 1953 年 2 月期间开展的司法改革运动，这是"新中国成立之初的一场旨在确立新的司法意识形态的深刻的司法改造"③，"这场运动伊始就强调要继续强化司法部门的思想改造，而司法部门的思想改造的目标就是要肃清旧法观点"④。司法的独立性、中立性、技术性、程序性等旧法观点和旧司法作风在根本上遭到否定，人民司法观念得以确立，人民司法干部队伍、便民诉讼制度、党对司法的领导体制等也由此得以建立。思想改造、组织与人事整顿、体制机制构建等形成合力，"真正端正了人民法院的政治立场"⑤。"服从党的领导、贯彻群众路线、为党和国家的中心工作服务"成为最为强势的司法话语，⑥ 司法的价值功能、组织机构、审判制度及其运行等方面都充斥着强烈的政治色彩，展现

---

　　① 　当然，此一时期司法的自主性和专业性也并非没有得到认识和肯定。司法的专业化虽在理念与导向层面上从与大众化的斗争中败下阵来，但是"司法工作是一项专门工作"得到一定的承认，司法的职业性原则和方法得到一定践行。"司法是专门事业，要专门人才"（《谢觉哉日记》，人民出版社 1984 年版，第 756 页），司法独立被否定，但审判独立得到明确肯定，1946 年公布的《陕甘宁边区宪法原则》就明确规定："司法机关独立行使职权，除服从法律外，不受任何干涉。"参见侯欣一：《从司法为民到大众司法：陕甘宁边区大众化司法制度研究（1937—1949）》，三联书店 2020 年版，第 106～111 页。

　　② 　参见公丕祥：《当代中国的司法改革》，法律出版社 2012 年版，第 76 页。

　　③ 　公丕祥：《当代中国的司法改革》，法律出版社 2012 年版，第 89 页。

　　④ 　公丕祥：《中国特色社会主义司法改革道路概览》，载《法律科学》2008 年第 5 期。

　　⑤ 　蔡定剑：《历史与变革——新中国法制建设的历程》，中国政法大学出版社 1999 年版，第 31～35 页。

　　⑥ 　董必武：《董必武政治法律文集》，法律出版社 1986 年版，第 546 页。

为一个鲜明的政治化、工具化司法的角色形象。① 1957 年之后，法律与司法虚无主义开始兴起，司法的政治化面目日益突出，而其法律面向却日益模糊、淡化。② 当然，这期间也有短暂的反思和恢复，③ "20 世纪 60 年代初期由于党和国家的主要领导人对 20 世纪 50 年代后期的错误进行了反思，司法制度出现了复苏现象"。④ 及至法律虚无主义泛滥时期，法制遭到全面否定，初创的人民司法体制被"砸烂"进而陷入瘫痪，司法异化为阶级斗争场域，"政治司法"淹没于"政治运动"之中并被严重民粹化、意识形态化。⑤ 总的来看，在共和国前三十年高度意识形态化的时代，"意识形态是执政党合法性的主要来源"，⑥ 司法是政治挂帅的，⑦ 以政治性、人民性为首要因素和特点的意识形态对司法的影响是全面而具有渗透性的，司法的意识形态面孔十分鲜明，司法的自主因素相当匮乏。⑧

司法在经历拨乱反正、恢复重建后进入改革与深化改革的新时代。改革开放初期，关于"人治与法治""党的政策与国家法律""法的阶级性和社会性"等核心法制专题的大讨论，直面"要人治，不要法治"以及严重混淆政策与法律关系、严重扭曲法的阶级性与社会性关系的惨痛过往，力图清

---

① 参见高其才等：《政治司法：1949—1961 年的华县人民法院》，法律出版社 2009 年版，第 2~5 页。

② 参见段瑞群：《"司法大跃进"——新中国初期司法审判制度的变异史》，载《澳门法学》2020 年第 1 期。

③ 参见蔡定剑：《历史与变革——新中国法制建设的历程》，中国政法大学出版社 1999 年版，第 103~104 页。

④ 陈光中等：《中国现代司法制度》，北京大学出版社 2020 年版，第 131 页。

⑤ 参见公丕祥：《中国司法改革 60 年》，载《中国社会科学辑刊》2009 年冬季卷。

⑥ 郑永年：《再塑意识形态》，东方出版社 2016 年版，第 5 页。

⑦ 参见公丕祥主编：《当代中国的法律革命》，法律出版社 1999 年版，第 122~124 页。

⑧ 有研究认为，在共和国前三十年间，1957 年之前，总体上是一种"通过法律或程序的治理"，其间，尽管法律实践为党的政策所渗透，但是法律的相对自主性是得到承认的，司法的力量得到重用。另一种不同的治理技术——"通过运动或政策的治理"的思路也一直存在并在 1957 年之后占据支配地位，其间，法律框架被冲垮甚至是取消，法律的自主性、司法的自治空间被否定，最终以"无法的治理"收场。参见强世功：《法制与治理——国家转型中的法律》，中国政法大学出版社 2003 年版，第 151~165 页。

理认知误区、摆正辩证观念，过往的法制建设与司法悲剧得到深刻反思。① 在实践方面，随着整个国家从革命走向建设以及由此带来的治理理念与策略的转型，法律的技术性得到重视并增强，而法律的过度意识形态化由此受到抑制和减弱，法律和意识形态在国家治理结构中的畸形紧张关系得以缓和。在此背景下，政治逻辑之外，司法的职业理性获得认同和强调，司法的职业化和专业化建设得以重新出发。20 世纪 80 年代的司法重建和变革，一是要在加强和改进党对司法领导的前提下，突破泛意识形态化的司法困境；二是要不断拓展司法在党领导的大政法体制中的自主空间，从而确立司法的必要独立性。② 然而，这种突破和确立一开始便遭遇了司法的政治化与职业化之间的竞争关系难题，并以意识形态的适度放手和司法的有限自主艰难立足。③ 从历史制度主义所强调的路径依赖的角度看，这种突破和确立伊始面临的难题预示了中国司法的后续发展注定要沿着一条充满意识形态张力的路径走下去。随着改革的逐渐铺陈乃至全面深化，20 世纪 90 年代以来的中国司法经历了四次变革，第五轮改革正在进行时。这期间，司法与意识形态的关系呈现出值得玩味的变动格局。就最高人民法院发布的五个五年改革纲要的内容来看，④ 不管是改革的理念、原则和目标还是具体任务、举措和要求，司法自身的职业性建设与关于司法的意识形态性安排均贯穿其中。职业化建设旨在巩固和增强司法的自主理性与逻辑，意识形态安排表述的是党领导下的主流意识形态对司法的价值实现需

① 参见王勇飞、张贵成主编：《中国法理学研究综述与评价》，中国政法大学出版社 1992 年版，第 8~9 页；公丕祥主编：《当代中国的法律革命》，法律出版社 1999 年版，第 317~320 页。

② 参见公丕祥：《中国司法改革 60 年》，载《中国社会科学辑刊》2009 年冬季卷，第 52~86 页。

③ 参见强世功：《惩罚与法治：当代法治的兴起（1976—1981）》，法律出版社 2009 年版，第 9 页。

④ 此外，更为宏观的顶层设计，如十八届四中全会决定（2014）、《中国共产党政法工作条例》（2019）、十九届四中全会决定（2019）、《法治中国建设规划（2020—2025）》（2021）等，其中关于法治与司法发展的系统性规划与布局更是可见一斑、有迹可循。

求以及相应支持。五轮司法改革在这两方面的侧重虽有所不同但均未偏废。① 党的十八大以来，在法治逐渐成为国家治理体系现代化方案中重要而突出的结构性要素背景下，大量的司法体制机制方面的制度性举措无不以尊重司法规律、增强司法职业理性为旨归，同时，对社会主义法治理念、习近平法治思想的坚持和贯彻、对以社会主义核心价值观为内核的社会主义主流意识形态的吸纳与施行同样备受强调并持续推进。总的来看，改革开放至今，随着社会物质生活条件和经济关系不断发生深刻变化，在党的领导不断完善、党领导和支持司法的体制机制不断健全、国家与社会治理体制和治理能力现代化进程不断推进的实践背景中，司法的革命范式被改革话语所取代，司法的"政法模式"与"法政模式"逐步走向融合，司法中的法治逻辑与政治逻辑不再是截然对立的关系，"法治性代表司法运行中的技术性、规范性与程序性等技艺理性，构成司法过程的客观方面；司法的政治性体现司法的意识形态导向，构成司法过程的主观方面"②。司法与意识形态的关系也由此呈现出一种均衡的格局，这一格局反映了主流意识形态和司法系统双向的关系反思与重构。一方面，为赢得更多的合法性基础，主流意识形态在认知科学性、价值合理性、策略可行性、发展开放性等方面进行持续的调适和突破，不断地承认和整合了法治理念与法治技术，③ 政治系统由此对司法治理技艺产生越来越多的需求，其向司法系统的价值输入和影响不可避免，但出于过往泛意识形态化所导致的惨痛教训，主流意识形态对司法的介入又保持了克制并不断强调和尊重司法自主规律和逻辑，司法的政治生态逐步得到改善。另一方面，正是基于社会经济条件的根本变化所导致的主流意识形态的发展创新，司法的规范化、正

---

① 参见孙笑侠：《司法职业性与平民性的双重标准——兼论司法改革与司法评估的逻辑起点》，载《浙江社会科学》2019 年第 2 期。

② 参见王颖：《中国司法的"政法模式"与"法政模式"》，载《法学论坛》2017 年第 5 期。

③ 参见陈明明：《从超越性革命到调适性发展：主流意识形态的演变》，载《天津社会科学》2011 年第 6 期。

规化、专业化和职业化在不断成长，司法自主空间不断拓展，日益功能分化出来的司法对职业技艺提出更高的要求，出于维护自治性对意识形态介入保持谨慎的同时也对后者构成了职业化的限制，但出于解决司法日常运作中的价值冲突衡量和突破司法改革发展所面临的价值理念困境，又需要主流意识形态的引导和支持。

正是基于这样的实践背景，笔者以为，前文所检视的诸种分析模式之间呈现出一种批判重构的动态，司法泛意识形态论（嵌入型分析）因时过境迁而式微，司法去意识形态论（自治型分析）虽可圈可点但矫枉过正，司法与意识形态的辩证关系论（互动型分析）日趋主流。

第三节　面向当代中国司法政治研究的分析模式选择

（一）分析模式优化与重塑的必要与可能

对域外分析模式理论逻辑与演变经验的考察不仅在于外部问题及知识的引介，还在于可能的参考和启发。检视国内研究样本，提炼其间隐藏或运用的分析模式，发掘模式变动趋势，也不仅仅是为了文献回顾或现状描绘。一个必要和可能的期待是，探寻一种面向当代中国司法政治研究的分析模式之优化或重塑方案。之所以说是必要的，一是因为分析模式在司法政治研究中的起点性意义和基础性地位；二是因为国内研究整体上存在的模式意识不自觉、模式分化不足和模式精细化不够等缺陷和困境。言其可能乃是因为，通过对国内外相关研究模式的类型化梳理以及知识社会学式的批判性审视，我们确实观测到国内外诸种分析模式发生的演进动态，并发掘出背后的实践根源及一般规律。这些经验与规律告诉我们：其一，分析模式的构造与重塑不可能在真空中发生。只有深入实践语境和背景中，才能对"从过去到现在"的模式流变作出根本解释，也才能为"从现在向未来"的模式重构奠定坚实的基础。其二，分析模式的意识自觉、类型分化、理论成长，有赖于司法政治研究者们持续、深入的对话和论辩，唯有经由对话和论辩，彼此路径和立场才能找到限度和边界，必要的共识和进一步整合才能达成。其三，分析模式理论架构上的精细化应从拓宽研究基础、扩充理论资源、细化分析视角和技术方法、安排论述框架、凝练关键词等方面着手。

（二）交互型分析模式的提出与初步构想

植根于当下中国特色政法体制和治理型法治的生成与发展进程，立足国内既有潜在分析模式演进态势及其背后的政法理论与实践根源，并参酌国外分析模式演变的共性经验和一般规律，笔者以为，交叉互动型分析模式（以下简称"交互型模式"）是更富前景也更为妥当的模式选择方案。

在生成渊源上，交互型模式直面"司法泛意识形态论（嵌入型分析）的日渐式微，司法去意识形态论（自治型分析）的矫枉过正，司法与意识形态的辩证关系论（互动型分析）的差强人意"国内既有模式的这种演变动态。法学上的"教义法学、社科法学、政治法学"研究范式演变和政治学上的"国家中心论、社会中心论、政党中心主义"研究范式转换为交互型模式生成的理论根源。① 中国之治尤其是治理现代化整体进程中，政治发展、法

---

① 参见苏力：《中国法学研究格局的流变》，载《法商研究》2014 年第 5 期；侯猛：《新中国政法话语的流变》，载《学术月刊》2020 年第 2 期；侯欣一：《法学研究中政法主题的缺失及彰显——一个学术史的梳理》，载《法律科学》2020 年第 6 期；侯猛：《知识结构的塑造——当代中国司法研究的学术史考察》，载《现代法学》2019 年第 4 期；张文显：《在新的历史起点上推进中国特色法学体系构建》，载《中国社会科学》2019 年第 10 期；谢海定：《法学研究进路的分化与合作——基于社科法学与法教义学的考察》，载《法商研究》2014 年第 5 期；李瑜青、张建：《司法研究方法的反思与批判》，载《学术界》2014 年第 7 期；黄文艺：《中国政法体制的规范性原理》，《法学研究》2020 年第 4 期；杨光斌：《建国历程的新政治学：政党中心主义、政治秩序与"好政治"三要素》，载《中国政治学》2018 年第 1 期；杨光斌：《被掩蔽的经验　待建构的理论——社会中心主义的经验与理论检视》，载《社会科学研究》2011 年第 1 期；李新廷：《社会中心主·国家中心主义·政党中心主义——西方比较政治学研究视角的演进与中国关照》，载《国外理论动态》2016 年第 2 期；景跃进：《将政党带进来——国家与社会关系范畴的反思与重构》，载《探索与争鸣》2019 年第 8 期；陈明明、李松：《当代中国党政体制的沿革：路径与逻辑》，载《统一战线学研究》2020 年第 6 期。

治转型尤其是人民司法传统的变革及背后的规律是交互型模式得以成立的实践基础。在基本架构上，交互型模式以党政体制、政法传统下的政治法学、司法政治学为认识论基础，司法政治、司法政策、司法治理、治理型法治、治理型司法、治理法治化、法治治理化、政治司法化、司法政治化、法律意识形态、司法意识形态等由此成为该模式应用所涉的关键概念。交互型模式以"局部自治与有限受制"为基本导向，以"司法理性向政治逻辑的适度开放、意识形态对裁判标准的适度介入、司法研究的适度混合性"以及"从意识形态到司法范畴"的价值转译机制为核心要点。

　　交互型模式的核心面貌是，司法的职业理性与政治逻辑、裁判的法律标准与意识形态因素、司法研究的自主性与跨学科性之间呈现为一种均衡关系格局。一方面，司法拥有自治的独特秉性，具有自主的职能、规则和程序。不管是司法主体的角色建构、选任与塑造，还是司法程序的理念、制度与运用，又或是司法裁判的方法、过程及其结果，都有其内在的法律逻辑和理性，不因意识形态等外部力量的影响而被改变，因此，司法不是替代性的意识形态机器或工具。这便意味着，司法有其专业化的性质与形式、结构与功能、智识与主体，司法系统应当巩固并坚守内在性质，以其独特的结构面向政治、社会环境发挥功能；而意识形态体系必须对此予以承认和尊重，即便在拥有介入并影响司法系统的正当性与可能性情况下，其固有的运作逻辑也要受到司法主体的理性与方法的指引或限制。另一方面，在分离或区分之外，也得益于这种分离或区分，① 司法与意识形态之间又存在着局部的交流和互动空间。司法场域向意识形态影响保持一定开放回应性，在一些宏观的司法发展和微观的个案裁判问题上，意识形态会向司法系统输入一些信息和价值，司法也由此担当着一定的意识形态国家机器的角色和功能。这便意味着，司法系统的自治不是封闭的，也不是自足的，它要对来自意识形态体系的价值与信息刺激保持敏感，要适度考量

---

　　① 参见［德］卢曼：《社会的法律》，郑伊倩译，人民出版社 2009 年版，第 221 页。

非法律现象和非法律范畴及概念，借鉴非法学学科的理论与方法，以便承担共同体价值实现之诉求，或获得突破自身价值困境的装备。比较来看，交互型模式下的司法与意识形态之间达到一种差异与关联度的平衡，而嵌入模式允许司法无限度地卷入到意识形态之中，从而也就不存在严格意义上的交流互动，自治模式则出于高度的区分，极为严格地限制了司法与意识形态之间的交流互动。

交互型模式的关键论题是，确立一种将意识形态上的政治话语转换到司法领域可适用的法律范畴的价值转译机制。在实践层面上，司法面向意识形态之时如何保证自治与回应的并行不悖，从而维系两者之间的交叉互动关系的现实运转呢？基于法政策学和政治法学的理论与方法，① 笔者认为，这主要有赖于一种价值转换机制。"作为政治向法律转换的场所，作为对政治的法律限制场所"②，从意识形态到司法的这一转换机制，既确保了面向意识形态现象的司法系统的自治，又保障了面向司法系统的意识形态的有序介入。就其含义而言，所谓转换是指植根于政治系统中的意识形态上的价值转化为司法所适用的法律范畴和概念，③ 这些法律性的范畴和概念要么体现为宏观而一般的司法解释、指导性案例等，要么体现在微观的司法裁判依据建构上，进而对司法体制的建构发展、司法程序的设计运转、司法裁判的事实认定、法律发现和裁判论证等诸微观环节产生影响。就其流程而言，转换机制整体上由输入、转换和输出三个阶段构成：转换的起点是，政治系统生成旨在通过司法来实现的意识形态上的价值并向司法系统派出这些价值；转换的第二步是司法系统将输入的意识形态上的价值转换为法律上相关的概念和范畴；转换的第三步是上述转换结果通过司

---

① 参见张昌辉：《从政治价值到法律范畴：作为转换时刻的法律政策》，载《天津大学学报（社会科学版）》2019 年第 4 期；［美］拉斯韦尔、麦克道格尔：《自由社会之法学理论：法律、科学和政策的研究》，王超等译，王贵国总审校，法律出版社 2013 年版；陈铭祥：《法政策学》，台湾元照出版公司 2011 年版。

② ［德］卢曼：《社会的法律》，郑伊倩译，人民出版社 2009 年版，第 225 页。

③ See Mauro Zamboni, The Policy of Law: A Legal Theoretical Framework, Oxford: Hart Publishing, 2007, p. 61.

法上宏观和微观的决策形式向社会领域输出。经过这三道环环相扣并各有交互影响的流程，最终完成"意识形态经由司法实现于社会"的使命。就其主体而言，司法行动者及其司法话语和思维在这一转换机制中扮演着主导性角色，即主要由司法行动者决定选择或创设哪些法律范畴和概念来对接和容纳意识形态上的价值，其方式既可能是被动地承接和转换来自政治系统的价值输入，也可能是主动地从政治社会领域中推断意识形态上的价值并启动转换机制。

第二章　司法主体的意识形态之维

　　法院是国家机器的组成部分，法官是行使国家司法权的公职人员，法院和法官在创制、选任、变革等方面都有着一个国家权力建构、配置、重构或调整的过程。尽管在现代法治意义上，"法院是法律帝国的首都，法官是帝国的王侯"①，但是，从历史发展的角度看，法院和法官能否以及多大程度上在法律帝国大厦里拥有显要的位置和显赫的身份，必然涉及国家意识形态的安排或调适，在这种意识形态安排或调适的过程中，司法与意识形态也呈现出比较复杂的关系格局，这便为我们打开了司法主体的一个意识形态分析维度。

第一节　法院地位的意识形态配置

　　"各国法院的设置、法院在国家架构中的地位与权重(纸面上与实践中)、法院与其他权力机构的互动中介或者机制，等等，均因各自的历史传统、政治文化、经济发展、法律文明、国家结构形式等具体国情的不同而呈现出差别。"②可以说，世界各国司法体制上的差异在根本上是源于各种不同的设计理念或司法意识形态。③ 考察法院体制的创立，需要深入到其所从属的政治与社会背景中去，只有从法院在国家政治体系中的位置和

---

　　①　[美]德沃金：《法律帝国》，李常青译，中国大百科全书出版社1996年版，第361页。

　　②　刘树德：《法院设置的宪法表达》，载《人民法院报》2013年11月22日第007版。

　　③　参见范愉：《司法制度概论》，中国人民大学出版社2003年版，第46页。

社会文化传统、意识形态中的定位出发，才能从根本上解释一国法院何以如此、各国法院如何不同等问题。法院体制的创立、法院的发展和改革的背后往往有着意识形态创新或变动的要求和推动。"左右司法改革具体内容的，还是个别司法体制背后的基本理念。"①司法体制背后的主导理念，是围绕司法改革在政治意志、精英意识与民众诉求之间所发生的价值论争及其抉择，最终都将为法院变革提供宏观理念导向、合法性论证、制度设计指引和实践推行动力。

一、英美国家独立司法的意识形态叙事

（一）美国的故事：独立至上与意识形态斗争

美国是世界上实行三权分立的典型国家，在法院体制上奉行司法独立，然而，美国的独立司法体制并不是从来就有的，司法在国家权力结构中的独立位置和权威地位是逐渐演化而来的。在这一演化过程中，我们清晰地看到围绕司法权的意识形态定位和斗争以及司法独立的渐进成长。

美国司法机关可追溯到殖民地时期，但是，"在美国独立前，无论从组织上还是从职能上来看，各殖民地的司法机关都不是独立的，而是被控制在英国及殖民地行政机关手中"②。殖民地司法组织不独立，这尤其体现在英国枢密院对殖民地案件的最高上诉审理权上，同时，殖民地的司法权不独属于司法机关，而且司法机关也兼具立法和行政职能。不独立的主要根源在于英国对殖民地司法统治的控制，而这种司法控制本身又是与英国宪政上的混合政府理念直接关联的，即强调司法与立法、行政的交错，而不实行司法分权。③ 英国的殖民地司法控制也遭到了殖民地议会的反抗，这是一场围绕法官任职、薪俸等问题而展开的争夺司法权之战，但是这种

① 苏永钦：《飘移在两种司法理念间的司法改革——台湾司法改革的社经背景与法制基础》，载《环球法律评论》2002 年春季号。
② 白雪峰：《论美国司法独立的确立》，载《美国研究》2000 年第 3 期。
③ 参见白雪峰：《论美国司法独立的确立》，载《美国研究》2000 年第 3 期。

斗争的目的并不在于确立法院体系的独立，司法独立观念并未得到大多数人的认同。

建国以后，美国司法系统才正式步入独立的新时代，然而，这条独立之路并不是自主而与意识形态尤其是政党意识形态无涉的，相反，美国司法体制的确立是党派斗争的结果，而且司法体制的发展也深受政党政治及其意识形态的影响。以美国联邦司法体制的创立发展为例，美国成立之初，联邦党和反联邦党在联邦与州的权力关系等国之大体问题上针锋相对，前者主张强大的联邦权，后者捍卫各州的自主权。关于司法独立，制宪会议之前人们的观点是充满分歧的，主张者有之，反对者为数更多。亚当斯、杰弗逊等著名政治人物及其所代表的政党理念均参涉其间。争论的结果是分权主张占了上风，司法独立得到认同。① 制宪会议期间，争论的焦点转移到了司法独立的技术性规定上，关于法官终身制、法院经费、下级法院设置等问题最终经各方讨论和平衡而形之于文。在宪法批准期间，联邦党人代表汉密尔顿深入论证了司法独立的合法性，反联邦党人则从司法责任制约角度对司法独立提出批评性分析。从一定意义上讲，美国联邦司法体制就是在制宪会议过程中两大党派理念斗争、妥协中初步形成的，其成果体现在 1787 年美国宪法和 1789 年司法法中。联邦法院体制确立后，两大党派意识形态在司法上的政治角逐也从未停歇，法院体制由此得到进一步的巩固和发展。在第三任总统选举过程中，联邦党在总统和国会两大战场均告惨败。联邦党人将政治战场转向司法部门，试图通过委任本党人士来维持本党的影响力，马歇尔大法官得以横空出世。此外，联邦党人还依靠暂未失去控制的国会通过了两部联邦法院组织法案，增加了联邦巡回法院、地区法院数量，并将联邦最高法院大法官法定人数从 6 名减为 5 名。这些举措都为联邦党人的司法控制和司法影响加上了关键分数。围绕"午夜法官"和司法法案，共和党总统展开反击，扣发法官委任状，废除增设巡回法院规定，加上其他一些反击措施，共和党竭尽全力以削弱联邦党对

---

① 参见廖海：《美国司法独立争论的历史考察》，载《法律科学》1999 年第 1 期。

司法体制所作的控制与安排。"午夜任命"未能成行的法官们代表联邦党人进行反击,"马伯里诉麦迪逊案"由此发生。正是在这个具有历史奠基意义的案件中,马歇尔以其政治智慧巧妙地作出了既有利于联邦党又不至于引发共和党强烈反弹从而导致宪政危机的判决,这一判决初步确立和宣示了联邦最高法院的司法权威以及司法审查权力。从这一判决产生的前后过程来看,两党斗争及其各自作出的妥协都是显而易见的,可以说,正是这种激烈的政治斗争以及各自表现出来的必要克制和妥协成全了联邦法院的违宪审查权,联邦党人通过司法来强化联邦权威的成果得以保存。① 关键人物马歇尔也认为这一判决是其"法官生涯中最明智的决定",其艺术在于"以退为进、寻求双赢","马歇尔大法官个人的政治魅力、机警、不带贬义的狡猾和分寸感,以及他对司法技术的娴熟且创造性地运用,所有这些个人性因素在制度发生和形成中的作用都不容忽视"②。从此,"既无钱又无剑"的司法部门的腰杆子挺了起来,能够在三权分立宪政权力结构中雄踞一方。总的来说,美国联邦司法体制的初创和确立过程中充斥着政治意识形态的角力,理念力量的对比关系最终塑造了法院在整个宪政结构中独立与至上的地位。作为美国司法的一个标签,为政治所塑造的司法至上理念又进一步影响了整个美国社会公众对司法尤其是对最高法院的意识形态认同。在美国人的司法观念中,法律就是法院的判决,法治就是服从法律,尤其是服从最高法院的判决。不服从最高法院的判决等于是准备挑战美国的基本法律传统,而这一传统却不是谁想撼动就能撼动的。③

(二)英国故事:从融合到分离的意识形态演化

受英国宪政上的统一主权理念的影响,英国并未实行严格的三权分立

① 参见马登科:《论政治在美国司法体制形成中的影响——以马伯里诉麦迪逊案为视角》,载《广西社会科学》2009 年第 5 期。

② 苏力:《制度是如何形成的?——关于马歇尔诉麦迪逊案的故事》,载《比较法研究》1998 年第 1 期。

③ 参见[美]麦德福、强世功:《司法独立与最高法院的权威》,载《读书》2003年第 5 期。

模式，立法、行政与司法长期以来一直处于互为融合的政权格局之中。英国法院先是"作为君主政体下的忠诚奴仆而存在的，并且服从于中央集权化的政治权力"①。后来，又从忠诚于君主转向忠诚于议会，行使主权的议会是英国法院事实上和理论上的政治主人，这为英国司法涂上了较强的依附性色彩。当然，英国法院在十七八世纪就成功确立了实质的自治状态，在个案审判中通常不受政府控制，在这种功能性、技术性意义上，英国法院又享有较高程度的独立性。但是，技术性的司法独立并不是分权意识形态的产物，而是普通法源远流长、日积月累而成的职业化司法的内在要求。② 技术性独立与政治性依赖的微妙混合是英国法院司法独立神话的真实面目，这一真实面目在根本上是由统一主权理念这一不容随意撼动的国家意识形态所描绘的。

然而，融合的格局并非一成不变，"世易时移，变法宜矣"，作为议会主权与现代法治之间平衡的成果，英国法院日益呈现出从与立法和行政的融合转向分离的趋势和要求。在此司法转型之前，英国的"掌玺大臣兼有行政、立法、司法等方面的职权。他既是司法系统的领导人，又是政府高级内阁大臣，同时还是上议院的议长。掌玺大臣作为一个重要的角色，将上述不同性质的权力和职能密切联系起来"③。转型就是要打破这种传统的权力融合模式。从融合到分离的转型首先来自欧洲一体化及由此导致的欧洲司法趋同的推进。④《欧洲人权公约》既对司法独立提出了更高要求又对议会主权进行了限制，司法独立由此既具有了较强必要性又获得了较高的

① 参见［美］马丁·夏皮罗：《法院：比较法上和政治学上的分析》，张生、李彤译，中国政法大学出版社 2005 年版，第 175 页。
② 参见江国华、朱道坤：《世纪之交的英国司法改革》，载《东方法学》2010 年第 2 期。
③ ［英］沃尔夫勋爵：《英国法院对法治的贡献》，杨奕编译，载《人民法院报》2015 年 9 月 18 日第 005 版。
④ 尽管目前英国已经正式脱欧，但是，这并不能推翻欧洲司法趋同及其意识形态对英国司法改制的影响，而且英国司法体制上欧洲分权意识形态的影响也不会因为英国脱欧就随意消失了。

实现可能性。重要性日益突出的三权分立原则不断地被欧洲人权法院判决所提出，"一系列以英国为被告的欧洲人权法院的案件判决，在欧洲司法的层面对英国的融合性宪政架构的正当性提出了实质性挑战"①。欧洲分权理念作为一种意识形态力量从外部要求解除英国上议院司法权、创建最高法院从而改造现行司法体制。与此同时，英国国内也具备了对法院进行改制的观念基础，不仅终审法院以下的中低级法院的司法分权已经制度化，英国社会公众也对司法分权和独立有着日益迫切的观念需求，同时，法院改革的呼声还出现在英国司法界内部，司法独立的价值意义得到较多业内的认同。在这较为一致的价值诉求背景下，英国工党作为当时的执政党将司法改革纳入其政治改革议程，布莱尔首相志在创立独立的司法机构，用最高法院取代贵族院的终审职能。为此，英国政府成立了专门机构并发布专门文件推动最高法院创立事宜，而创立最高法院的根本目的就是要体现和增强司法之于立法与行政的独立性。② 尽管有着制度、公众和业界的支持，工党推行的宪政改革并不顺畅，而是遭到了来自异议司法意识形态的阻力。例如，贵族院中一些离任的上诉法官表示反对，他们认为分权理念并不适用于英国政治传统，而贵族院对司法和立法事务的兼理反而具有重要的现实意义。此外，还有人对最高法院法官由政府提议建立的司法任命委员会任命的做法有可能导致的行政干预司法表示忧虑。坚守英国传统宪政模式的贵族院上诉委员会常任法官们专门发表了一份反对创立最高法院的声明，③ 甚至时任英格兰、威尔士首席大法官沃尔夫勋爵也对最高法院

---

① 韩朝炜、王涛：《英国司法独立模式的历史性转变及其启示》，载《法律适用》2013 年第 6 期。

② See A Department for Constitutional Affairs Consultation Paper, Constitutional Reform: A Supreme Court for the United Kingdom, July 2003, http://webarchive. nationalarchives. gov. uk/+/http://www. dca. gov. uk/consult/supremecourt/supreme. pdf, 2017 年 5 月 8 日访问。

③ See House of Lords, The Law Lords' Response to the Government's Consultation Paper on Constitutional Reform: a Supreme Court for the United Kingdom, July 2003, http://www.parliament.uk/documents/judicial-office/judicialscr071103.pdf, 2017 年 5 月 8 日访问。

的创建表示质疑。动力与压力并存，力推改革的工党政府与来自立法、司法的反对力量几经较量，最终达成了以保障司法独立为核心内容的协商共识。随后的《宪政改革法》将上述商谈共识纳入其中。"在英国的司法体系改革进程中，将司法与行政和立法所进行的严格区分对于司法独立与现代化的司法理念具有重要意义。"①最高法院的创立被人们誉为英国最高司法权的十月革命。有评论风趣地指出，孟德斯鸠认为的"权力制衡最彻底的国家终于在形式上实现了三权分立"②。可见，这是一次司法独立意识形态的漫长的胜利。从权力融合的传统到司法分权的新需求，其外部背景是欧洲司法意识形态的价值共识，其内部背景则是英国整个时代的意识形态转型，即从撒切尔主义的新右派意识形态到布莱尔主义的第三条道路的转变。

二、欧洲国家法院地位配置与意识形态

(一)法国法院地位配置与意识形态

"当代法国法院组织基本沿袭了拿破仑时代创设的司法组织体系，分为普通法院和行政法院两大系统，都有独立的审判权，互不隶属。"③这种双轨制的司法体制的生成有其独特的意识形态背景和理念基础，对三权分立的苛刻、对司法的不信任传统是两大关键肇因。大革命前，法国司法在政治生活中扮演了保守反动的角色，经常运用司法审查权干预行政。大革命来临，司法由此成为革命的对象之一。④ 大革命后，根据权力分立思想，法国对司法体制进行了重建，特别强调立法和行政对司法的独立，其主要目的在于防范和避免司法对立法或行政的干涉。这种对司法干预的禁止直

---

① ［英］沃尔夫勋爵：《英国法院对法治的贡献》，杨奕编译，载《人民法院报》2015 年 9 月 18 日第 005 版。

② 黄鸣鹤：《世上多了一个最高法院》，载《南方周末》2009 年 10 月 15 日。

③ 李昌道、董茂云：《比较司法制度》，上海人民出版社 2004 年版，第 22～23 页。

④ 参见［美］梅利曼：《大陆法系》，顾培东、禄正平译，法律出版社 2004 年版，第 15 页。

接被宪法和法律规定了下来："作为其职能，司法权力不应干预地方行政权力的行使"（1789 年），"司法职能应当将并将永远与行政职能分离"（1790 年）。① 在大革命中败下阵来的法国法院从此失去了曾经的权力和威望。显然，法国普通司法体制重建过程持有的是一种对司法严重不信任的姿态，司法与立法、行政的权力分立也并不是为了保护司法或提升司法的地位，而是对司法提出的要求和限制，即"保证法院自觉地适用立法机关创制的法律，而不干涉履行行政管理职责的政府官员的活动"②。为排除司法对于行政行为的可能干预，法国创设了行政法院体系，由行政法院对行政行为进行自我审查。此外，为排除司法对立法的干涉，法国还专门设立了宪法委员会来审查立法的合宪性。在法国，人们对于通过司法来制衡其他权力部门无甚兴趣，也不怎么期待法院能在国家治理中发挥什么样的积极功能。③ 法国的这种围绕司法的意识形态和社会心态与英美国家尤其是美国的司法建制形成强烈的反差和对照。在美国，诚如宪法之父麦迪逊所云："司法权真正是我们联邦政府保护性的盔甲，或者更确切地说，是我们的宪法和美国法律的盔甲。如果将此剥夺，便为价值缺失、无政府状态以及骚动混乱打开了大门。"④

（二）德国法院地位配置与意识形态

德国对司法机关的态度没有法国式的不信任或怨恨，其中的"主要原因是德国的法官并没有像法国的司法机关那样垄断并滥用权力"⑤。现代德

---

① ［美］亨利·J. 亚伯拉罕：《司法的过程：美国、英国和法国法院评介》，泮伟江等译，北京大学出版社 2009 年版，第 304 页。

② ［美］梅利曼：《大陆法系》，顾培东、禄正平译，法律出版社 2004 年版，第16 页。

③ 参见最高人民法院中国应用法学研究所：《美英德法四国司法制度概况》，韩苏琳编译，人民法院出版社 2008 年版，第 395 页。

④ ［美］亨利·J. 亚伯拉罕：《司法的过程：美国、英国和法国法院评介》，泮伟江等译，北京大学出版社 2009 年版，第 364 页。

⑤ 宋冰：《读本：美国与德国的司法制度及司法程序》，中国政法大学出版社1998 年版，第 24 页。

国法院体制的建构首先是基于联邦主义理念的。17、18世纪的德国是极端分化的，19世纪的德国开始谋求国家统一，"19世纪德国的立宪主义既寻求作为一个统一民族国家的地位，也追求种族群体及文化的多样化；既害怕以往德国的分裂，也担心法国的中央集权制"①。在此国家建制意识形态取向下，联邦制成为最佳方案。在联邦主义理念指引下，联邦与各州实行分权，各自拥有立法、行政与司法机构，依据基本法行使职能。与美国不同，德国的联邦制又是非常集中的，由此，法院建制上并无分立、平行运作的联邦法院和州法院两套系统，而是合成了一个统一的司法系统。② "从最低级的初审法院到最高一级的上诉法院全部属于根据联邦法律建立的单一性全国法院结构。德国司法系统中没有任何一个级别类似于美国的联邦与州法院双轨制的法院。"③这种单一性司法体制的内部又是复杂的，反映了保持各州在法律和法院事务上的独立性与希望法律统一两种定位之间的一种妥协。④ 就法院在整个国家政权结构中的定位而言，早在19世纪初，德国便开始根据自由主义和宪法主义理念信奉司法独立，将司法部门定位为一个独立的机构，不受君主支配，而只受法律管辖。但是，德国司法的这种独立性又是有限的，受到立法至上的有力规制。德国司法独立初期，法院并未被赋予限制行政权力以保护公民权利的使命。进入20世纪，德国司法独立步入新的发展阶段，严格的立法至上被放弃，司法部门逐渐赢得了与行政部门、立法部门平等的地位。宪法法院更是成为捍卫公民权利的守护者。⑤ 从19世纪到20世纪，德国的司法独立从自我保护发展成为对

①　宋冰：《读本：美国与德国的司法制度及司法程序》，中国政法大学出版社1998年版，第81页。

②　参见宋冰：《读本：美国与德国的司法制度及司法程序》，中国政法大学出版社1998年版，第25页。

③　最高人民法院中国应用法学研究所：《美英德法四国司法制度概况》，韩苏琳编译，人民法院出版社2008年版，第322页。

④　参见李昌道、董茂云：《比较司法制度》，上海人民出版社2004年版，第28页。

⑤　参见最高人民法院中国应用法学研究所：《美英德法四国司法制度概况》，韩苏琳编译，人民法院出版社2008年版，第378页。

公民权利的保护，司法权力从与其他国家权力的分立演化为能够对其他国家权力进行制衡的阶段。

三、人民法院创立变革中的意识形态

（一）人民法院的初创与意识形态

我国人民法院是在打破旧法统的旧司法机器中开始创立的，人民法院的定位也是以一种反向意识形态为切入点进行的。在确立新政权意识形态的过程中，人民法院的构造是一场司法革命。中华人民共和国成立初期的司法改革运动实际上应该说是一场司法革命，而不能与一般意义上的司法改革等量齐观。革命就是要革除旧司法的理念、制度、组织、人员、程序乃至技术方法，从政治上、组织上、作风上确立人民法院的纯洁性。这期间，意识形态上的改造放在第一位，"这场运动伊始就强调要继续强化司法部门的思想改造，而司法部门的思想改造的目标就是要肃清旧法观点"[1]。在此思想改造基础上，进行司法队伍的人事整顿，从而为新的司法体制确立思想基础和组织基础。理念先行，制度确认。五四宪法和法院组织法等对人民法院体制进行了系统构造，确立了法院统一于人大领导下的体制、法院组织和人事制度、司法的基本原则及具体制度。毛泽东时代，官方意识形态对司法领域的介入太深，司法领域基本无法形成相对自治的运作空间，这种强嵌入型的司法模型也为虚无主义时期的司法破坏埋下了伏笔。在共和国前三十年的法律虚无主义盛行时期，确立不久的法院体制很快就受到冲击并终遭"砸烂"。

（二）人民法院的重建、改革与意识形态

告别虚无主义同时告别阶级革命之后，人民法院迎来重新出发的新时

---

[1]　公丕祥：《中国特色社会主义司法改革道路概览》，载《法律科学》2008 年第 5 期。

代，司法制度得以恢复和重建。邓小平时代采取了淡意识形态化策略，①
法院由此赢得了一定的持续而相对自主的发展空间，但是，意识形态与法
院的关系格局并不稳定，法院的自治逻辑还未得到重视，法院的自主性也
较脆弱。从虚无主义到实用主义，司法工具主义仍然是主导的意识形态。
20 世纪 80 年代以来，人民法院随着改革、深化改革的时代变迁也经历了
五次变革。可以说，每一次司法改革的背后都是司法意识形态的调适，这
种调适既体现了主流意识形态因应司法现实而作出的新安排，也体现了司
法系统借主流意识形态之力而进行的困境突围。从高度强调政治意识形态
转向对市场经济意识形态论证代表着执政党关于意识形态工作重心的调
适，从"三个代表"、科学发展观、和谐社会到中国梦则代表着政治意识形
态的创新。② 在此背景下，围绕法治推进与司法发展，执政党又专门提出
了一系列意识形态举措，包括社会主义法治理念的提出和教育、推进社会
主义核心价值观融入法治建设、加强政法队伍建设等。不仅仅执政党意识
形态介入法院发展，一元意识形态主导下的多种社会思潮也分别从各自的
角度参与司法发展的意识形态论辩。有学者概括了人民司法发展中四种较
有影响力的论争思想，即传统论、西用论、西化论、国情论，每一种论调
都拥有一种意识形态立场或价值取向，并对司法改革中的特色道路还是普
适价值、群众路线还是精英路线、体制内改革还是突破体制的改革、实质
正义取向还是形式正义导向等问题有着不同的见解和论辩。③ 此外，司法
领域的意识形态斗争也十分激烈，面对来自域外的司法意识形态的挑战，
反意识形态也成为一种严峻的任务。有学者认为，当代中国意识形态工作
重新提到台前，这"与其说是再意识形态化，倒不如说是'反'意识形
态——不是要确立某种意识形态，而是反对某种意识形态"④。反西方意识

---

①　参见郑永年：《再塑意识形态》，东方出版社 2016 年版，第 4 页。

②　参见郑永年：《再塑意识形态》，东方出版社 2016 年版，第 44~51 页。

③　参见杨建军：《司法改革的理论论争及其启迪》，载《法商研究》2015 年第 2
期。

④　郑永年：《中国的"反"意识形态运动》，载《联合早报》2017 年 1 月 31 日。

形态与更新自身意识形态成为新的"两手抓、两手都要硬"的课题。这一切都势必反映在法院发展的理念导引和顶层制度设计之中，也就是说，意识形态对法院的领导权不仅仅是理念上的还可以转化为具体司法政策问题，这种领导不仅仅是论证维护也是批判改造司法现实。在党导法治模式之下，政府尤其是执政党要通过"建立强有力的国家机器，保障司法改革的顺利进行；根据司法改革目标的需要，建立健全法律与司法机构；组织和动员社会资源参与司法改革进程"等方式主导和推动着司法的发展与进步，① 法院建制及其改革由此可能获得合法空间和发展资源。当然，鉴于司法意识形态领导的复杂局势，人法院发展也面临着政治立场与司法规律、能动司法与克制司法、为民司法与公正司法、大众化与职业化等张力和冲突。

就人民法院变革模式来讲，这里面也体现了司法与意识形态的关系安排及其变化。法院变革就推动力量来讲，可分为外部推进与内部推进两种模式。② 外部推进型是由来自司法机关之外的社会力量主导的变革，来自政党、政府等社会力量政治性的或道德上的意识形态的理念主导无疑是强烈而直接的；内部推进型是司法机关自觉推动的改革，司法系统掌握变革的话语权和行动权，司法职业性意识形态的地位和影响力得以提升。就1999 年以来人民法院的五轮司法改革来看，第一轮改革是由最高人民法院自觉推动的，从第二轮至当前的第五轮，司法改革逐渐交由党中央主导部署并进入顶层设计层面，最高人民法院转而成为事后跟进者和决策执行者。可以将人民法院变革的现行模式概括为外部推进下的内部跟进模式，再加上最新的一种动向——顶层设计下的地方探索。在这一模式中，司法与意识形态的关系呈现出一种较为复杂的结构，来自执政高层的意识形态主导与来自司法系统的职业性导向混合交织在一起。就这一关系的意识形态面来讲，最高人民法院的五份改革纲要内容表明历次司法改革都是立足

---

① 公丕祥：《当代中国的自主型司法改革道路——基于中国司法国情的初步分析》，载《法律科学》2010 年第 3 期。

② 参见季涛：《论司法变迁的未来模式》，载《浙江学刊》2001 年第 3 期。

于经济改革和政治改革的大背景之中，作为经济改革的保障和政治改革的重心，司法改革的幅度、程度、力度都取决于其在党和政府的工作大局中的位置，司法改革话语受制于官方改革意识形态的调适和变动。① 就司法这一面来讲，司法的自治逻辑受到更多的关注，司法的局部自主品性不断增强。在当前第五轮司法改革中司法的职业化、专门化、正规化得到加强，司法改革中地方试验探索的举措也是一种尊重司法发展逻辑的体现。

第二节　法院建筑的意识形态象征

作为组织机构的法院总要以一定建筑为物质载体，在法院物质形象的设计和构造上，各种象征符号的运用彰显出不同的文化和意识形态的价值主张，而通过象征符号得到呈现和表达的意识形态对于法院权力的彰显和司法统治关系的建立和维护具有不容忽视的意义。在不同的历史时期，意识形态在法院建筑设计和构造上所运用的符号有所差异，这种差异反过来也折射出法院的意识形态维度及其影响力的更新。

一、作为意识形态符号的法院建筑

意识形态经常采取一些文化符号或仪式来表达自己并发挥维护统治关系的功能，法院建筑对于捍卫司法统治关系的意识形态力量来说就是这样一种象征符号。作为意识形态符号的法院建筑总体上属于法律上的各种仪式。关于法律仪式，伯尔曼先生认为"法律的各项仪式（包括立法、执法、协商以及裁判的各种仪式），也像宗教的各种仪式一样，乃是被深刻体验到的价值之庄严的戏剧化。在法律和宗教里面需要有这种戏剧化，不仅是为了反映那些价值，也不仅是为了彰显那种认为它们是有益于社会的价值

---

① 参见侯猛:《司法改革话语的建构与流变》，载《中国社会科学报》2020年6月5日第4版。

和知识信念，而且是为了唤起把它们视为生活终极意义之一部分的充满激情的信仰"①。法律仪式彰显着也支撑着法律权威，是通过对宗教上神圣品质的拟用来建构法律与受众之间的支配服从关系。司法仪式是一种法律仪式，"从很古老的时候开始，司法就跟仪式发生了不解之缘，一直到今天，司法界仍然是在世界范围内保留古典仪式最根深蒂固的一个领域"②。司法仪式有助于宣示司法权力、催生司法信任，它所蕴含着的司法文化的价值理念为司法权威统治关系提供了文化生成基础和文化表现。③ 意识形态能够通过司法仪式来表达、强化司法权威统治关系。与此同时，司法仪式如果过于繁冗、刻板，往往会变成奢侈品，或者掉入形式主义的泥淖。司法仪式的分量不应过度强调，也不应滥用。如果只注重形式而不注重内容，"如果形式不是内容的形式，那么它就没有任何意义了"④。法院建筑是司法仪式的重要内容，"包括外表的格式、整体风格、内部结构以及内部的装饰。法院、检察院应该盖什么样的楼，本身是司法文化的一部分"⑤。作为司法文化符号，或司法的器物文化要素，法院建筑的外部风格和内部构造体现着法院与社会之间的文化先见，也为法院与社会之间建立意识形态联系，同时也为法院与社会之间的权威统治关系的确立和维护提供了文化影响力。

二、传统法院建筑的符号象征

在中国，衙门是古代官员行政司法的主要场所，也就是古代中国的法

---

① ［美］伯尔曼：《法律与宗教》，梁治平译，中国政法大学出版社 2003 年版，第 22 页。

② 贺卫方：《司法仪式给法律人以尊严和荣耀》，载《检察日报》2006 年 10 月 13日。

③ 参见巢志雄：《司法仪式的结构与功能》，载徐昕主编：《司法》第 3 辑，厦门大学出版社 2008 年版。

④ 《马克思恩格斯全集》第一卷，人民出版社 1995 年版，第 228 页。

⑤ 贺卫方：《司法仪式给法律人以尊严和荣耀》，载《检察日报》2006 年 10 月 13日。

院。衙门之称起源于军事，"衙门是从'牙门'演变而来，牙门最初为古代军旅营门的别称，起初把猛兽的爪牙饰于军事长官办事的帐门前，后又用木头刻成大型象征性的兽牙列饰于营门两侧，于是出现了'牙门'"①。在建筑规划设计上，衙门一般是"坐北朝南、左尊右卑、左文右武、监狱居南、前衙后邸"②。衙署建筑一般都有头门、照壁、守门石狮、兽头门环乖几大典型性构件。此外，不同级别的衙门建筑在具体设计上都有着严格的等级差异性规定。如果说建筑是凝固的文化艺术，其背后内蕴着一民族和国度深厚的思想文化，那么，中国古代衙门一定程度上反映着传统中国司法的文化基调。正所谓"一座内乡衙，半部官文化"。首先，古代衙门既是法院建筑又是官府建筑，体现着司法与行政合一的典型特点，这是一种"全能型衙门"③，既然行政与司法共处，法院也就没有可以安身立命的独立空间，法院是隶属型的、压制型的。其次，衙门采取前衙后邸的设计布局，象征着国事与家事、国法与家规、法律与人情伦理的融合。法院的统治关系由此有赖于天理、人情的社会基础，而不仅仅是法律制度赋予的结果，法院是伦理型的法院。再者，"衙门八字朝南开"的建筑风格实际上表明了衙门司法是面向百姓开放的，体现出亲民、教化的价值倾向。此外，衙门建筑上的匾额、对联同样体现着上述价值诉求。传统司法注重教化，衙门是重要的司法教化之地，旨在实现"一个明君、清官、良民和谐共处构成礼乐文明社会的秩序体系"④。在此意义上，法院是道德意识形态的实施机器。最后，古代衙门的统治既通过一系列亲民的仪式，又通过石狮兽首等威吓的仪式来展现。在亲民的一面之外，衙门建筑通过营造惧讼的氛围来达成息诉的目的。衙门的多重封闭格局隐喻着传统司法的封闭和奴役

---

①　黄晓平：《古代衙门建筑与司法之价值追求》，载《北方法学》2009年第6期。

②　徐顺欣、陈健鸿：《中国司法文化递嬗之建筑学观照——以古代衙署和现代法院的立面图像为分析基点》，《全国法院第25届学术讨论会获奖论文集》上册，2014年。

③　参见贺卫方：《司法的理念与制度》，中国政法大学出版社1998年版，第244页。

④　范忠信、陈景良：《中国法制史》，北京大学出版社2007年版，第4页。

性，衙门的等级构造象征着皇权之下的等级政治秩序。这些意识形态信息表明，古代衙门的统治主要还是建立在包括司法强力在内的皇权的基础上，是主要通过强力及其威慑而建立的统治关系。

在西方，法院的源头可追溯至古希腊。古希腊法庭是广场化的，雅典城中心广场既用于公布法令，同时也是审判场所。① 法庭与社会之间没有距离，有着浓厚的司法民主色彩。广场化的法院建筑与民主的社会意识形态是内在契合的。古罗马时代，法院规划设计上开始将审判与社会区隔开来，开始有法院建筑的概念，"法庭设在长方形一头的半圆形大厅里，原告、被告、证人、律师在那里等候法官开庭"②。这与古罗马人推荐法治的精神密切关联。但是古罗马的法庭空间构设还较为简单，区域和功能上均未实现分化，体现的是法院建筑素朴的自主性。中世纪的宗教裁判所设在教堂内，充分体现了该时期司法意识形态的神秘性、封闭性，法院系统被淹没在教会体系之中，非自治的司法统治成了一种宗教信仰意义上的统治。近代以后，西方法院作为国家机构得到了重视，法院建筑也逐步与其他建筑分化开来、独立出来并日益规范化，同时，在建筑风格上呈现出多元化发展趋势，多样文化元素的使用展现出更丰富而复杂的意识形态信息。

三、现代法院建筑的符号象征

进入到现当代社会，随着法治的发展和文化的变迁，司法得以从立法和行政中独立出来，法院作为司法机关也在国家权力机关体系中拥有了自治的空间，司法的价值与功能发生了较大的转型。在此背景下，法院建筑获得了新的文化构造并发挥着新的象征功能。作为一种独立的公共建筑，现代法院建筑既是司法机关的物质载体，又是司法制度的实施场所和司法价值理念的传承媒介。现代"法院建筑的寓意在于通过鲜明的造型风格意象来唤起人们对法律的信仰和对正义的追求"③。当事人是带着诉求进出法

---

① 参见陈志华：《外国建筑史》，中国建筑工业出版社1997年版，第48页。

② ［美］房龙：《人类的艺术》上，衣成信译，中国和平出版社1996年版，第154页。

③ 徐斌、周志伟：《法院之建筑风格》，载《人民法院报》2012年7月13日第7版。

院的，从而能够较为深入地感受法院建筑的文化信息和理念；一般社会公众虽无法轻易进出法院，但也可以通过将法院建筑作为一种建筑景观而获得外在而间接的感觉。可以说，法院建筑的选址、交通、外部风格与内部结构一定程度上都会影响当事人和社会公众对司法的认知、评价和认同，从而对法院与社会之间的权威统治关系确立奠定形式基础。"所有建筑不仅供人的躯体使用，还要对人的心灵产生影响。"①法院建筑在催生并促成人们对法院权威的感知和服从方面具有不可或缺的文化意义。也正因此，现代法院建筑从整体到局部、从外部到内部、从功能到性格等方面都注重通过建筑艺术来实现权威影响力。首先，现代法院在选址上一般与外部社会环境保持必要的距离，但又不脱离城市公共生活中心，难以接近便可能曲高和寡。可以说，能否既与外部社会保持距离又能方便外部社会接近，法院建筑在一国家一城市里是否明显、突出、便利，这都直接事关其在公共生活秩序建构中的权威地位和作用。其次，现代法院建筑内部构造上实现充分而合理的区域分化与功能分化，审判区域、办公区域、公共服务区域之间进行区分，其中，庭审区域是法院建筑特有和最重要的功能区，必须予以突出。审判区域中，审判区与旁听区也进行了必要的分离，审判区的结构设计、具体法官的布局设置也因民事和刑事功能的不同需求而有所不同。最后，在不同的文化世界，建筑艺术审美观存在差异，法院建筑也因建筑艺术的个殊性和司法文化差异性的共同作用而在不同的国家显示出不同的风貌，从而也体现为不同的价值追求。我国法院建筑总体上给人的印象是封闭性：外有围墙或围栏之隔，墙栏之内分出审判区、办公区、生活区；向公众开放的空间极为有限，除立案大厅或诉讼服务大厅，其他区域是不允许随意走动的。西方法治发达国家的法院具有较大幅度的开放性，公众不仅可以到法院寻找切实的诉讼救济，还可以参观法院并得到相关法律资料，甚至可以在法院的公共区域找到休闲或餐饮场所。总的来

---

　　①　屈浩然、寿民：《法院建筑设计（下）——法院建筑的性格》，中国建筑工业出版社1984年版，第114页。

说，现代国家法院建筑的设计上注入了更多的展现司法自主逻辑的符号，但是，主导意识形态总是能够在法院建筑元素上注入自己的导向或期待，哪怕是通过一尊石狮或独角兽、一个女人或男人的雕像。

第三节　法官选任的意识形态衡量

在世界范围内，近代之前，权力未分化，没有独立的司法权力空间可言，来自政治或行政对司法人员选任的掌控是一个较为普遍的现象，中西皆然。"传统的法官选任具有明显的对于行政(皇权)的依附性和非独立性，强调君主对司法的控制，这源于前现代社会中司法与行政不分的传统政治体制。"①近代以后，政治支配司法人员选任的格局逐渐被打破，法官选任过程中的自治因素日益增加。法官选任过程中，职业标准和意识形态标准由此呈现出此消彼长的关系格局。

一、职业标准为主、意识形态标准为辅的选任

(一)英国法官选任的意识形态标准及辅助地位

在英美法系国家中，英国职业法官选任的首要标准是司法能力与经验等业绩标准。一般来讲，"根据候选人的业绩表现遴选法官是英国法官遴选制度的一大特色"②。业绩或职业标准之外，职业法官候选者的品德、观点、道德素质、职业行为、经济稳定性和党派关系等因素也会纳入考量和审核的范围，其中，对党派关系的考量主要出于意识形态上的考虑，目的在于保证英国法院系统中的政治平衡和思想多元化。③ 在职业法官选任问

---

① 全亮：《论司法独立的有限性——法官选任为视角》，载《甘肃政法学院学报》2014年第1期。

② 关毅：《英美模式的法官成长之路》，载《法律适用》2008年第8期。

③ 参见最高人民法院中国应用法学研究所：《美英德法四国司法制度概况》，韩苏琳编译，人民法院出版社2008年版，第216页。

题上，"尽管实践中还存在着政治的影响，但司法的独立性和法官的非党派性仍是法官遴选中重要的衡量标准"①。据称，英国法官"很可能是西方世界中最受尊敬、最具有独立性而且相对来讲报酬最丰厚的法官"②。而这与英国职业性为主导的法官选任模式有着莫大的关系。在非职业法官的选任上，因其非职业性的定位在选任标准上较为特殊。作为典型的非职业法官类型，英国的治安法官来源于普通公民，公民一般需经过申请、审查、培训、任命等流程才能从申请者正式成为治安法官。早期阶段，治安法官申请有较严格的资格限制，这样的限制性条件主要包括：品格诚实，受到社区居民和同行的认可；有志于公共事务，有社会责任感；具备理解沟通能力和逻辑思维能力；具备社区知识和经验；工作时间上有保证，以及年龄和身体上的条件等。随着司法民主和参与广度、深度的推进，英国治安法官的资格标准逐渐放宽，向更广泛的平民开放，从而保证了治安法官较为广泛而有代表性的来源。与职业法官的职业化、精英化形成鲜明对照的是治安法官的平民化、大众化。③ 可见，伦理意识形态等非职业性标准是英国治安法官的主要选任标准。

（二）欧洲国家法官选任的意识形态标准及辅助地位

欧洲各国法官选任的理想境界可以在欧洲司法委员会联盟 2012 年的研究报告中一窥究竟。该报告"重申了欧洲各国法官选任机制中的若干重大问题，体现了欧洲各国共同的司法文化，并为各国建立健全法官选拔、任命、晋升制度提供了一套自我检验标准"④。关于法官选任的要求，"报告认为，在任何政治体制下，法官的选任工作都应当独立于政治因素之外，

---

① 关毅：《英美模式的法官成长之路》，载《法律适用》2008 年第 8 期。

② 最高人民法院中国应用法学研究所：《美英德法四国司法制度概况》，韩苏琳编译，人民法院出版社 2008 年版，第 213 页。

③ 参见张彩凤、叶永尧：《英国治安法官制度的现代化演进及其形态考察》，载《法制现代化研究》2008 年刊。

④ 《欧洲各国法官选任机制的基本标准》，林娜编译，载《法制资讯》2014 年第 9期。

面向所有符合资格条件的人员进行，并且保障选任程序的公正、透明，接受公众监督"①。报告中指出："法官任命应基于且只能基于其业绩表现和工作能力。""法官选任的考察标准应当包括较高的心智水平、较强的司法技能、正确的工作态度和良好的自我表达能力。""关于心智水平的考察标准应当包括良好的文化修养、丰富的法律知识、较强的分析能力和独立的判断能力。""关于司法技能的考察标准应当包括具备履行司法职责的能力，具有较强的独立性、说服力、洞察力、正义感、应变能力、社交能力以及合作精神等多方面素质。"②无疑，这是一种较为彻底的司法职业化的选任标准和要求。为保障这种职业化选任标准的推行，该报告还提出，法官选任机构及其程序上既要排除政治干预又要防范司法系统的自利可能性，从而最大限度地保障法官选任的自主独立性。但是，理想毕竟不同于现实，政治力量总是通过各种途径并运用各种方式对法官选任施加一定的影响。以德国为例，德国法官选任采取的是职业性与政治性结合、职业性主导的模式。德国各州法官选任受到的政治影响要明显小于联邦法官，而联邦法院法官选任过程中允许各种政治力量的介入。③ 在德国联邦高级法院法官的选拔中，候选人的职业资格、所属地区和所属党派或党派倾向三个因素是主要衡量指标，④ 其中，候选人的意识形态倾向无疑占据一定的分量。德国联邦"宪法法院法官的选拔过程在所有德国法官选拔过程中具有最露骨的政治性"⑤。各党派都会力图在宪法法院法官选拔中施加决定性影响。但是，德国法官选任的政治因素受到职业标准的平衡或制衡：司法评估与行政决定相结合的选任制度使得德国法官的选任不可避免地受到政治因素

① 《欧洲各国法官选任机制的基本标准》，林娜编译，载《法制资讯》2014 年第 9 期。

② 《欧洲各国法官选任机制的基本标准》，林娜编译，载《法制资讯》2014 年第 9 期。

③ 参见关毅：《德国模式的法官成长之路》，载《法律适用》2008 年第 5 期。

④ 参见最高人民法院中国应用法学研究所：《美英德法四国司法制度概况》，韩苏琳编译，人民法院出版社 2008 年版，第 369 页。

⑤ 最高人民法院中国应用法学研究所：《美英德法四国司法制度概况》，韩苏琳编译，人民法院出版社 2008 年版，第 370 页。

的影响，但是，专设的法官委员会主要基于职业的标准进行选任的做法又削弱了相关政治因素的影响。①

二、职业标准与意识形态标准平分秋色的选任

美国司法选任的政治性要比英国和大陆法系国家更为突出一些，意识形态标准与职业标准在法官选任过程中相互交织、难分上下。联邦司法系统的法官，按照美国宪法及相关法律规定，是由总统提名、参议院审批、总统任命的方式产生。以美国最高法院大法官选任为例，毋庸置疑，职业才能是大法官选任的主要因素或标准。但是，复杂的政治因素会交织其间，从而使得这一过程成了一个政治过程。其中，"意识形态深刻地影响着美国最高法院大法官选任过程，不仅作用于总统、政党、利益集团和参议院运作的各个环节中，而且通过相互作用综合影响着大法官的选任过程"②。司法决策态度模型的两位代表性人物用实证研究指出，在总统提名、参议院批准、总统任命等大法官选任环节，意识形态都是非常重要的选择因素。③ 美国州司法系统中，法官选任方式比较多样。有些州采取选举制，由参选的政党物色法官候选人，党派意识形态的影响很大。有些州采取任命制，行使任命权的州长政治意图或意志亦会掺杂其中。"不论是公开选举还是任命制，都无法悉数摆脱法官选举的政治色彩。"④于是，有些州转而采取任命与选举结合制，其主要目的就是要尽量防范政党及其意识形态对法官选任的影响。⑤ 如果说，法律标准是美国法官选任中的"纸面

---

① 参见丁艳雅：《法官选任方式与程序之比较研究》，载《中山大学学报（社会科学版）》2001 年第 4 期。

② 刘辉：《美国最高法院大法官选任过程中的意识形态因素分析》，载《美国问题研究》2011 年第 2 期。

③ 参见［美］杰弗瑞·A. 西格尔、哈罗德·J. 斯皮斯：《正义背后的意识形态——最高法院与态度模型》，刘哲玮译，北京大学出版社 2012 年版，第 163～203 页。

④ 陈开琦：《美国法官遴选制的机理及启示》，载《社会科学研究》2006 年第 6 期。

⑤ 参见徐爱国：《美国的法官与政党》，载《法制资讯》2011 年第 12 期。

上的法"，那么意识形态尤其是政党意识形态几乎成为一种"行动中的法"，但是，法律标准并未被意识形态标准超越，反而前者对后者的客观存在和频繁出现进行着有力的制约。还需提及的是，在美国，尽管"每一个司法空缺的填补都可能会是一部由个人抱负、幕后操作、党派政策、支持者动员以及偶尔的双重交易交织而成的小型戏剧"①，但是，意识形态对法官的支配性影响也主要体现在选任环节。这不是说法官进入司法领域后在裁判活动中不会受到意识形态的影响，而是说，选任前的意识形态影响是来自外部主体的，选任后的意识形态偏好则主要是法官个人的，两者之间并不必然一致，法官意识形态可能随客观情势和主观因素的变化而发生转变甚至是转型。也就是说，选任时的意识形态在法官上任以后的影响力受到法官个人守法主义信念、个人意识形态变动以及司法在整个国家宪政结构中的位置等多种变量的制约，这期间，法官的法律立场与意识形态偏好呈现一种竞争格局，这也就是有关司法决策的法律模型、态度模型和制度主义模型在法官裁判活动中的角力问题。

三、职业标准与意识形态标准变动竞争的选任

（一）中国法官选任中的职业标准与意识形态标准的关系

"中国法官任用机制实际上分为两大因素，即党政干部选拔理念和司法职业遴选理念所型塑着。"②党政干部选拔理念说的是政治标准或意识形态标准，③ 注重意识形态上的政治可靠性；司法职业遴选理念则属于法律

---

① Sheldon Goldman, Picking Federal Judges, Yale University Press, 1997, p. 365.

② 左卫民：《中国法官任用机制：基于理念的初步评析》，《现代法学》2010 年第 5 期。

③ 所谓党政干部选拔理念是根据党管干部原则，在党组织的统一领导下，采用统一标准和程序选任包括司法人员在内的各类干部并根据党的需要统一分配至各类岗位的人事任用理念。党管干部原则旨在实现党对干部人事工作的领导和管理权，具体包括制定人事政策、推荐重要干部、对干部人事的宏观监管。具体参见《党政领导干部选拔任用工作条例》（2014 年）。

标准或职业标准，强调的是司法职业性技能与伦理。意识形态标准在人民法院法官选任中一直发挥着重要的甚至是决定性的作用。中华人民共和国成立后三十年间，干部选拔理念直接而绝对地左右着法院法官的选任，法官如同一般的党政干部进行任用和调配，这一理念紧密契合于那一时期司法机关整体的专政工具之角色定位，司法嵌入政治，法官也嵌入到党政干部之中，没有独特性也不应强调专门性。司法机关和司法人员的定位决定了法官选任的政治标准和政治程序，政治意识和政策水平让位于法律意识和司法能力。司法职业标准则经历了一个从无到有、由弱变强的发展过程。司法职业遴选理念和职业标准在中华人民共和国成立后三十年间的法官选任中没有位置，只是在改革开放之后随着中国法学和法治重新发展才得以萌芽成长起来。职业遴选理念与标准的兴起有着特定的时代背景，与司法和政治关系格局的调整和改变息息相关。进入新时期以来，司法政治工具主义色彩不再浓烈，司法逐渐获得了相对的自主发展空间，司法自治性因素得到增强。司法机关独立行使司法权而不受干预日益得到了制度性的确认和保障。在此背景下，法官遴选走上了一条注重职业化与专门化建设的路径。司法职业标准的崛起不仅与司法与政治关系格局的变迁有关，还直接缘于日益复杂、繁多的司法业务所提出的客观要求，职业化的要求与职业化的事务是对应的，政治意识形态是无法直接应对职业化事务的。从现实来看，在"革命化"的政治标准与"正规化、专业化、职业化"的职业标准共同作为法治专门队伍的统一导向背景下，在法官选任中，两套标准是交叉互用的，在不同的任用对象上又各居主导，同时，两者的关系格局也存在着一种竞争变动态势，"在当下中国，法官任用的干部理念与司法理念在演进、发展中微妙互动着，时间、空间和情境的变化都影响和制约着两种理念的互动模式，致使其出现既各行其道又竞争互动的格局，并深刻影响到任用机制"[1]。

---

[1] 左卫民：《中国法官任用机制：基于理念的初步评析》，载《现代法学》2010年第5期。

（二）中国普通法官选任中的职业标准与意识形态标准

就我国普通法官的选任而言，普通法官的选用主要由法院系统内部负责的，① 职业理念与职业标准居于主要位置。当然，这一局面经历了一个逐步生成和完善的过程。以 1995 年的《法官法》颁布为界，我国普通法官选任从缺失、无序转向统一、规范。《法官法》颁布之前，普通法官选任并无统一标准，对法律教育背景、法律专业知识、法律职业经历等并无要求。《法官法》颁布之后，对法官的任职资格作了严格的限制，该法经过 2001 年修订和 2019 年修订，在法官准入和选任上的职业性要求越来越完善。② 结合《人民法院组织法》等相关法律法规以及《关于完善国家统一法律职业资格制度的意见》《人民法院第五个一年改革纲要（2019—2023）》等相关政策文件的规定来看，职业资格准入专业能力要求、专业化审查机制正在成为选任普通法官的主导性标准。不管是初任法官考录、员额法官遴选，还是上级法院法官遴选，又或是从律师或法学教学、研究人员等从事法律职业的人员中公开选拔法官，均遵循一条专业化、职业化路径。③ 同时，现行初任法官选任是采取公务员考试与法律职业资格考试相结合的方式，这在一定程度上体现的是职业标准与意识形态标准的互动。此外，不可忽视的是意识形态标准作为一种隐性条件在普通法官选任中切实地发挥着潜在的、幕后的，有时甚至是决定性的作用。关于普通法官选任中的隐性条件，有学者通过实证研究发现，"业务能力、政治素质、领导评价、

① 参见左卫民：《省级统管地方法院法官任用改革审思》，载《法学研究》2015 年第 4 期；方斯远：《论我国司法改革中初任法官选任制度的完善》，载《暨南学报（哲学社会科学版）》2019 年第 2 期。

② 《法官法》（2019 年修订）第 14 条第 1 款规定："初任法官采用考试、考核的办法，按照德才兼备的标准，从具备法官条件的人员中择优提出人选。"第 16 条规定："省、自治区、直辖市设立法官遴选委员会，负责初任法官人选专业能力的审核。"

③ 参见杨奕：《我国法官准入标准及选任机制研究——以新修订的〈法官法〉为研究背景》，载《法律适用》2019 年第 9 期；李鑫：《法官选任制度变迁与改革构想研究》，载《四川大学法律评论》2017 年春季卷。

人缘、沟通协调能力和行政管理能力是初任法官选任重要的隐性资质"①。其中，政治素质集中表达着法官选任的意识形态标准。从执政高层发布的文件来看，所谓政治素质主要指政治意识、政治品格、政治方向、政治自觉性、政治敏锐性等内容;② 司法系统高层的文件也要求，法官的干部选拔要始终坚持正确用人导向，强调政治信念坚定、德才兼备、执法为民等要求。③ 政治素质不等于意识形态，但意识形态是其中的重要内容。尽管意识形态因素切实存在于普通法官的选任之中，但是处于潜隐的层面已经说明职业理念及其技术标准已居于主导地位。

(三)中国领导岗位法官选任中的职业标准与意识形态标准

就领导岗位的法官任用而言，领导岗位法官任用的核心环节在法院之外的党组织内进行的，干部理念与意识形态标准占据主导地位。长期以来，在任用标准上，我国对领导岗位法官的资格考试和司法业务方面没有硬性而明确的要求，支配性的要求是政治素养。以法院院长的任用为例，在任用主体上，上级党委及其组织部门具有决定权,④ 而法院、人大等只能在其中起一定的辅助性作用;在任用标准上，政治标准(政治与行政管理能力)是支配性的，其次可能是道德标准，专业标准则排到了最后。在这里，党政干部选拔理念显然占据主导地位。⑤ 有学者实证研究发现，当

---

① 王禄生:《相马与赛马:中国初任法官选任机制实证研究》，载《法制与社会发展》2015 年第 2 期。

② 见于中共中央 1999 年印发的《关于进一步加强政法干部队伍建设的决定》、中共中央 2017 年印发的《关于新形势下加强政法队伍建设的意见》等。

③ 《中共最高人民法院党组关于巡视整改情况的通报》，http://www.court.gov.cn/zixun-xiangqing-42432.html,2017 年 4 月 27 日访问。

④ 刘忠:《条条与块块关系下的法院院长产生》，载《环球法律评论》2012 年第 1 期;左卫民:《省级统管地方法院法官任用改革审思》，载《法学研究》2015 年第 4 期。

⑤ 根据《党政领导干部选拔作用工作条例》(2019 年修订)规定，党政领导干部的选拔任用条件、拟任考察条件等方面都必须把政治标准放在首位。最高人民法院领导成员(不含正职)和内设机构领导成员、县级以上地方人民法院及其工作部门或机关内设机构领导成员的选拔任用均适用该条例。

代中国法院院长实际扮演的角色是复合多元的，"管理家角色扮演最为充分、重要，政治家角色次之，而法律家角色则强调不多"①。政治家的角色当然需要政治思维与技能，因此，在考察任用过程中，思想政治素质自然成为第一要求。这与法院及其院长在我国现行政权结构中的定位，与法院院长在我国法院现行管理体制中的定位，以及法院组织与职能扩张和案件类型多样层出等原因有关。② 当然，这种局面并非固定不变，随着法治中国建设和司法改革向纵深处推进，随着法院人事管理改革的深化和司法行政事务保障机制的健全，法院领导成员任用上的职业标准居于末流的状况正在发生改变。2018 年修订的《人民法院组织法》和 2019 年修订的《法官法》在法院领导岗位选任资质规定中明确提出了职业知识和职业经历的要求。③ 应该说，置身于中国党政干部任用体制之中，立足当下法治改革和司法发展动向，法院领导岗位法官尤其是法院院长的角色必然是多重的，有时也会发生角色冲突，需要进行合理的定位和动态的平衡。法院院长的政治角色或管理身份应该不会弱化，但其法律职业人形象无疑会不断提升。④

总的来说，我国人民法院法官选任中职业标准与意识形态标准的关系随着人民司法七十余年间的变迁而呈现出一种变动关系格局，变动的趋势是职业理念及其标准的实质性地位得到不断的重视和提升，而意识形态标准或政治素质要求一方面为职业标准和职业理念腾出空间，另一方面在不

---

① 左卫民：《中国法院院长角色的实证研究》，载《中国法学》2014 年第 1 期。

② 参见左卫民：《中国法院院长角色的实证研究》，载《中国法学》2014 年第 1 期。

③ 《人民法院组织法》第 47 条第 2 款规定："院长应当具有法学专业知识和法律职业经历。副院长、审判委员会委员应当从法官、检察官或者其他具备法官、检察官条件的人员中产生。"《法官法》第 14 条第 2 款规定："人民法院的院长应当具有法学专业知识和法律职业经历。副院长、审判委员会委员应当从法官、检察官或者其他具备法官条件的人员中产生。"

④ 参见夏正林：《论法院改革中法院院长的角色定位》，载《法治社会》2016 年第 3 期；孔才池：《理性与平衡：我国法官遴选的立法规制刍议——以法院院长任职资格的设置为焦点》，载《法治社会》2016 年第 5 期。

同类型的法官选拔任用上又有着不同比例和地位的体现。

第四节 法官角色的意识形态期待

一、角色、法官角色与意识形态期待

(一)角色、角色期待与意识形态

角色源于戏剧用语,指演员在舞台上根据剧本所扮演的特定形象。角色扮演体现了演员之间、演员与观众之间的互动建构关系。社会科学意义上的角色意味着特定个体在特定关系中所处的位置、所遵循的行为规范、所采取的行为模式以及所接受的社会期待。[①] 关于角色有两种解释路径:结构角色理论与过程角色理论。结构角色理论根据角色在社会结构中所处的位置来解读角色行为等问题。该理论认为,社会是一个角色网络,个体在此网络中占据着不同的角色位置,由此产生不同的角色规范和模式。而过程角色理论则是根据处于互动过程中的角色扮演来解读角色问题的。该理论认为,人们是在自己与他人的互动关系中建构角色和扮演角色的。[②]从角色理论研究进展来看,更多的学者结合了两种理论视角来考察角色问题,认为角色过程是要立足于一定的角色框架来开展,而角色框架又受到不同角色能动性、互动性的影响。[③] 角色扮演是"社会个体根据自己所处的特定地位,并按照规范和角色期待的要求所做出的一系列角色行为"[④],包

---

① 参见奚从清:《角色论——个人与社会的互动》,浙江大学出版社 2010 年版,第 6 页。

② 参见[美]乔纳森·H. 特纳:《社会学理论的结构》,吴曲辉等译,浙江人民出版社 1987 年版,第 431 页。

③ 参见[美]乔纳森·H. 特纳:《社会学理论的结构》,吴曲辉等译,浙江人民出版社 1987 年版,第 456 页。

④ 奚从清:《角色论——个人与社会的互动》,浙江大学出版社 2010 年版,第 80 页。

括角色期望、角色学习与角色实践三方面，其中，角色期望是特定社会价值理念对个体的角色期待，这一期待包括特定社会意识形态对角色的塑造；角色学习是对角色期待的主观领会感悟以及对角色规范、技能的学习掌握；角色实践是特定个体根据角色期望和角色定位进行自我角色塑造的过程。

(二)法官角色期待与意识形态

法官角色是一种职业角色，所谓"职业角色，是指人们在一定的工作单位和工作活动中所扮演的角色，是社会和职业规范对从事相应职业活动的人所形成的一种期望行为模式"①。在构成上，法官职业角色由法官的社会地位、素质要求、价值理念、行为模式等方面决定。法官角色形象既是一种自我认知也是一种社会塑造的结果。法官角色在现代流变社会中并不存在单一、静态而固定的形象，而是一个受到多方因素影响和塑造的多元复杂形象。在价值层面上，意识形态对法官角色塑造的作用是不容忽视的，这种意识形态力量不仅仅是政治性的还可能是道德性的，政党、公众、媒介等社会主体都可能牵涉其中，对合格、优秀法官的定位行使话语权和行动权。就其基本作用过程来讲，意识形态向法官提出角色期待，这些角色期待具体化为角色规范，通过宣传、动员、改造等方式，成为法官角色学习的内容，当这一价值输入获得法官的接受和认同，最终将实质地支配着法官的角色思维和角色实践。当然，塑造法官角色的意识形态在性质或内容上并非是单一的，政治话语、道德话语、媒介话语和日常话语等多种话语都可能在法官角色定位和期待中出现，并呈现一种互动竞争关系，有助于从不同角度来影响法官角色认知和行为。比方说，官方将法官界定为"官"，学界认为法官不是官，民间在法官角色认知和期待上既受到政治上和理论上诠释的影响，同时又有着自我的日常的道德内容。但是，

---

① 秦启文、周永康：《角色学导论》，中国社会科学出版社2011年版，第245页。

多重角色也可能会导致法官的角色冲突，如作为政治人的法官，与作为职业人的法官以及作为社会人的法官之间可能冲突，具体表现为职业化法官与大众化法官的冲突、中立型法官与亲民型法官的冲突等。角色冲突意味着法官角色扮演的复杂性和变动性，各种角色面相会呈现出一种动态调适状态。这里存在的严重问题是，管理人、政治人等多种角色期待可能会模糊法官的裁判人角色这一基础性角色面向，从而导致司法与政治或道德的过度交叉甚至是混同，给法官群体造成严重的角色冲突与角色紧张，同时，还可能误导社会公众对司法的认知和预期，增加司法不可能提供之需求和不可能完成之重负。但是，也正是这种多样因素所塑造的多重角色才反映了法官角色的真实面目，其间，法律话语及其所塑造的裁判人形象只是其中一维，如果说法律是法官职业角色行为的剧本，那么它也只是剧本的一部分而非全部内容。

二、法官角色的理想类型与意识形态

法官是在与当事人以及不特定社会公众的裁判互动过程中遵循裁判程序并以其裁判技术和裁判结果进行角色扮演的，而角色扮演成功与否的直接试金石则是裁判受众的认同服从与否。因此，法官角色扮演实质上是法官与裁判受众之间权威关系的建立过程。在这个互动过程中，裁判受众可以是基于法官所具备的特定资源、知识、技能、性格、品质或声誉等因素而对裁判过程及其结果表示认同和服从。[①] 因此，在描述的意义上，法官角色的成功扮演既可以是基于职业化的知识和技能所赢得的服从，也可能是法官基于特殊的性格、品质或魅力而获得的服从。司法受众对法官的角色期待也就既可能是基于职业能力的，也可能是基于个人秉性的。在不同的文化传统和意识形态中，统治模式的差异在宏观上决定了司法统治及其权威关系的不同，人们对法官的角色期待以及法官角色的类型也便呈现出

---

① ［美］丹尼斯·朗：《权力论》，陆震纶、郑明哲译，中国社会科学出版社2001年版，第43页。

多样化特征。由于权威统治的基础可能是来自传统、理性或卡理斯玛，①法官角色也由此分野为传统型、法理型或卡理斯玛型三种文化类型，这三种类型实质上反映着人们对法官角色的不同期待和塑造。传统型法官的角色期待意味着人们是根据一个神圣传统来塑造法官角色；法理型法官角色期待意味着人们根据一套公正无私的法律及其程序来塑造法官角色；卡理斯玛型法官角色期待则意味着人们是从个人超凡魅力的角度来期待法官角色的。

（一）文化历时性角度上的法官角色类型与意识形态

从文化历时性上讲，法官角色期待中的权力因素、制度因素、个人因素则因不同的文化传统、意识形态和权威类型而呈现出不同的结构性特征，从而区分为不同的法官角色及其权威的类型。关于统治正当性，韦伯提出三种支配正当性基础及其对应的三种权威类型的理想类型，之所以言其为理想类型是因为现实社会中并无纯粹的统治模式和权威形态与之准确对应，但是，这些理想类型又有助于考察真实的历史文化中不同统治形态的总体面貌。而统治正当性基础及其统治意识形态的不同也为不同历史时期法官角色及其权威的类型描绘出一个总体轮廓。在奉行传统型统治的社会中，统治权威的正当性来自传统，即"确信渊源悠久的传统之神圣性，及根据传统行使支配者的正当性"②。在神圣传统的支配意识形态之中，法官角色及其权威被安置在传统之上，人们对法官角色的认知和评判也主要基于传统因素。在这种类型的角色期待中，也会有规范因素的存在，但这个规范主要是一种先例或习惯型的，而非经立法创制的法律，③ 因此，传

---

① 参见［德］马克斯·韦伯：《经济与历史　支配的类型》，康乐等译，广西师范大学出版社 2004 年版，第 303 页。

② ［德］马克斯·韦伯：《经济与历史　支配的类型》，康乐等译，广西师范大学出版社 2004 年版，第 303 页。

③ 参见［德］马克斯·韦伯：《经济与历史　支配的类型》，康乐等译，广西师范大学出版社 2004 年版，第 323~325 页。

统型法官角色的期待或塑造基础是道统或政统而非法统。在这样一种权威文化格局中，法官角色必然是依附型的，依附于道德或政治系统，所谓法官角色的权威主要是一种道德权威和政治权威，人们对法官角色的服从也主要是出于对法官道德人格的崇信、道德技能的信任或对其政治权力的恐惧，正式法律制度的因素反而成为辅助的甚至是边缘化的。按韦伯的看法，传统型法官主要存在于前现代社会法律文化，如传统中国的家产制度与西方的封建制文化中的法官角色。在理性型权威文化中，支配权威的正当性来自理性，即"确信法令、规章必须合于法律，以及行使支配者在这些法律规定之下有发号施令之权利"①。法律是抽象、普遍而一般的制定法，支配者之支配为法律所赋予，其本身也服从法律的指引，服从者之服从也为法律所要求，其服从的不是支配者个人而是一种公正无私的法秩序。② 在这样一种统治意识形态背景中，法官角色是制度性的而非人格化的，法理型权威是一种典型的制度权威和非人格化权威，人们也主要是基于法官职业角色所掌握和运用的职业知识和技能对其角色扮演进行评价。此种文化背景之下的法官角色是一种自主型或自治型角色。理性型法官主要对应于西方世界的现代民主法治国家法律文化，其典型形式是宪政与法治框架中的制度化、自治型法官角色。卡理斯玛型权威支配的基础是"对个人及他所启示或制定的道德规范或社会秩序之超凡、神圣性、英雄气概或非凡特质的献身和效忠"③。卡理斯玛型权威关系是领袖与皈依者的关系，皈依者对领袖人物的承认和服从是基于前者所具有的不为普通人所具有的超凡或特殊人格特质。卡理斯玛的权威文化结构中，法官权威角色的期待主要建立在他们英雄人物式的神圣性和道德楷模式的表率性的基础

---

① ［德］马克斯·韦伯：《经济与历史　支配的类型》，康乐等译，广西师范大学出版社 2004 年版，第 303 页。

② 参见［德］马克斯·韦伯：《经济与历史　支配的类型》，康乐等译，广西师范大学出版社 2004 年版，第 308～309 页。

③ ［德］马克斯·韦伯：《经济与历史　支配的类型》，康乐等译，广西师范大学出版社 2004 年版，第 303 页。

上，如此类型的法官权威也必然是反制度、反传统、非理性的。卡理斯玛型的法官权威主要存在于独裁政法文化中。需要明确的是，现实社会中的法官角色及其权威往往是上述三种类型的某种混合物，其中会有某种类型占据主导地位，但并不完全排斥其他两种类型的存在。如法理型的法官角色在实际运作中必然包含着一些传统型和个人魅力型的因素。① 尤其值得提及的是卡理斯玛型法官角色与其他两种角色类型在历史文化语境中的混合。卡理斯玛是一种创造性也是一种破坏性的力量，在一社会秩序的创造与崩溃之时，卡理斯玛的作用特别突出与明显。这给我们的文化启示是，特定社会法官角色权威从无到有的确立或整体转型过程中，个人魅力型的法官角色权威之意义十分重大。而在日常的司法运作过程中，卡理斯玛的因素也普遍存在，"传统的或理性的与法律的权威之所以具有效力，原因在于人们对这些权威所具有的卡理斯玛具有一定的信赖"②。对卡理斯玛权威基础的意义的肯认实际上是对精英法官、优秀法官之于法官角色塑造之意义的强调。

(二)现代法治国家背景下的法官角色类型与意识形态

在现代法治国家背景下，法官角色是以合法型、合格型、制度性角色为底色，辅以个人性角色。人们对法官的角色期待主要以制度和规范为主要根据，个人的知识、技能、品质、魅力也成为角色期待的依据。无疑这在总体上是由现代国家推行的法理型统治模式和治理意识形态所决定的。合法型角色的法官角色，指的是这一职业角色是由特定国家司法制度所塑造的。根据共同的制度规范，法官应然地被赋予支配的地位，司法受众也是根据这套制度规范来认知和评价法官的角色扮演活动。基于共同规范的塑造是合法型法官角色期待的主要特征。与此同时，法官角色还有其合格

---

① [英]R. 马丁：《论权威——兼论 M. 韦伯的"权威三类型说"》，罗述勇译，载《国外社会科学》1987 年第 2 期。

② 李强：《韦伯、希尔斯与卡理斯玛式权威——读书札记》，载《北大法律评论》2004 年第 6 卷第 1 辑。

角色的一面，合格角色拥有卓越的才能或专门知识去决定何种行动能最好地服务于对象的利益与目标。① 人们对法官角色扮演活动的服从也是因为法官拥有着纠纷解决的智慧、明辨是非曲直的专门性知识和技能，而这种智慧、知识和技能的使用为身处纠纷并欲求公道的人们提供了最佳或最不坏的解决路径，这一路径的最佳或最不坏的特征是与解决纠纷的私力救济或其他社会救济方式比较而得出的。合格型法官角色是基于司法能力的角色期待，是法官在司法职能领域所展现出来的包括法律知识、技术、经验和思维等内容在内的法律技艺赢得的信服和尊重。由于法官的职业角色和职能为制度所确认，法官角色合格性的一面也便与其合法性特质合二为一了。需要提及的是，法官角色还有着基于纯粹个人魅力的一面，即人们主要从个人魅力或特殊性格或品质的角度来塑造法官角色的，个人角色是人格化、非制度化的，与合法角色的形成截然不同。个人角色之维是法官角色中的领袖因素，在这个维度上，人们对法官角色的认同和服从类似于追随者对领袖的忠诚和信仰。"个人权威是最漫无边际的权威形式，它的成分存在于几乎一切权威关系中，因为权威总是由具有独特个人品质的具体人物行使的。"②"但是，尽管如此，法官在某种程度上的个人角色仍仅仅取决于他的'公平'。"③此外，法官的职业角色当然要以制度所赋予的司法权力的行使为基础，尽管法官角色的权威不能直接通过强制而得到，因为"如果权威根本上可定义的话，它必定既和暴力的强迫对立，也和经由论辩的说服对立"④。总之，法官角色属于以司法强力为基础、以制度性角色为主导并兼具个人性角色的角色类型。就其制度性与个人性之间的关系来

① 参见［美］丹尼斯·朗：《权力论》，陆震纶、郑明哲译，中国社会科学出版社2001年版，第60页。

② ［美］丹尼斯·朗：《权力论》，陆震纶、郑明哲译，中国社会科学出版社2001年版，第70页。

③ ［法］亚历山大·科耶夫：《权威的概念》，姜志辉译，译林出版社2011年版，第21页。

④ ［美］汉娜·阿伦特：《过去与未来之间》，王寅丽、张立立译，译林出版社2011年版，第87~88页。

讲，制度所确认和要求的法官角色是稳定而客观的，而法官个人性角色则相对主观化且不甚稳定；制度性法官权威角色的确立往往需要一些魅力型个体法官来实现，通过个人的影响来推动人们对制度的认同。而制度性法官权威角色确立之后，法官个体的权威角色就需要通过制度或融入到制度中去发挥影响力。因此，法官权威角色中的制度因素与个人因素是互动而融合的，不是非此即彼、一分为二的关系。

三、法官角色的现实塑造与意识形态

(一)职业主义期待取向下的常人法官角色

与剑和天平同出没的正义女神代表着西方神话传说中的对法官角色想象，而从传说到真实，以英美法系法治先发国家为典型代表的西方国家对法官角色的塑造走的却是一条世俗化、常人化的路径。① 在英美法系国家，一些伟大的法官比如英国的科克、美国的霍姆斯，不管他们的执业史上有过多少辉煌，总体上他们还是人，只不过异于普通人而已。大陆法系国家司法史上没有留下多少伟大法官的名字，作为文官的法官们的形象就更是普通人了。常人法官的角色塑造，其背后的理念基础是职业主义的，运用的是职业标准。职业主义理念的典型特征是追求行业的专业性、自治性和公共性，② 以此为价值导向，法官的角色规范和要求必然是司法职业技能和司法职业伦理，而不怎么涉及法律职业以外的标准。因此，政治上、道德上的意识形态考量较少。进一步讲，比较西方两大法系的代表性国家的法官角色塑造，我们会发现，同样是常人，其风格与内涵又存在差异。比较法学者梅利曼先生的概括基本上可以描绘出两大法系国家法官常人角色差异的文化轮廓。英美法系国家的法官是有修养的人，有着父亲般的严

---

① 参见杨建军：《好法官的两种形象》，载《法学论坛》2012 年第 5 期。

② See Roscoe Pound, The Lawyer from Antiquity to Modern Times, West Publishing Co. (Minnesota), 1953, p. 20. 转引自李学尧：《法律职业主义》，载《法学研究》2005 年第 6 期。

慈，一些伟大的名字都是属于法官的，整个法系的形成和发展端赖于他们的贡献；而大陆法系国家的法官并不是有修养的伟人，也缺乏父亲般的权威，伟大的名字是属于立法者们的，而法官们的基本形象是执行立法且无多少创造性的文官而已。[1]　只有深入两大法系国家的法文化传统，我们才能找到这种差异的根由。英美法系国家的法是法官的法，法官在法的创造与适用中均担当着重要的角色，甚至享有对立法与行政行为的审查权力。在来源上，英美法系国家的法官遴选与任用较为严格，法官主要来源于律师，被任命或推选为法官是一名律师人生中姗姗来迟的辉煌成就，而一旦出任法官便会拥有较高的声望和优厚的待遇，如果有幸出任最高法院或联邦法院的法官，那么，他的名字就会彪炳史册。相较而言，大陆法系国家的法是法学家的法，是立法者的法，法官的主要功能在于严格适用法律，法官造法与大陆法系的法文化源头和本性存在排斥性，普通法院法官对立法和行政的审查权力也受到根本性反对。大陆法系国家的法官整体上是文官性质的，法官是法科毕业生们均可谋求的职业之一，法官职业有一个等级式的晋升制度，从基层法院法官到较高级别的法官。"高级法院的法官受到也应该受到社会的尊敬的，然而，这种尊敬与在其他文官系统中的高级官员所获得的尊敬并无二致。"[2]大陆法系国家的"法官的形象就是立法者所设计和建造的机械的操作者，法官本身的作用也是机械性的"[3]。判例法传统与制定法传统、司法中心主义与立法中心主义等，正是由于这些不同的意识形态及其所制约的不同司法制度和法律职业制度，英美法系国家的法官角色与大陆法系国家法官角色呈现出两种不同的风格。

　　就非职业法官的角色来讲，常人法官的故事需要换一种说法。如果说

---

[1]　参见［美］梅利曼：《大陆法系》，顾培东、禄正平译，法律出版社 2004 年版，第 34~37 页。

[2]　［美］梅利曼：《大陆法系》，顾培东、禄正平译，法律出版社 2004 年版，第 35 页。

[3]　［美］梅利曼：《大陆法系》，顾培东、禄正平译，法律出版社 2004 年版，第 37 页。

职业法官的常人角色主要是作为法律人或裁判者的常人，那么非职业法官的常人角色就涂抹上了更多道德的、政治的色彩，体现出法律期待和意识形态期待的结合。纵观西方主流国家的非职业法官制度，不管是陪审制度还是治安法官制度，不管是陪审员还是治安法官，其角色期待是双重甚至是多重的。其中，法律角色期待必不可少，但是有时这一定位并非是主导性的；除法律角色期待之外，政治或道德角色期待同样必不可少，而且有时甚至是主导性的定位，这一角色期待的主要目的在于发挥非职业法官在疏通司法与社会关系上的优势。治安法官制度是一种代表性的非职业法官制度，该制度起源于英国，适用于英、美、澳大利亚、瑞士等国。"治安法官作为英国古老的司法传统或许是展现英格兰民族传统法律文化特色的一个最佳'场景'。"① 与职业法官的职业化、精英化形成鲜明对照的是治安法官的平民化、大众化，治安法官的典型特点就是业余性和义务性，业余性是指其无正规法律训练，端赖其经验、声望；义务性是指其一旦委任必须履职，没有薪水而只有少量津贴，② 尽管现代英国出现了领薪治安法官，但与荣誉治安法官相比，其数量较少。治安法官虽授权于中央但来自地方，代表地方利益，通晓地方人情风俗，容易得到地方民众的信任。治安法官一般是地方上家资殷实而又品行良好的乡绅，珍惜自己的荣誉，而不会贪恋司法权力或制造司法腐败，从而为公正司法和权威司法奠定人格或德性的基础。治安法官不仅具备了公正司法的个人基础，还为司法效率的提升作出了突出的贡献。③ 治安法官制度充分体现了司法效率原则，财政投入少、管辖范围广、适用程序简易，是有效率甚至是高效率的司法运作模式。"如果仅有职业法官来支撑刑事审判制度，这种制度立刻会陷入瘫

---

① 张彩凤、叶永尧：《英国治安法官制度的现代化演进及其形态考察》，载《法制现代化研究》2008年卷。

② 参见顾荣欣：《英美法系治安法官制度之比较》，载《外国法制史研究》2008年卷。

③ 张彩凤、叶永尧：《英国治安法官制度的现代化演进及其形态考察》，载《法制现代化研究》2008年卷。

痪状态。"①治安法官承担了大理的轻微刑事案件和部分简单民事案件，为职业法官腾出手来着力于疑难复杂案件的审理提供了条件和基础。在具体的司法过程中，治安法官"在处理纠纷时也不拘泥于具体法律条文的规定，运用自身掌握的具有普适性的观念、地方习惯、道德观念以及社会经验灵活处理纠纷"②。治安法官在审判过程中将正式制度与非正式制度、国家知识与地方性知识、理性与经验、法律与道德、形式法治与实质法治等有机融合，这是赢得公众亲近、尊重和信服的重要原因，也成为治安法官角色的意识形态基础。治安法官的存在反映了英国司法和法律职业群体的混合性，这一特性又是与英格兰的自由与保守兼具、理性与经验交融的文化传统和意识形态相契合的。正是在这样一种法文化传统中，治安法官角色被塑造为一种基于经验、常识、道德、地方性、平民化的形象。陪审制度是另一种典型性的非职业法官制度。陪审制被誉为民主的学校、人权的屏障、自由的堡垒。作为一项国民参与审判的制度，陪审制的主要价值体现在：一是反映社会常识和主流价值；二是制衡职业法官和司法权；三是推进民主参与和管理；四是普及法律知识、培育法律观念。此外，还有助于分担职业法官的压力、补强司法权威。与此同时，陪审制度亦有其消极的一面，主要体现在陪审员难以摆脱主观偏见和公共舆论的影响、陪审员不具备司法能力、陪审运行的经济成本高等方面。自陪审制度产生以来，经历了一波三折，毁誉参半，但推进国民参与审判业已成为司法制度发展潮流。③ 从陪审制度的历史发展，尤其是其价值定位中，陪审员作为非职业法官也被赋予了不同于职业法官的权威角色，陪审员遴选资格标准应然地与社会常识与主流价值观的承担联结起来，其功能也主要限定在司法民主

---

① ［英］马塞尔·柏宁斯、克莱尔·戴尔：《英国的治安法官》，李浩译，载《法学译丛》1990 年第 6 期。

② 李洋、张锐智：《英国治安法官制度价值探析》，载《沈阳工业大学学报（社会科学版）》2012 年第 1 期。

③ 参见方金刚、胡夏冰：《国民参与审判制度：点评与展望》，载《人民法院报》2014 年 10 月 31 日第 7 版。

参与和监督领域，尽管与职业法官共同分享着司法权威的荣光，但是，陪审员权威角色却主要建基在常识、常情、常理的把握与运用之上，体现在对国家司法权力的人民分享与监约之中。

（二）人民好法官背后的政治与道德意识形态

东方中国的法官角色同样从一个传说形象开始，那就是法官鼻祖——与神兽獬豸共进退的皋陶。如今，獬豸在，皋陶的形象与意蕴也还在。有学者指出，"中国社会对于法官的形象塑造，传统上带有神话色彩，具有超人格的素养和标准，属于'超人'的角色定位"①。为印证这种说法，我们从真实的古代司法史谈起。中国古代好法官不少，其中，铁面无私青天型是十分突出的形象标签。不管是包青天还是海青天，必须是青天，才是民心所向往，百姓期待和认同的。青天型法官在中国文化的形象太突出了，给中国百姓的印象也太深刻了，以至于时至今日仍然是普遍认同和追求的好法官形象。古有包拯、海瑞，近有马青天以及当代各种广受宣传的不叫青天也似青天的模范法官们。当然，这个青天形象也因被脸谱化而成为一种颇具神秘色彩的符号，青天法官不同寻常，几近包揽了所有为人做事的优秀品质，从而成为一种神化形象。让我们一起来检视一下当代中国青天法官们或模范法官们的角色生成。

人民司法史上，早期的典型法官形象是马锡五。马锡五代表的不只是马锡五本人，而是包括他在内的一群革命根据地边区政府的优秀司法干部。从这一典型形象的塑造过程来看，最初马锡五等人办理了几件典型案件，其审理方式与风格在一定范围内产生了影响，从而受到高层的表彰和关注，后经《解放日报》的宣传报道，在边区司法实践中得到深入推广与应用。官方推动、媒体传播合力让马锡五审判方式横空出世，马锡五等人的样板式法官形象也得以树立，② 并对后世司法发展中法官角色期待产生深

① 杨建军：《好法官的两种形象》，载《法学论坛》2012 年第 5 期。
② 参见刘全娥：《陕甘宁边区司法改革与"政法传统"的形成》，人民出版社 2016年版，第 105~132 页。

远影响。在马锡五法官角色形象的塑造过程中，群众、调解是两大关键词，其背后表达的是司法的群众路线、司法的调解方式、司法的社会效果等司法价值理念和技术路径，这既是对传统中国无讼、调解司法文化的一种延续和传承，又是对党群众路线方针政策的司法贯彻，传统与现代、道德与政治、政府与民众等各方面的意识形态价值要求交织汇聚，共同绘制了契合于特定历史时期的典型法官角色。可以看出，在马锡五式法官角色塑造的过程中，政治与道德的意识形态标准是鲜明而突出的，而现代司法职业技术标准处于边缘或被忽视的地位。

产生于特定时期的马锡五及其影响力却不局限于特定时期而是对中华人民共和国成立后七十多年的法官角色认知和实践产生了持续性影响。在当代中国司法发展中，马锡五审判方式、马锡五角色这一意识形态象征符号成为重提、怀念甚至是回归的对象，而我们所着力打造和宣传推广的优秀法官形象与马锡五符号有着剪不断的联系或默契。当代中国司法通过模范法官、法官十杰、人民满意的好法官等形式塑造了新时期的法官角色，其标志性人物有宋鱼水、陈燕萍、金桂兰、邹碧华等人。这些先进法官代表所体现的品质包括"勤勉奉献、倾心为民、公正司法、清正廉洁等"。[①]从其所受推崇的品质来看，一些是现代司法的普适理念如公正司法，一些是中国司法的特殊理念如司法为民，还有一些则属于广义上的职业道德或社会公德如勤勉奉献。当然，这些品质在不同的先进法官身上有不同侧重，比如"辨析法理、胜败皆服"的宋鱼水、"司法改革燃灯者"的邹碧华的角色显然更多地体现了法官的职业理念和技艺要求，而更多的先进法官形象则是忘我工作型、深入群众型等类型，司法职业标准并不是主要标准或并未受到强调。[②]展开来看，模范法官宋鱼水的标签是"辨析法理、胜败皆服"，这一标签被认为"包含了宋鱼水法官的精神、品格、作风、人生观、价值观，是宋鱼水审案方法的核心"[③]。从这个标签来看，充分说理、坚持

---

① 宁杰：《论公共传播中先进法官的形象塑造》，载《人民司法》2016 年第 16 期。

② 参见宁杰：《论公共传播中先进法官的形象塑造》，载《人民司法》2016 年第 16 期。

③ 《山东审判》编辑部、济南中院研究室：《"宋鱼水审案方法"与当代司法方法专题研讨》，载《山东审判》2005 年第 3 期。

原则、贯彻法治等法律职业技术标准是显性的，宋鱼水法官的角色行动也充分展现了她身上的专业素养和水准。但是，法律话语在宋鱼水角色的塑造过程中并不是唯一的力量。政治和道德叙事也参与其间，三者的合力共同塑造了宋鱼水。从宋鱼水的访谈报道来看，审判要立足于社会稳定和国家大局，这是一种政治话语；把审判与老百姓的司法信念联系起来，带着对人民群众的感情去办案，这是一种道德话语。① 宋鱼水本人的报告陈述阐释了她自己的角色认知："人民法官的政治本色就是'对党和国家的忠诚'、'对人民的忠诚'、'对法律和职业的忠诚'。"②因此，宋鱼水角色是职业标准与道德、政治标准的合成物，法律人、政治人、社会人是人民法官宋鱼水的多面结构。陈燕萍形象与宋鱼水角色有所同又有所不同。陈燕萍角色的标签是"陈燕萍工作法"。关于陈燕萍工作法的主要内容，司法界与学术界进行了如下提炼："有群众认同的态度倾听诉求、用群众认可的方式查清事实、用群众接受的语言诠释法理、用群众信服的方法化解纠纷。"③这一概括可以说直接展现了陈燕萍的群众法官的典型角色，这一角色期待可以说是对人民司法早期史上马锡五形象的直接而正面的传承，"以'群众'二字为核心内容的陈燕萍工作法，继承和发展了马锡五审判方式，体现了当代中国能动司法的时代价值"④。陈燕萍本人的报告陈述也体现了她的角色认知："我始终坚持这样一个信念：'法官办案就是要让党放心，让当事人信服，让群众满意。'"⑤不管在调查走访、情法兼容、调判结合还是人文关怀等方面，陈燕萍工作法及陈燕萍形象的归纳和推广都受

---

① 参见《"平民法官"宋鱼水在线谈新时期的法官该怎么当》，http://news. xinhuanet.com/school/2005-01/14/content_2458151.htm，2005-01-14。

② 詹菊生：《启迪与示范：弘扬核心价值观报告会之深意》，http://www. chinacourt.org/article/detail/2012/07/id/536627.shtml，2012-7-23。

③ 江苏法院陈燕萍工作法研究小组：《情法辉映 曲直可鉴——陈燕萍工作法研究报告》，载《人民司法》2010 年第 9 期。

④ 公丕祥：《陈燕萍工作法是新时代马锡五审判方式》，载《法制日报》2010 年 2 月 24 日第 3 版。

⑤ 詹菊生：《启迪与示范：弘扬核心价值观报告会之深意》，http://www. chinacourt.org/article/detail/2012/07/id/536627.shtml，2012-7-23。

到传统司法和人民司法的价值衡量，也得到当时能动司法的价值支撑，更是获得了政法系统的价值肯认。在陈燕萍的角色塑造中，意识形态的维度无疑是支配性的。

　　总体来说，当代中国法官的角色塑造是多种力量共同作用的结果，角色塑造的政治标准、道德标准、法律标准和角色的政治化、大众化、职业化面向始终并存并呈现此消彼长之状态，体现了政治、社会、司法三方面的多元期待和需求。把握政治方向、维护社会稳定、注重调解息讼，这是主流意识形态对司法职业的角色期待，这些期待都具体化为官方出台的政策文件，体现在执政党路线方针策略以及司法系统本身为回应和落实这些路线方针政策而制定颁行的更为具体的实施规定中，成为规范法官角色扮演的主要剧本内容。来自政治的意识形态的塑造能力是与司法系统自身的法律剧本和来自社会公众的道德评价共同发挥的，三种力量在全面深化改革、全面推进法治和新一轮司法改革的进程中相信会呈现出新的对比状态。

四、法官角色期待的符号表征与意识形态

　　法官角色期待不仅体现在实质性的价值理念上，作为意识形态的意义体系还以一些服饰道具等形式来表达对法官角色的塑造。作为法官施行正义的行头，以法袍、法槌、假发、法徽等服饰道具为主要内容的司法仪式具有象征意义，在心理学和社会学等层面上表述、传达着法官角色期待，司法服饰道具由此成为法官角色塑造的必备文化符号。首先是法袍，"有三种职业是有资格穿长袍以表示其身份的，这就是法官、牧师和学者。这种长袍象征着穿戴者思想的成熟和独立的判断力，并表示直接对自己的良心和上帝负责。它表明这三种职业者在精神上的自主权；他们不应允许在威胁下行事并屈服于压力"①。法袍象征着法官的人格、能力、地位和身份，同时也显示出社会对于法官职业的敬重和尊崇的态度立场。作为一种司法文化符号，法袍通过对法官的神圣性、正统性的文化表达而影响着法

---

　　①　转引自贺卫方：《法边馀墨》，法律出版社 1998 年版，第 54~55 页。

官的角色认知和角色行动。其次是假发，假发的文化意义在于为法官营造一种神秘、高贵、老道、威严的形象，从而引发当事人及社会公众的敬畏和尊重。再者是法槌，法槌是法官维护秩序的道具，同时也是法官宣示权力、营造威严的符号。"法槌不仅仅是用来指挥庭审的道具，法官手握着法槌时，同样增加了一种责任感，因为他知道手中法槌的分量：既是权力的一种符号表达，又是法官身份、法律权威、法庭秩序的象征。"①最后还有法徽，法徽是法院和法官的身份标识，象征着国家权力的在场和正义使命的担当。不同的国家在不同的历史时期，以法袍、法槌、假发、法徽等为代表的服饰道具有着不同的形式与风格，从而表达了富有差异的法官角色期待。

（一）西方国家法官服饰道具与法官角色的意识形态象征

西方法官法袍渊源于中世纪时代的教士服装，"法袍只是僧袍的遗迹"②。在司法理性化、世俗化的现代化过程中，尽管教士逐渐退出世俗法院，世俗法官登上历史舞台，但是，由于与教会、教士、僧服之间的渊源关系，世俗的法官服装仍然保留了教士袍的基本格调，从教士袍演变而来的法袍逐渐成为法官职业的标志性服饰。长袍加身，一方面象征着法官成熟的思想和独立的判断能力；另一方面将法官作为一般人与作为职业角色进行分离，从而彰显法官职责的神圣和法官行为的威严。普通法系国家的法官穿法袍、戴假发的历史很悠久，但在后来的司法发展史上，这一传统不断遭遇挑战。在美国，法官假发便逐渐被放弃，法袍也一度只见于联邦最高法院的大法官之身。19 世纪末，黑色法袍又重返司法界，但穿戴法袍、假发已不再是强行必为的，而是体现为法官职业群体经过利弊权衡后的自觉选择。③ 也有明显的例外，如澳大利亚的家事法院则禁止法官穿法

---

①　易军：《诉讼仪式的象征符号》，载《国家检察官学院学报》2008 年第 3 期。

②　转引自王华胜：《英国法官服饰的形成与改革》，载《环球法律评论》2010 年第 5 期。

③　参见吴志伟：《法袍演进中的文化内涵》，载《人民法院报》2012 年 3 月 30 日第 8 版。

袍、戴假发。在英国，20世纪90年代，域外法官服饰的改革引起了英国本土关于法袍、假发问题的争论。完全废除论与继续保留论两种截然对立的观点分庭抗礼、展开论战：针对废除论者认为法袍假发营造司法神秘、制造司法与公众的隔膜的看法，保留论者认为，恰恰是这种神秘和距离展现了法官应有的权威和尊严。当然，还有折中的立场，主张应废除假发但保留法袍。总体来看，继续保留论支持者甚众。但是，20世纪90年代末，存废之争和改革之声再起，这进一步导致了英国司法官方最终终结了持续了三百余年的法庭假发史，不过，仍然允许刑事法官戴假发。与此同时，法袍款式设计也得以简化和创新。而在当今时代，简化司法仪式已经成为普通法系国家司法改革的一个趋势。法官服饰在普通法系国家的演变史表明，一方面，时移世易，服饰改革亦然，"变的是具体样式，国家会根据民众的意见顺应时代需求而变革法官服饰，如废弃价格昂贵充满神秘色彩的假发"[1]。另一方面，变中有所不变，万变不离其宗，"不变的是变革中对司法传统的尊重和对司法核心价值的传承，如象征法官崇高地位和司法独立性的法袍依然予以保留"[2]。也就是说，法官服饰形式在变，而其作为文化符号对法官权威角色的象征意义却一直备受重视、岿然不动。从西方法官服饰的上述演变史来看，服饰在塑造和宣示法官的自治、独立和威信上具有实质意义，围绕法官服饰的改革论争则指出了司法的自治、神秘与司法面向社会应有的开放、简易之间的矛盾，这在一定意义上反映了西方主流国家在司法理念上的一些演变。

（二）中国法官服饰道具与法官角色的意识形态象征

服饰在华夏文化中自始就有着公共治理的象征意义，正所谓"黄帝、尧、舜，垂衣裳而天下治"。传统中国的法官就是行政长官，法官服饰自然也就与官服无异。神兽獬豸是传统法官官服上的典型标志。作为官服的

---

[1]　吴志伟：《法袍演进中的文化内涵》，载《人民法院报》2012年3月30日第8版。
[2]　吴志伟：《法袍演进中的文化内涵》，载《人民法院报》2012年3月30日第8版。

法官服饰象征着法官就是官的角色期待。与此同时，礼法文化也鲜明地展示在官服上，比如官服的颜色差异代表着尊卑贵贱的等级，与不同等级的官服匹配的冠带和补子也均有差异。官服的款式、颜色、配饰差异深刻地反映了传统法官角色上的等级依附特点，而等级依附因素又反过来维系着古代法官角色的文化格局。当传统法官服饰在近代与西方司法文明首度遭遇之际，其间所显现出来的文化差异是十分突出并耐人寻味的。在上海租界会审公廨的混合法庭上：一方是清朝官员，身穿官服、头戴花翎，外带手持水火棒、低吼威武的中国衙役；另一方是外国陪审员，西装革履，外加持枪而立的西方法警。① 民国时期，法官服饰开始引进西式法袍，但具体设计上仍然体现了传统的服饰文化特点。中华人民共和国成立以来，20世纪80年代初，曾经有过移植法袍的尝试，但均因难以得到广泛的认同而作罢。全国法院系统统一采用的是军警式服装，其制服样式为"肩章+大盖帽"。军警式制服凝结也折射出革命、斗争、暴力、惩罚的专政文化特色，法院在专政机构体系中与军队、公安等部门没有多少质的差异，法官与军人、公安干警等角色也基本混同。这种服饰设计的背后蕴含着也折射出了深厚的司法工具主义色彩，司法作为刀把子、枪杆子，承担着国家强权之威慑和惩罚之功能，在这样的司法文化环境中，法官角色只能是基于强力的依附型角色。2000年，法官服饰启动了改革进程，中国式法袍横空出世。在具体设计上，我们的法袍一方面借鉴了西方法袍的设计理念，同时也展现了中华人民共和国的司法特色，在颜色、款式、配饰等方面与此前使用多年的军警式制服有着较大区别。2002颁行的《关于人民法院法官法袍穿着规定》对法袍适用进行了规范化，规定中特别指出穿法袍是"为了增强法官的职业责任感，树立法官公正审判的形象"，法袍承载了与曾经的军警制服截然不同的文化使命。从军警制服到法袍的转变，植根于从准军事化、大众化司法向自治型司法、职业化司法的转变背景之中，法袍的适用象征着法官角色与功能的转型，也为转型的法官角色与使命提供持续的

---

① 参见赵亮：《法庭空间的实证研究》，南开大学2007年硕士学位论文。

符号支持。与此同时，随着 2002 年《关于人民法院法槌使用规定(试行)》的颁行，法槌也正式成为中国法官法庭活动的必备道具。在我国法槌构造上，槌体上既刻有象征传统司法的独角兽獬豸形象，又刻有象征着新时代司法体制的麦穗齿轮形象。这一构造融会了传统司法文化与当代司法精神。"仪式把守着神圣的大门，其功能之一就是通过仪式唤起的敬畏感保留不断发展的社会必不可少的那些禁忌；仪式，换句话说就是对神圣的戏剧化表现。"①法官使用法槌的司法仪式，其意义不仅仅在于便利而有效率地维持法庭秩序，更为重要的是，法槌敲响的整个过程实质上是司法统治关系的宣示过程，有助于唤起人们的司法敬畏感，使法官及其主持的司法活动具有神圣的戏剧化效果，从而有助于建立人们对法官及其庭审活动的服从。表面上看，法袍、法槌所追求的价值"好像是在除魅的大趋势下的一种反向举动，试图用非理性的手段唤起人民对司法权威的尊重和服从"②。然而，法袍、法槌正是抓住了现代司法的形式理性化运动的疏漏，通过"非理性力量之得"来弥补"形式理性的不足"，对内有助于增强法官自身的职业角色意识和司法权威意识，对外有助于向当事人和社会公众宣示司法的威严，以潜移默化的方式诱导、培育社会对司法的尊重、信任和认同。当然，试图弥补司法形式理性缺憾的法袍、法槌也有可能在适用过程中落入形式主义的窠臼，所以，法袍、法槌也应因地制宜，保持适用的灵活性。比如《人民法院法官袍着装规定》第五条规定：暂不具备条件的基层人民法院，开庭审判时可以不穿着法官袍。这一变通既是对基层司法资源投入的顾及，也是对基层司法受众需求的考量，更是对法袍形式化给法官角色权威带来的可能负面效应的防范。人民法院法官服饰道具的演变象征着不同历史时期国家意识形态对司法与政治关系的定位、对法官角色的期待和塑造，这其中同样经历了一个司法自治性和自治空间不断获得认同和提升的过程。

---

① ［美］丹尼尔·贝尔：《资本主义文化矛盾》，赵一凡等译，三联书店 1989 年版，第 192 页。
② 贺卫方：《从惊堂槌说到法庭威仪》，载《人民法院报》2002 年 1 月 25 日。

第三章　司法程序的意识形态之维

程序之于法律而言处于心脏部位，无程序便不法律。① 法律的发展一定意义上是法律程序的发展，程序的进步一定意义上标志着法律的进步。法律程序是人们从事法律行为、作出法律决定时必须遵循或履行的法定时限和时序、方式和关系。② 司法审判程序是最重要而典型的法律程序。③如果说法律的创制、执行与适用均讲究程序，那么，比较而言，司法尤其讲究程序精神。司法讲究程序不仅合理建构了司法过程，而且有机地连接了司法主体及其司法裁判，程序是完整的司法制度及其运作的基本部件。从主体的角度来讲，程序总是与特定主体及其特定目的相关，作为主体的人是程序的构造者、程序过程的参与者和程序结果的受益者。程序因人而设，并为人所用，因此，程序的创设和运作渗透着主体的价值与需要，是主体价值与需要的实现方式。司法程序是主体的实践活动，体现为主体之间的关系，司法程序的性质及其变动均取决于主体的现实需求和价值选择。不同程序模式与类型的差异根本上是主体基于物质生活条件所提出的价值诉求的差异，在现实性上，受制于主体所分享或信奉的意识形态，尤其是受到主流意识形态的深刻影响。从结果的角度上来讲，程序实践最终导致或体现为一定的价值追求结果，程序结果以程序实践为前提或条件。综合来看，"程序首先服从和服务于主体的意志和要求，直接以主观的程

---

① See Harold J. Berman, William R. Greiner, The Nature and Functions of Law, The Foundation Press, 1980, p. 27.

② 参见孙笑侠：《程序的法理》，商务印书馆 2005 年版，第 15 页。

③ 参见季卫东：《程序比较论》，载《比较法研究》1993 年第 1 期。

序结果来观照程序行为，并力图使主观结果与客观结果相契合"①。正因此，作为形式的程序又不仅仅是形式，司法"程序，不是纯粹的形式，它是各种矛盾的交汇点，是国家政策的接合处，是人类思想碰撞的火花"②。诚如卡佩莱蒂敏锐指出的，"一旦诉讼法学家明白到，任何法律技术本身皆不是目的，没有任何法律技术在意识形态上是中立的，那么，对民事诉讼的意识形态基础、哲学背景以及社会政治影响进行研讨就是必不可少的"③。司法程序有着一个意识形态的考察视角，不同的意识形态塑造了不同的程序观念进而决定了程序制度设计的差异。④

第一节　司法程序演化的意识形态表征

在历史文化演变的语境中，司法程序具备怎样的品质和地位，司法受众给予怎样的评价和期待，司法程序又如何在司法与受众之间确立支配服从的统治关系，这都将打上深深的文化和意识形态的烙印。在意识形态视野中，司法程序的整体格局和面貌深深植根于一国一社会的诉讼文化之中，特定历史时期的司法程序在一定意义上是对特定社会政治背景中价值理念的表达和诠释。正是特定诉讼文化中的价值理念影响了人们对司法程序的整体认知和评判，进而决定了司法程序的制度构造及其运行状态。

一、从传统到现代：司法程序变迁的意识形态动力

在世界范围内，前现代社会的法律是压制型的，司法程序也渗透着权力主义理念，具体的程序制度和规范表现为神明裁判、秘密主义、书面主

---

① 肖建国：《民事诉讼程序价值论》，中国人民大学出版社 2000 年版，第 22 页。

② ［意］卡佩莱蒂等：《当事人基本程序保障权与未来民事诉讼》，徐昕译，法律出版社 2000 年版，第 143 页。

③ ［意］卡佩莱蒂等：《当事人基本程序保障权与未来民事诉讼》，徐昕译，法律出版社 2000 年版，第 138 页。

④ 参见［美］达玛什卡：《司法和国家权力的多种面孔》，郑戈译，中国政法大学出版社 2015 年版，第 125 页。

义、法定证据等内容，这些内容不同程度地反映了程序中压制因素的主导地位。

自由主义理念崛起以来，程序理念发生了重大变化，程序制度设计也由此变化，权力受到压制，而曾被压制的程序逐渐有了较大的自主空间。在古典自由主义时代，奉行最小国家、守夜人国家的理念，理想的法院便是管得最少的法院，司法程序由当事人主导和控制。"在 19 世纪古典自由主义背景下，自由成为程序的内在精神，程序进行遵循自由主义理念，以绝对的辩论主义、处分权主义、公开主义、言词主义、自由心证主义为理想范式的程序自由主义达到巅峰。"①当然，在较为温和一点的有限政府理念所设计的程序版本中，法院在诉讼程序上所行使的职权有所增进。近代以来，程序自由理念在英美法系国家一直居于支配性地位，而在欧洲世界，尤其是在民事诉讼领域也日益展现出较强的自由主义理念，这给诉讼程序机制带来了深刻的变化，程序自治、公开、平等现代权威程序观念得以确立。

到了 19 世纪末，西方资本主义进入垄断阶段，面对保守主义、功利主义、社群主义等思潮的激烈批判，古典自由主义一统天下的局面终结了，自由主义面临革命。二战以后，自由主义又以崭新的面目得以复兴。从古典自由主义到复兴自由主义，在自由主义意识形态的这一变迁背景下，程序自治与程序权滥用、程序公正与实质正义等矛盾不断凸显。为了解决这些现实难题，程序中的职权主义和压制的因素再次抬头，但是，似乎死灰复燃的国家干预主义与程序自由理念并非是水火不容的关系，"法官权力的扩张并不一定与对当事人的保障相冲突……相反，它将强化程序公正和判决的准确性"②。两大法系国家均出现了干预与自由再度遭遇的潮流，这一潮流旨在兑现的是新形势下司法效率与公正的兼顾理念，其背后则反映

① 徐昕：《程序自由主义及其局限——以民事诉讼为考察中心》，载《开放时代》2003 年第 3 期。

② ［意］卡佩莱蒂等：《当事人基本程序保障权与未来民事诉讼》，徐昕译，法律出版社 2000 年版，第 52 页。

了司法程序中当事人主义与法官职权主义观念的博弈和平衡，也就是说，处理干预与自由的关系，不是在当事人主义与职权主义两个极端之中择其一，而是在两者之间的某处进行选择。①

"二战"以后，在西方兴起的福利国家思想则给现代司法程序带来了全新的冲击。福利国家思想的核心观点认为，"一方面要求承认和强化个人的自由和自主权，但另一方面为让新的'社会权力'交给大众，需要'积极国家'这种思想"②。福利国家理念推动着自由法治国向福利法治国的转变，在个人与社会关系上则体现为从个人本位向社会本位的转变，在价值诉求上体现为个人自由与社会正义之间的协调，"事实上，当事人主义诉讼与纠问式诉讼之间所产生的全新冲突，只不过是我们时代主要挑战的一个方面，即协调个人自由与社会正义之间的关系"③。福利国家理念及其运动向现代司法程序提出空前的挑战和要求，现代司法程序由此发生了深刻的变革。民事诉讼中小额程序的出现集中代表了这种剧烈的变革，比简易程序还简易的小额程序正是因应福利国家理念而生的。小额程序乃至小额法院在世界范围内的出现，代表着现代诉讼程序构造的一种突破或生长，"当事人价值追求的多元化、纠纷类型的多样性、司法资源的有限性等因素"④是传统诉讼程序变革的现实压力，"低成本和高效率"、接近正义等价值取向为小额诉讼程序提供价值论证，⑤ 这种价值论证在宏观上又受到潜隐其后的上面述及的福利国家理念与福利法治意识形态的价值指引和推动。换言之，小额程序是福利国家意识形态的整体图景中关于现代司法程序的价值反思、功能重构、模式安排和制度设计的一个必然结果。

---

① 参见[意]卡佩莱蒂等：《当事人基本程序保障权与未来民事诉讼》，徐昕译，法律出版社 2000 年版，第 53 页。

② [意]卡佩莱蒂编：《福利国家与接近正义》，刘俊祥等译，法律出版社 2000 年版，序言第 2 页。

③ [意]卡佩莱蒂等：《当事人基本程序保障权与未来民事诉讼》，徐昕译，法律出版社 2000 年版，第 140 页。

④ 齐树洁：《小额诉讼：从理念到规则》，载《海峡法学》2013 年第 1 期。

⑤ 参见范愉：《小额诉讼程序研究》，载《中国社会科学》2001 年第 3 期。

要对司法程序从传统到现代的粗线条描绘再作一更抽象的概览的话，可以说，这是一个从压制型程序到自治型程序再到回应型程序的变革过程，这也是一个程序与权力、政治、道德特别是意识形态的关系构建与重建的过程。

二、从弱程序到强程序：中国故事的意识形态解释

（一）传统中国司法低程序化的无讼理念

传统中国司法诉讼活动的非程序化、低程序化特征明显，尽管不乏程序性规则，清代的程序化甚至达到一定的高度，但是，总体来讲，低程序化是中国传统诉讼文化的一个重要特质。① 非程序化、低程序化的司法运作取决于重实体、轻程序的司法制度设计，而程序意识的淡漠与匮乏又根本上是由无讼、息讼的意识形态所造就的。

"从总体上看，中国传统诉讼文化的价值取向以'和谐'精神与'无讼'理想为总原则；在其总原则之下，又有四个具体的价值取向：一是维护'秩序'，二是贯彻伦理纲常，三是漠视权利，四是'厌讼'、'贱讼'之诉讼心理与'息讼'之诉讼趋向。"②在观念基础上，无讼的诉讼价值取向，一方面根植于家国一体的社会结构，国是放大的家，家是缩小的国，国民之间的纠纷就应该像家庭纠纷一样主要通过调解等手段来彻底化解。在行政兼理司法的体制安排下，法官是父母官，"父母官诉讼"形象地体现了无讼的价值观。另一方面，无讼观还有着更为深刻的崇尚自然、追求和谐的文化渊源。因为"法自然、尚和谐"，所以"求无讼"。③ 在具体实践上，无讼

---

① 参见胡旭晟：《试论中国传统诉讼文化的特质》，载《南京大学法律评论》1999年春季号，第118页。

② 胡旭晟：《中国传统诉讼文化的价值取向》，载《中西法律传统》2002年卷，第168页。

③ 参见张中秋：《中西法律文化比较研究》，南京大学出版社1991年版，第322~328页。

价值观实现的基本模式是"礼法结合、德主刑辅"。这一模式不仅给予国家立法以明确价值指引，即强调实体规则至上、实质正义主导，还直接在司法诉讼领域展现为以息讼、止讼为宗旨的调处模式。"如果说无讼是中国古代政治与法制建设的价值取向，那么调处则是实现息讼、无讼的重要手段之一。"①调处息争被视为"中华民族亘贯古今、最具生命力，也最为世界所注目的法律传统"②。由此，无讼理所当然地成为官府司法办案的根本价值立场和追求。"由于官方积极推崇息讼，因此，许多司法官吏总乐于挖空心思地使用各种息讼之术。"③传统诉讼文化中息讼止讼之技术堪称发达，俨然形成了一个体系，其中包括：拒绝术，即不予受理；拖延术，受理后久拖不决；教化术，进行道德劝谕；设罪查办术，以教唆词讼罪，对鼓励他人诉讼或私自代拟诉状的进行法办；重费繁制术，设计繁琐、严格的审理程序，增加当事人成本。④ 正所谓"上有所好，下必甚焉"，在官方的息讼、止讼的技术与艺术面前，民众的选择大概只能是惧讼、厌讼了。⑤无论是刑事诉讼还是民事诉讼，当事人都要承受肉体与精神上的双重痛苦，金钱、时间、尊严等成本过高，诉讼机制无形中拒人于千里之外。围绕诉讼的定位及其运作，官民之间的这种文化性互动共同营造了整个社会耻讼、贱讼的司法文化。耻讼、贱讼意味着，在认知上，诉讼是被贬低和

---

① 张晋藩：《中国法律的传统与近代转型》，法律出版社1997年版，第283页。

② 胡旭晟：《解释性法史学——以中国传统法律文化的研究生为侧重点》，中国政法大学出版社2005年版，第331页。

③ 李游：《和谐社会的司法解读：以中西方司法传统的演变为路径》，法律出版社2013年版，第100页。

④ 参见马作武：《古代息讼之术探讨》，载《武汉大学学报（哲学社会科学版）》1998年第2期。

⑤ 当然，已有确切的研究表明，两宋以降，尤其是明代以后，民间社会百姓"健讼"现象也是客观存在的，甚至是广泛存在的，这与无讼、息讼的官方话语形成鲜明对比，然而，无讼的理想或主导价值对于现实的健讼总体上是持否定态度的，健讼现象真实反映了百姓复杂的诉讼心理和程序意识，但并不能一概否定百姓厌讼、惧讼的诉讼心态。参见赵晓耕、沈玮玮：《健讼与惧讼：清代州县司法的一个悖论解释》，载《江苏大学学报（社会科学版）》2011年第6期；邓健鹏：《健讼与息讼：中国传统诉讼文化的矛盾解析》，载《清华法学》2004年第1期。

排斥的活动；在评价上，诉讼则被取消道德正当性。① 在一般人观念里，"诉讼是道德沦丧的结果；一个人的道德越坏，就越喜欢打官司；一个地方、一个社会的普遍道德水平较低，那里肯定就会多讼"②。不仅诉讼被贬义化，与之相关的话语也被殃及。"中国古代大凡描述'诉讼'活动及诉讼参与者的词汇几乎都是贬义的。比如'滋讼'、'聚讼'、'兴讼'、'健讼'、'好讼'、'讼棍'、'讼师'、'好讼之徒'、'讼学'、'讼术'、'讼辞'、'包揽词讼'等。"③

无讼的意识形态取向与息讼的制度设计之下，诉讼机制被边缘化，居于主导地位的是私了、调解等纠纷解决方式；程序规则的独立意义也被剥夺，程序与实体不分、混杂且实体规则至上；程序公正的独立价值遭到否定，实质合理性与实质正义成为优先诉求；程序运作之于司法权威支配的作用也大大降低。诉讼机制与诉讼程序的整体地位现实地决定了司法程序权威的缺乏。展开来看，程序弱化、程序权威缺乏的首要表现为：一是不注重程序法，此谓"重实体、轻程序"，程序附庸于实体之中，程序未独立也未分化。在清末变法之前，不仅诉讼法典缺乏，而且程序性的规定在传统法制中所占比重也极小。二是程序内容不完整、不合理。程序内容支离、模糊，案件调查、事实认定方面均缺乏程序可循。程序服务于或服从于法官，而缺乏对当事人的关注也缺乏当事人的参与。④ 三是不区分程序类型，未对民事程序与刑事程序作出明确而合理的区分，尽管早在周代就有狱、讼之分，但是，传统中国各种诉讼活动适用的程序基本上是刑事程序。四是庭审程序简陋且不被严格遵循。大量"州县自理案件"基本上是通

---

① 参见黄宗智：《民事审判与民间调解：清代的表达与实践》，中国社会科学出版社 1998 年版。

② 范忠信、郑定、詹学农：《情理法与中国人》，中国人民大学出版社 1992 年版，第 169 页。

③ 胡旭晟：《中国传统诉讼文化的价值取向》，载《中西法律传统》2002 年卷，第 191 页。

④ 参见魏晓娜：《刑事正当程序原理》，中国人民公安大学出版社 2006 年版，第 344 页。

过调处方法来解决的，调处模式不仅架空了庭审程序，其本身也缺乏应有的程序，"由州、县主持和参与的调处息讼构成了中国传统社会实际司法审判生活的主要画面，而对于这种最经常的法庭调处，当时的法律恰恰没有规定它的程序"①。实践中的调处方法可谓五花八门。立法上不注重程序设计，司法上不严格遵循程序，审判中不讲程序，调解中也不讲程序。在官府与社会、法官与当事人之间，程序不能得到认真对待，程序权威无从谈起。可以说，在传统中国司法中，司法程序不仅在客观上缺乏正当性标准，即缺乏使得司法裁决或裁决制作过程更为公平的能力，也缺乏主观的程序正当要件，即程序的参与者或观察者无法对程序产生正面的正当感受，这便决定性地宣告了程序权威的缺乏。

(二)现代中国司法程序追求的主义调适

现代中国司法程序由弱变强，走向权威程序之路伴随着一个实体与程序关系的理念调适与平衡的进程。在民事诉讼领域中，20 世纪 90 年代以来，我国民诉程序与实体关系的格局开始发生历史性转变，这一转变归结为一个核心要点，那就是，除工具性价值之外，程序的独立价值一面逐渐被承认并受到重视。这一转变以程序法治意识、程序正义需求和程序价值理念的萌发、确认和认同为文化基础。一是，法治的程序之维得以发掘，程序与法治的关系获得更为辩证的认识，从而提升了程序在法治实现中的地位与功能。二是对程序问题的注目更多的是缘于内在而真实的程序需求，随着社会纠纷日益多元、复杂，案件数量不断增长，人们对程序规则的需求日益提升，既有的程序规则难以应付，供不应求之下，程序法的修正、创制成为当务之急。三是要归功于法制现代化过程中程序的独立价值理念的引入，这一理念学说引发了一场程序正义的头脑风暴，从而破开了实体正义一统天下的局面。正是在这样一种法治文化转型的背景下，人们

---

① 胡旭晟：《试论中国传统诉讼文化的特质》，载《南京大学法律评论》1999 年春季号，第 1189 页。

开始深入反思实体与程序的关系问题。将程序与实体的关系定位为形式与内容、手段与目的的主从论逐渐被同等并重论代替，同等并重意味着"在认识观念上，人们已由程序依附于实体的附庸论转向程序与实体并重论"①，从而将程序解放出来、独立出来。还有一种走得更远的阶位论则认为，"从历史上看，法律首先是从程序法发展起来的，后来才有实体法。从逻辑上说，实体法是作为下位阶梯的法，而实现实体法的诉讼法则属于上位阶梯的法。两者的综合就是审判"②。当然作为一种矫枉过正的解说本身也遭到批判。不管阶位论的前途如何，我们可以看到，程序已经走出附庸地位，相对独立地与实体在司法过程中发挥其应有的价值。从"主从论""独立论"到"互动论"，③司法程序的地位不断得到提升，司法程序的功能也逐渐受到重视，司法程序不断受到司法机关和司法受众的认同、支持，民事司法程序的权威由此缓慢生长。民事司法程序权威从无到有、从小到大的转变，可以从我国民事诉讼基本模式的转型中一窥究竟。20 世纪 90 年代以前，我国民事诉讼在模式上体现为"国家干预主义抑制处分权主义，法官超职权主义抑制当事人辩论主义，调解万能和程序虚无主义抑制以专业化、规则化和程序化为特征的对抗主义"④。1982 年试行的《民事诉讼法》对这一强职权主义色彩有着鲜明的确认。20 世纪 90 年代以后，民事诉讼进入修法时代，自 1991 年的《民事诉讼法》颁布以来，2007 年进行了部分修改，2012 又进行了全面修订。在 2012 年全面修改过程中，公益诉讼、小额诉讼等新型程序得以增设；立案程序、简易程序、特别程序、审判监督程序、执行程序及涉外程序获得完善；当事人主义因素强化了，诉讼权利保护扩大了，同时，对诉讼秩序的维护和对诉讼效率的提高也加强了。⑤ 纵观我民

①　李文健：《转型时期的刑诉法学及其价值论》，载《法学研究》1997 年第 4 期。

②　潘念之：《法学总论》，知识出版社 1982 年版，第 25 页。

③　霍海红：《程序与实体关系的话语变迁——以中国"民事法"为中心》，载《南京大学法律评论》2010 年秋季卷。

④　江伟主编：《民事诉讼法学》，北京大学出版社 2014 年版，第 44 页。

⑤　参见吴兆祥：《新民事诉讼法出台的背景及其重大影响》，载《中国法律：中英文版》2012 年第 5 期。

诉立法、修法和司法实践，民事诉讼程序改革的一个重要内容就是逐步改变"重实体、轻程序"问题，从客观真实向法律真实、程序真实转变，从对实体公正的过度追求转向对程序公正、程序效益问题的关注，从片面强调程序效益转向程序效益与公正兼顾并重。① 可以说，20 世纪 90 年代之前的强职权主义模式正在向以当事人主义为主、职权主义为辅的诉讼模式转变。这一程序改革与转型不仅催生了民事司法程序应有的权威，而且也逐渐推动着民事司法程序类型的重构。

在刑事诉讼领域，中国刑事司法权威程序的确立同样经历了一场艰辛的诉讼观念及其支配下所形成的模式的变革。当事人主义和职权主义程序结构是当代刑事司法最具代表性的诉讼模式，前者盛行于英美法系国家，后者为大陆法系国家所取用。当事人主义诉讼模式中，程序法备受重视，证据规则占有十分突出的地位，诉讼活动恪守正当程序，保障当事人诉讼权利，侦控审均不得阻碍或限制当事人程序性权利。当事人主义诉讼模式建立在自由价值优先、程序正义优先的诉讼理念上。而在职权主义诉讼模式下，司法机关在司法程序中拥有较大的主动性和职权，当事人程序性保护缺乏刚性约束力，这一结构安排赖以建立的理念基础是：实体对程序的优先、秩序价值对自由价值的优先、惩罚犯罪对保障人权的优先。② "由于单纯地实行职权主义或者当事人主义诉讼构造，都会产生弊病，所以，两大法系刑事诉讼程序之间呈现不断融合的趋势。"③融合的成果是所谓的混合模式，日本的混合式程序构造是这种融合的成功典范。日本的审判程序既重视当事人的权利，注重发挥当事人在证据调查上的积极性，又强调法官的指挥权与决定权，注重行使法院主动调查取证权力。④ 在不同的诉讼

---

① 参见肖建国：《民事诉讼程序价值论》，中国人民大学出版社 2000 年版，第 714 页。

② 参见谢佑平：《刑事司法程序的一般理论》，复旦大学出版社 2003 年版，第 98~100 页。

③ 宋英辉：《刑事诉讼原理导读》，中国检察出版社 2008 年版，第 71 页。

④ 参见李心鉴：《刑事诉讼构造论》，中国政法大学出版社 1992 年版，第 107~111 页。

模式及其构造中，刑事司法程序的价值与功能截然不同，司法程序地位的高低、权威的大小也由此分野。这一世界范围内的诉讼理念及其模式构造的文化差异及其变动也深刻影响了中华人民共和国成立以来的刑事诉讼程序的演化。我国 1979 年《刑事诉讼法》确立的诉讼模式总体上可以概括为强职权主义，与职权主义相比，检察机关的职权更大，被告人的主体地位更低，而裁判权则严重行政化。这种强职权主义诉讼模式的形成一方面受苏联诉讼结构的深刻影响，另一方面又与传统中国纠问式诉讼模式的文化影响有很大的关系。1996 年修改的《刑事诉讼法》总体上削弱了强职权主义因素，相应借鉴了当事人主义诉讼模式的有益经验，被告人地位得到提升，权利得到进一步保障，检察机关的追诉权力则相对弱化，法院的地位变得更为中立，但是，总体上强职权因素仍然大量存留，与当事人主义因素混合在一起，构成我国的刑事诉讼混合模式，在此模式及其理念背景下，我国刑事司法程序经历了巨大的变化。2012 年修改的《刑事诉讼法》进一步平衡了正当程序与控制犯罪的关系，将正当程序提升到与犯罪控制并重的地位，在控制犯罪的手段策略上作了相应的完善，与国际刑事司法准则进行了接轨式创新，职权主义与当事人主义因素在中国刑事诉讼法实践中进一步接触、碰撞和融合。2018 年《刑事诉讼法》修改重点完善了认罪认罚从宽制度，增设了速裁程序规定，协商理念与合作机制得以有机导入刑事司法，刑事诉讼模式的转型势在必行。我国刑诉模式的转型之可行性有着司法文化发展的动因，模式的选择同样应立足于司法文化的同一性与差异性来审慎进行，这便涉及程序改革的国际化与本土化的辩证关系把握问题。从世界范围内的司法文化发展共性来看，强职权主义的退出是历史的必然，因此，我国刑诉模式转型必须与强职权主义作彻底的告别。在集体导向、实体导向、秩序导向的文化传统背景下，以职权主义为底色的混合模式是一个更为妥当的选择。"近年来'职权主义'与'当事人主义'之界逐渐模糊，二者已不再是非此即彼的关系。"①而从刑事诉讼立法、修订演进

---

① 卞建林：《刑事诉讼模式的演化与流变》，载《政法论坛》2019 年第 1 期。

来看，我国刑事诉讼模式"已经从强职权主义走向职权主义和当事人主义相融合的诉讼模式"①。可以说，主义调适推动着刑事司法程序转型，程序转型则滋养着权威程序的生长和发育。

第二节 现代司法的程序意识形态

司法程序的现代角色与意义已然凝结为正当程序理念，正当程序不只是一种程序制度、程序结果，已经成为一种程序主义，"当科学理念、公理、原理作为单纯的理论体系存在时，它们是科学而不是意识形态，一旦这些理论变成一种词尾带有'主义'（-ism）的抽象意义，它们就变成意识形态"②。正当程序业已成为现代司法的程序意识形态。从前文的现实考察来看，作为主义的程序是由各种外部意识形态及其相互竞争所推动和成全的，而就程序意识形态本身来说，它又是一种司法职业性的内在意识形态。司法摆脱隶属依附地位，端赖正当程序所赋予的独立空间，司法保持开放回应，也以正当程序为把手和能量。一定意义上，作为意识形态的正当程序不仅统治着现代司法场域，压制着传统司法的幽灵，而且引领着司法发展的未来。

一、作为理念的正当程序及其内部构造

（一）正当程序理念的发展史

正当程序理念原本是英美法系国家司法的最高理念，后来又渗透到大陆法系国家乃至更广泛的国际社会领域，并对其司法程序变革和发展产生强劲的文化影响力。

先看英美法系国家的情况。英国是正当程序文化的发祥地，正当程序

① 樊崇义：《刑事诉讼模式的转型》，《中国法律评论》2019 年第 6 期。
② ［加］克里斯托弗·霍金森：《领导哲学》，刘林平等译，云南人民出版社 1987年版，第 92 页。

最早在英国的确立与英国独特的法文化传统有着深刻的关联。程序思维一开始便主导了英国法律，相对于程序规则，英国的实体规则起步较晚，"隐蔽于程序法的缝隙之中"①。在英国，正当程序有两条具体规则：一是不做自己案件的法官；二是作出决定前进行听证。不做自己案件的法官是防止个人偏见而非社会偏见或阶层偏见。当然，该原则的适用也有例外情况，即必要原则、权利放弃、成文法创造。必要原则是指找不到合适人选或无法凑足法定人数。"当一个案件将全体法官的利益作为一个整体包含在案件中时，法院就不应受这一原则的约束。"②权利放弃是指当事人明知法官涉及案件利害而放弃异议。成文法创造是指英国议会立法赋予法官审理涉及自身利害的案件，允许利益团体参与审理涉及自己的案件。听证规则要求作出决定前听取受决定影响的人的陈述和申辩。该规则的适用同样也有例外，如当事人无法获得听证告知或故意规避告知的情况。美国的正当程序理念源自英国。相比较而言，英国正当法律程序理念侧重于程序公平，而"美国宪法中的'正当程序'分为'程序'（Procedural）与'实体'（Substantive）两个方面"③。"正当法律程序在美国经历了一个由程序性保障到实质性保障的转化过程。"④程序性正当程序主要指立法、执法、司法程序，涉及程序性权利，禁止政府非经正当程序对公民生命、自由和财产进行剥夺。程序性正当程序所约束的政府权力，最初针对的是联邦政府的权力，后来也包括了对州政府权力的制约。在这里，"判断程序保障到什么程度才算正当，已成为正当法律程序最重要的问题"⑤。实体性正当程序

---

①　[德]K. 茨威格特、H. 克茨：《比较法总论》，潘汉典译，贵州人民出版社1992年版，第341~342页。

②　徐亚文：《程序正义论》，山东人民出版社2004年版，第22页。

③　张千帆：《西方宪政体系》上册·美国宪法，中国政法大学出版社会2004年版，第243页。

④　徐亚文：《程序正义论》，山东人民出版社2004年版，第40页。

⑤　叶俊荣：《美国最高法院与正当法律程序：双阶结构与利益衡量理论的演变与检讨》，载焦兴恺主编：《美国最高法院重要判例之研究：一九九〇——一九九二》，"中央研究院"欧美研究所1995年出版，第96页。

则涉及对立法内容进行审查，以保障诸如经济自由和隐私权等实体性权利，"这种意义上的正当法律程序要求联邦和州议会所制定的法律必须符合公平与正义，政府的行政行为受到必要的限制"①。

英美国家的正当程序自 20 世纪 70 年代均呈回落态势，刑事司法中的犯罪控制理念反而得到加强。但是，在文化传统上存在显著差异的大陆法系国家，正当程序却产生了强劲的吸引力和影响力。"欧洲大陆从 19 世纪上半叶起就开始借鉴英美的正当程序，二战以后，这一趋势与国际社会兴起的人权保障潮流相结合，对各国刑事诉讼制度产生了深刻的影响。"②正是在正当程序理念的影响与推动之下，欧洲大陆国家的诉讼制度经历了一个从纠问式到混合式、从犯罪控制到人权保障的转型与变迁，在这一过程中，正当程序理念在经过本土化改造后得以在大陆法系国家生根发芽，并开出不一样的花朵。承载着理想程序价值的正当程序俨然变成了程序正义的别名。与此同时，正当程序还在国际社会范围内高歌猛进，不仅得到了《联合国宪章》《世界人权宣言》《世界人权公约》等国际性法律文件的确认，还得到了《欧洲人权公约》《美洲人权公约》等区域性法律文件的采纳。在正当程序从一国到数国、从简单到复杂、从形式到实质的萌发传播的历史进程中，包括司法程序在内的法律程序在法律实践与法律发展中的地位也实现了从依附到自治、从工具到目的的变换，程序权威观念也由此得到普及和深化。

（二）正当程序理念的制度构造

不同的意识形态塑造了不同的程序理念，程序理念进而支配着不同的程序制度设计。③ 作为理念的正当程序在制度设计与实践运作中又表现为

---

① 徐亚文：《程序正义论》，山东人民出版社 2004 年版，第 77 页。

② 魏晓娜：《刑事正当程序原理》，中国人民公安大学出版社 2006 年版，第 200 页。

③ ［美］达玛什卡：《司法和国家权力的多种面孔》，郑戈译，中国政法大学出版社 2015 年版，第 125 页。

一系列具体的元素和要件。程序何以正当，在早期程序研究者那里，程序正当的标准在于其对实体的实现，比如法律程序研究的开创人边沁认为程序法的价值在于对实体法的实现。也就是说，法律程序是非独立存在的实体，是"一种实现单一价值或目的的最大化的工具"①，因此也就无所谓内在的合理性品质，或者说程序正当与否在于其是否有助于对实体法的实现。自美国学者萨默斯提出程序的独立价值以来，② 程序的内在品质而非外在有用性逐渐成为程序正当的衡量标准。程序正当与否"来自程序本身的、使人感到满意的东西"③。至于这个内在正当品质究竟是什么，则产生了纯粹正义、主体道德、形式正义、人的尊严等诸家不同的说法。例如，萨默斯认为这些正当品质有参与性、正统性、和平性、人道性、人的尊严、人的隐私、合意性、公平性、理性、及时性与终结性等内容；贝勒斯认为有和平性、自愿性、参与性、公平性、可理解性、及时性、止争性等内容；国内学者孙笑侠则将正当程序的内在品质概括为"参与、正统、和平、人道、合意、中立、自治、理性、及时、止争十个方面"④。如果说上述解读总体上属于微观视角的话，那么，从较为宏观的角度来看，即将上述程序正当品质置于司法运作过程中来看待，司法正当程序应具备对立面与决定者、信息和证据、对话、结果等几个结构性要素。对立面是因纠纷而在立场利益上对立冲突的双方，是司法程序得以启动或存在的前提；决定者是居中解决纠纷冲突的第三方，是司法程序的主持者和指挥者；信息与证据是对立面主张或诉求的根据，也是决定者作出决定的依据；对话是对立面在决定者主持下围绕信息与证据而展开的交涉，或论或驳，举证与质证等活动；结果是决定者在对立面围绕信息与证据的交涉基础上对纠纷

---

① ［美］迈克尔·D. 贝勒斯：《法律的原则——一个规范的分析》，张文显等译，中国大百科全书出版社 1996 年版，第 32 页。

② 参见陈瑞华：《通过法律实现程序正义——萨默斯"程序价值"理论评析》，载《北大法律评论》第 1 卷第 1 辑。

③ ［美］迈克尔·D. 贝勒斯：《法律的原则——一个规范的分析》，张文显等译，中国大百科全书出版社 1996 年版，第 32 页。

④ 孙笑侠：《程序的法理》，商务印书馆 2005 年版，第 107 页。

冲突的最终判断和裁决。① 动态地看，司法正当程序意味着：一是要进行角色分派，程序活动是纠纷双方和法官的合唱而非法官或别的主体的独奏；二是要阻隔对裁判结果的提前考量，防止偏见和先入为主，在司法结果未知的前提下保证对立面的自由选择。正当程序中，"重点不是决定的内容、处理的结果，而是谁按照什么手续作出决定的问题的决定。简单地说，程序的内容无非是决定的决定而已"②。三是要有看得见的正义，正当程序通过直观的公正来支持决定或结果的妥当性，即通过透明公开的程序公正来实现和保障实体公正。四是要保证各方平等地参与沟通，充分地交涉对话，通过参与讨论、辩论、说服、妥协，最终达成合意。五是要求形式合理性，程序的首要意义在于其形式合理性，正当司法程序以形式合理性为首要追求，这种合理性有其相对独立的标准和可信度。上述关于正当程序具体衡量标准的微观静态和宏观动态的解读又可以从不同的学说立场解析为三种视角，即自然法、功利主义与法社会学，其中，自然法理论视角更关注程序的正义，功利主义更关注程序的效益，而法社会学更关注程序结果的可接受性。③ 不同的研究立场、方法及其具体结论为我们描绘了正当程序之正当的全景式画面。综合来讲，我们可以说，司法正当程序首先需要在程序品质上具备和平、理性、参与、中立、尊重等正当因素，这是程序正当赖以产生的客观基础；其次，需要在程序价值诉求上兼顾人权与效益原则；最后，需要获得司法受众的承认和服从。

二、程序意识形态的两种风格及其发展

正当程序理念在与法律实体的角力过程中演绎出了一些不同的类型或风格，这便是程序本位主义与程序相对工具主义。两种主义所代表的两类

---

① 参见孙笑侠、应永宏：《程序与法律形式化——兼论现代法律程序的特征与要素》，载《现代法学》2002 年第 1 期。

② 季卫东：《法治秩序的建构》，中国政法大学出版社 1999 年版，第 21 页。

③ 参见魏晓娜：《刑事正当程序原理》，中国人民公安大学出版社 2006 年版，第 320 页。

现代司法程序构造模式反映了两种富有微妙差异的现代程序意识形态立场，也塑造了两种不同的程序权威类型。

（一）程序本位主义及其发展

程序本位主义理论认为，程序的正当性应从程序自身得到证明，而不是从程序作为手段对结果的实现能力角度来论证，也就是说，程序具有独立于结果的内在价值，程序正当权威的评价标准在于其本身是否具备一些内在品质或内在德性，而不是其作为手段或工具是否有助于结果或目的的实现。自罗尔斯、萨默斯、贝勒斯就程序本位主义理论所作出的开创性贡献之后，该理论进一步分化为源于结果的程序本位主义和源于程序的程序本位主义两个支流。美国学者蒂鲍特和沃克认为，实现程序正义的最佳路径是由争议冲突的双方当事人主导的程序。由居中的法官来主导程序则很可能忽略当事人的个人化信息，从而导致对事关当事人个人特征的事件的错误解释并进一步导致作出忽略当事人个人状况的裁决；而由当事人来控制程序之时，裁决所依据的证据由最熟悉个人化信息的当事人提出，可以有效避免法官主导程序时所出现的上述问题。① 这就是所谓的源于结果的程序本位主义理论。作为一种反思和批判，美国学者林德和泰勒提出了另一种程序本位主义，即源于程序的程序本位主义。在他们看来，将当事人对程序的控制程度作为程序正义的评价指标是结果导向的。按照这种理论，程序正义似乎只存在于审判程序之中而不存在于调解程序中。由此，两人提出过程导向的程序本位理论，认为程序正义的提升和实现有赖于高度控制过程中的表达自由。无论是调解程序还是审判程序，只要当事人拥有表达自由和机会，则有利于提高程序公正。"如果说蒂鲍特和沃克的'结果本位'理论能够解释当形成决定的程序允许受其结果影响的人参与时，其形成的结论更容易被接受这种现象的话，那么林德和泰勒的'过程本位'

---

① 参见戴桂洪：《中国行政程序法制现代化》，南京师范大学出版社 2008 年版，第 115 页。

理论则揭示了如果程序是公正的那么即使是那些由此程序而得到不利结果的人也会更乐于接受这一结果，以及如果程序不公正那么即使因此程序而得到有利判决的人有时也会感到不满的原因。"①当然，程序本位主义理论的结果导向与过程导向之间并非截然对立，而是可以进行统一综观。美国学者韦斯曼对此作出了努力，他认为，程序本位强调程序的内在价值，其论证路径一是强调程序独立于结果的价值，二是强调程序为结果提供正当基础。程序独立于结果的价值表现为程序为当事人提供的表达自由和人性尊严；程序正当化结果的价值不是指用结果来评价程序正当与否，而是指程序有可能使程序参与者和观察者对结果产生正当化感受。程序独立于结果的价值与正当化结果的价值之间不是泾渭分明的，程序正义既可能为人们提供一个让人成为人的程序，又可能为最终的结果提供正当性基础。当事人在程序中受到尊重并进行充分的表达，进而才可能让裁决结果令当事人满意并为他们所接受，在此，两者被结合起来。② 由此可见，程序本位主义的程序权威把支配与服从关系建立在当事人参与，其中并获得充分表达自由从而增强裁判结果满意度的程序之上。

(二)程序相对工具主义及其立场

程序相对工具主义则是程序绝对工具主义理论发展到 20 世纪七八十年代的理论革新。所谓程序绝对工具主义实际上就是结果或实体本位主义，该主义"把程序的工具性和手段性强调到极端"。③ 该理论的代表性阐释者英国边沁认为，"程序法的唯一正当目的就是最大限度地实现实体法"④。程序意识形态当然无法容忍这种视程序为纯粹手段的极端立场，程序相对

---

① 戴桂洪：《中国行政程序法制现代化》，南京师范大学出版社 2008 年版，第116~117 页。

② 参见樊崇义等：《正当法律程序研究——以刑事诉讼程序为视角》，中国人民公安大学出版社 2005 年版，第 127~130 页。

③ 陈瑞华：《程序正义理论》，中国法制出版社 2010 年版，第 50 页。

④ Gerald J. Postema, The Principle of Unility and the Law of Procedure: Bentham's Theory of Adjudication, Georgia Law Review, Vol. 11, 1977.

工具主义是对这一极端立场的一种松动或调整，其基本做法是在程序与实体的关系格局中为程序腾出自主的空间和位置。程序相对工具主义认为程序既有着作为目的之手段的工具性价值，也担当着一些独立的价值。[①] 在程序相对工具主义视野中，兼备工具理性与目的性价值的司法程序才具有正当性，在增强裁判结果方面的有用性与对自身承担的目的性价值的实现作为一种合力成就了权威的司法程序。

（三）程序意识形态两种风格的差异

程序绝对工具主义是正当程序理念所反对的，其间，程序没有独立的位置，程序与结果的关系严重失衡。程序相对工具主义是正当程序理念所能够接受的，其间，程序与实体交叉互动，且程序不因这种互动而丧失自治和自主的空间。程序本位主义无疑在处理程序与实体的关系问题上把重心放在程序上，突出程序自治的重要性，但是，也并没有完全否定程序与实体之间的手段——目的式联系。为具象地体会程序主义的不同风格及其差异，我们可以检视一下各种诉讼程序模式。

下面，结合刑事司法程序的模式来考察。美国学者赫伯特·帕克较为成功地建构了刑事司法的两个理想模式，即在《刑事诉讼的两种模式》中提出的犯罪控制模式和正当程序模式。[②] 在帕克看来，"犯罪控制模式视野下的刑事诉讼就像一个由警察和检察官操纵的高速的装配线传输带……而正当程序模式则更像是障碍赛跑"[③]。犯罪控制模式立足于保护社会安全福利的团体主义理念之上，这是一种集体导向、秩序导向、效率导向的程序结构，信任并授权给国家机关较大的能动权，"整个刑事诉讼程序，从侦查、逮捕、起诉直至审判，应当成为快速的流水作业程序"[④]。而正当程序模式

---

① 参见陈瑞华：《程序正义理论》，中国法制出版社 2010 年版，第 55 页。

② See Herbert Packer, Two Models of the Criminal Process, 113 U. Pa. L. Rev., 1964.

③ ［加］肯特·罗奇：《刑事诉讼的四种模式》，陈虎译，载《刑事法评论》2008 年第 2 卷。

④ 宋英辉主编：《刑事诉讼原理》，法律出版社 2003 年版，第 231 页。

则崇尚个人主义、自由与人权保障，这是一种个人导向、人权导向、公正导向的程序结构，注重对被告人权利的保障和对国家机器权力的制衡，"与犯罪控制模式的流水作业程序相反，这一模式是跨栏赛跑（障碍竞赛）式的程序"①。两种模式的深刻差异在于其背后的价值理念，正当程序型建立在自由主义理念上，犯罪控制型则建立在集体主义或家长式统治上。②前者展现的风格是程序本位主义，而后者体现了程序工具主义色彩。帕克显然是以传统的自由主义理念来设计正当程序模式的，将个人利益与国家利益、社会利益视为冲突性力量，要求保护个人权利，限制国家权力。约翰·格里菲斯正是在批判帕克的对抗式诉讼体制及其自由主义和回应型国家意识形态的基础上提出了家庭模式。③ 格里菲斯认为，帕克的两个模式实际上属于一个模式，即斗争模式，它将国家与个人的关系定性为相反相对立的关系，其力量对比要么是权力主导，要么是个人主导，由此，司法程序也便分野为崇尚国家权力的犯罪控制型和张扬公民权利的正当程序型两极。与此相对，家庭模式提出"应尽少强调被告和国家之间的角色冲突和对抗关系，而应更多地关注加害者、被害人、他们的家庭以及所属社会之间的和解"④。格里菲斯实际上提出了一个不同于帕克的意识形态出发点，即刑事诉讼程序中国家与个人之间是一个像家庭一样的爱的共同体，双方利益是相辅相成、可调和的。⑤ 那么，格里菲斯所说的这种家庭意识形态究竟意味着什么，以及会给诉讼程序设计带来怎样不同的价值指引呢？首先，家庭模式视野下，犯错的孩子要受到父母的惩罚，但是犯错的

---

① 宋英辉主编：《刑事诉讼原理》，法律出版社 2003 年版，第 231 页。

② 参见李心鉴：《刑事诉讼构造论》，中国政法大学出版社 1992 年版，第 48~54 页。

③ See John Griffiths, Ideology in Criminal Procedure or a Third "Model" of the Criminal Process, Vol. 79, No. 3, YALE L. J. 1970.

④ ［加］肯特·罗奇：《刑事诉讼的四种模式》，陈虎译，载《刑事法评论》2008 年第 2 卷。

⑤ See John Griffiths, Ideology in Criminal Procedure or a Third "Model" of the Criminal Process, Vol. 79, No. 3, YALE L. J., 1970.

孩子并未成为敌人，父母的惩罚也不是对孩子的敌视，爱的关系或状态是始终的。这对已往人们关于罪犯及其犯罪的观念是一个巨大挑战。其次，家庭模式下，政府官员的惩罚权力就像父母的权力一样，是值得信任的。刑事程序中的国家角色是在履行应尽职责，也能够运用其最佳判断。由此，国家权力就不是特别需要防范或控制的恶。进而，家庭模式对辩护律师的角色定位也由与国家针锋相对型转变为与国家协作的建设型。家庭模式并非程序乌托邦，在青少年犯罪及少年司法中具有十分典型的现实操作意义。家庭意识形态把基于自由主义理念的两种模式之间的紧张关系缓解了，同时将司法程序涂抹成了一种协作的风格，以区别于以往程序中的自治与压制之间的斗争风格。加拿大学者肯特·罗奇对上述模式理论进行批判综合，提出了被害人权利的两种新模式理论，即"着眼于刑事制裁和惩罚的被害人权利的惩罚性模式和强调犯罪预防和恢复性司法的被害人权利的非惩罚性模式"[1]。前一模式"指向审判、上诉和刑罚，从而得以保留了犯罪控制和正当程序的总体方向"，后一模式"象征着通过家庭和社会的共同努力而达成的成功的犯罪预防和恢复性司法"[2]。从帕克的创见到格里菲斯的挑战再到罗奇的综合，刑事程序模式之理想类型的建构根本上是基于不同的或调适的程序意识形态出发点。各种刑事诉讼程序模式的根本差异在于它们在刑事诉讼关系主体之间的价值安排和诉求不同，在处理程序与实体的关系上给出的方案的差异，这些差异又基于不同模式理论所提出的现实背景。

三、程序意识形态的两个对手及其分野

从历时性上讲，正当程序意识形态首先是在与传统型程序理念及其制度的斗争中逐渐确立其在现代司法场域中的统治地位的。从共时性上讲，

---

[1]　[加]肯特·罗奇：《刑事诉讼的四种模式》，陈虎译，载《刑事法评论》2008年第 2 卷。

[2]　[加]肯特·罗奇：《刑事诉讼的四种模式》，陈虎译，载《刑事法评论》2008年第 2 卷。

正当程序意识形态不仅要应对传统型程序的回潮，还要正视法外程序的挑战。由此，程序意识形态的生命力就不仅体现在自我内部建设，还要竭力对传统程序和法外程序展开斗争。

（一）程序意识形态与传统型程序的分野

传统型司法程序是程序意识形态的第一个对手。正当程序在性质与价值上都与传统型程序拉开距离，要对后者进行文化反思、批判和超越。首先，是在程序独立性方面的超越。传统型程序的独立性不足，程序作为实体的工具而存在，没有独立的价值与目的。"实体法的目的，同时就是程序法的任务，是否设计、如何设计程序规则，都以实体法任务能否顺畅完成为转移；相应地，是否适用、如何适用程序规则也要考虑是否有利于实体法任务的完成。"①而正当程序的显著标志在于自我独特的目的和价值，这种目的与价值不仅不是实体法所能替代的，而且有时甚至需要对实体法进行必要的限制才能达成。其次，是在程序理性化方面的超越。传统型司法程序的实质合理性的取向十分明显，事实裁判不必然以证据为基础，裁判也没有说理的普遍性要求，程序的效率性未得到足够重视。而正当程序首先要求满足形式合理性，裁判必须以证据为基础，证据的确信建立在举证、质证、辩论活动上，要求充分的裁判说理，要求将诉讼公正与效率紧密结合起来，力求浪费最小化、效果最大化。② 再次，是在程序公正性方面的超越。传统型程序往往是实体公正导向的，其程序公正性低，缺乏裁判中立、当事人参与、程序公开等公正性要素，而正当程序首先强调程序公正，同时还强调程序公正与实体公正的结合。最后，是在程序参与性方面的超越。传统型程序中，当事人无法充分参与程序，甚至被当作程序客体，诉讼运行很少受到当事人意志影响，而在正当程序之中，当事人作为程序主体能够充分参与程序活动，拥有程序主导权、程序监督权。

---

① 左卫民、周长军：《变迁与变革——法院制度现代化研究》，法律出版社2000年版，第73~74页。

② 参见季卫东：《程序比较论》，载《比较法研究》1993年第1期。

（二）程序意识形态对法外程序挑战的应对

程序意识形态的确立和发展还要面临来自所谓法外程序的挑战。法外程序，相对于法定程序或正式程序而言，指涉那些未被正式法律确认、未向外界公布但却为司法机关内部实际通行和认可的办案程序，属于司法潜规则或司法软法的范畴。广义上的法外程序可以一分为二：一是没有法律依据，但是有其他规范性文件的依据的程序，如存在于司法解释、行政解释、党委政法委章程文件中的办案程序；二是完全缺乏规范形式，非成文且具有隐秘性，作为一种司法惯例存在的办案程序。① 这里主要从第二个层面谈法外程序，它们是未受法律和司法解释等规范确认的办案程序，有文件的形式也有惯例的存在形式。如果说法定程序或正式程序是显性程序，具有法律效力而公之于众，是看得见的程序，那么，法外程序就是隐形程序，是看不见的程序，虽以潜规则的形式存在，但其生命力却是顽强的，虽无法律效力而在司法过程中切实发挥作用，不仅影响正式程序运作，而且可以影响实体结果的产生。就其外观表现，有学者认为我国司法领域存在的案件审批程序（承办法官或合议庭就案件裁判结果向庭长、院长层层报批审核签发）、案件请示程序（下级法院就案件实体或程序问题请示上级法院）、联合办案程序（由党委政法委牵头的公检法机关三长会议联合办案）等一定意义上讲属于法外程序的范畴。② 因其"法外"所以较为隐私而不为外部公众所知，因其"程序"所以实际上适用于办案活动，法外程序直接与作为正式程序、法定程序的正当程序发生碰撞。在价值上，法外程序这种单方面性、秘密性、非理性、随机性的程序潜规则对正式程序而言总体上是一种通融、勾兑、挤压、架空甚至是取代。法外程序的实质化必然导致法定程序的形式化。法外程序盛行之时，正式司法程序不仅无法得到司法系统的严格对待，而且无法获得当事人及其社会公众的信任，其

---

① 参见谢佑平、万毅：《法内程序与法外程序——我国司法改革的盲点与误区》，载《学术研究》2003 年第 4 期。

② 参见张萍：《论司法过程中的法外程序》，载《江淮论坛》2016 年第 1 期。

后果必然是挑战司法权威，贬损司法程序权威。因此，程序意识形态在价值上必然要对法外程序进行否定。但是从司法社会学角度来看，应当被价值否定的法外程序何以通行于司法实践甚至得到广泛认可呢？其顽强的生命力表明，不能对其一否了之，必须予以深究。只有深入到法外程序得到滋生和运作的深层背景之中，才有可能发掘其生成奥秘、可能的积极意义并找到应对策略。在成因上，正式程序机制的漏洞或缺失可能为法外程序提供了滋生空间；司法的地方化、行政化或政治化的体制更是决定性地催生法外程序；传统型程序的回潮或反扑为法外程序提供了理念支持；等等。进而，在功能上，可以看出，除了扭曲、变通正式程序的消极一面外，法外程序也并非一无是处。比如，弥补了正式程序的疏漏或滞后问题，从反面推进了正式程序的改造。隐形程序的存在既可能揭露了正式司法程序机制的弊端，也可能为正式司法程序的发展提出信号或方向。所以，程序意识形态应对法外程序的正确策略是，对有意义的法外程序进行改造并转化为正式程序，而对于冲击、扰乱正当权威的不合理的法外隐形程序必须坚决予以取消。

第三节　司法程序认同的意识形态基础

司法程序认同是司法系统与司法受众互动过程中围绕程序而建立的支配服从关系。程序能否获得认同，程序正当性或正当程序是客观基础，但是，程序认同毕竟不是司法系统单方面一厢情愿可成之事，司法受众对程序正当的认知、对正当程序的评价，构成程序认同关系建立的主观基础。程序的参与者与观察者是如何感知和评价司法程序正当性的，这是以往较为忽略或被想当然了的问题。那么，人们是以怎样的标准来感知和评价程序正当问题的呢？人们不是以一张白板的方式去感知和评价程序正义的，业已确立的意识形态观、业已形成的话语表达方式是人们感知评价程序正义的重要依据或参照系。由此，司法程序认同便有着一个意识形态维度的生成基础。

一、程序认同的主观程序正义理论视角

探讨司法程序的公众认同心理，实际上直接将正当程序或程序正义的研究推进到一个主观领域，主观程序正义理论是我们深度窥察司法程序认同的奥秘和规律的一把有力的钥匙。如果说客观程序正义是一种"看得见的正义"，那么主观程序正义就是一种"感受到的正义"。从"看得见"到"感受到"，程序正义的内在构成、实现方式和评价机制等都发生了较大的转换。由蒂波特和沃克首度提出的客观程序正义与主观程序正义之分，开启了对主观程序正义展开跨学科研究的先河。"客观程序正义关注的是一个程序遵守客观的、规范的正义标准的能力，从而使得决定或作决定的过程更加公平。"①对客观程序正义来讲，程序正不正当，客观性标准的确定是至为关键的。例如，从客观视角来看，对抗式程序比纠问式程序更能够消解法官的成见或预判，降低证据展示顺序对一方的负面影响，提升司法决策信息的数量与质量，从而使得裁决结果更为公正。② 相比较而言，主观程序正义则将程序正义视为人类交往互动的心理产物，主张应从人类的主观心理观念层面来回答程序正不正当的问题。主观程序正义的经验实证研究认为，程序正义涉及程序性变化对社会心理的影响，特别是对人们的公平判断的影响。③ 在这里，程序正义转化为主观心理认知和判断的问题。再以对抗式和纠问式程序比较为例，在主观视角看来，对抗式程序比纠问式程序更能够让程序参与者感受到公平和满意，这种感知虽然相对独立于案件的实体结果，却可能增强对实体结果公正性的满意度。④ 在主观程序

---

① 苏新建：《程序正义对司法信任的影响——基于主观程序正义的实证研究》，载《环球法律评论》2014 年第 5 期。

② 参见陈盛：《权威与服从：社会心理学视野下的程序正义》，西南政法大学2012 年硕士学位论文，第 13 页。

③ See E. Allan and Tom R. Tyler, The Social Psychology of Procedural Justice, Plenum Press, 1988, p. 7.

④ See J Thibaut, L Walker: A Theory of Procedure, 66 California Law Review, 1978, 66(3).

正义视角下，程序正当是程序参与者与观察者主观评判的结果，主观感知、期待、评价成为程序认同和程序权威关系建立的基础。

那么，接下来的问题是：人们是从什么角度或根据什么对程序正义与否进行主观认知与评价的呢？对此，在学理上，有工具主义与规范主义两条不同的分析路径。工具主义解释路径认为，"人们是否认为程序本身具有正当性，是以他们所获得的结果是否令自己满意为基础：在人们觉得自己控制了裁决结果的情况下，他们就会相信程序是公正的"[①]。规范主义分析路径认为，"人们除了关心案件的处理结果外，还会关心他们的个人经历中与处理结果无关的那些方面。个人经历的规范主义方面包括司法的中立性、无偏见、诚实、尽力秉持公正、礼貌以及尊重他人的权利"[②]。蒂波特和沃克的解读是工具主义的，在他们看来，对程序实施一定程度的控制是人们判断自己所经历的程序是否公正的关键因素。在这里，对程序的控制包括对结果的控制和过程的控制两方面内容。对结果的控制是指对裁判内容的控制；对过程的控制是在裁判结果出炉之前通过陈述意见而实施的控制，而对过程的控制的目的在于间接地控制裁判结果。无疑，控制结果在工具主义的解读中占据着核心的位置。以泰勒为代表，规范主义解读路径对此提出质疑，认为结果控制理论无法解释人们很多法律行动上的服从与违抗的内在动机。泰勒进一步指出，促使人们服从法律及其程序的基础性因素是社会关系(朋友、家庭、伴侣)和规范主义价值观。[③] 其中，社会关系反映的是他人对本人行为的影响，而规范主义价值观因素说的是，个人的法律行动受到其自身拥有的道德观念的决定，这种价值观不仅仅是个人性的，还与个人所从属的社会阶层或群体的规范性氛围有关，即公共或

[①] [美]汤姆·R. 泰勒：《人们为什么遵守法律》，黄永译，中国法制出版社2015年版，第10页。

[②] [美]汤姆·R. 泰勒：《人们为什么遵守法律》，黄永译，中国法制出版社2015年版，第11页。

[③] 参见[美]汤姆·R. 泰勒：《人们为什么遵守法律》，黄永译，中国法制出版社2015年版，第41页。

分享的价值观念。"促使人们遵守法律的最重要的规范性因素，是人们是否觉得遵守法律契合了他们的个人道德价值观。"①也就是说，促使人们法律认同和服从行为的因素很多，这些因素也是共同发挥作用的，但是，道德价值观或意识形态在其中占据着支配性地位。具体到人们的程序认同问题上，规范主义解释路径认为，人们更关注的是司法当局处理案件所使用的程序而不是案件裁判的最终结果，其原因可能有二：一是通过程序进行评价比基于结果的评价更为明确简易；二是在多元化社会中，分配正义的价值认识多种多样，而程序正义的认识却可以包纳各种不同的价值理念。②也就是说，很难找到大家共同认可的道德价值标准来评价案件结果的公正性，而人们在关于程序为何是正义的问题上往往存在共同的基本的政治和道德价值观念，这一共同观念是可以在人们的文化和意识形态社会化过程中逐渐确立起来的。

二、程序认同的规范主义标准与意识形态

程序正义主观评价的规范主义解释路径将政治或道德价值观念或者说意识形态问题推至前沿。程序认同的意识形态基础也由此得以呈现。进一步的追问是，人们是具体按照哪些指标来衡量程序正当与否的呢？对此，有下列几种观点。一种观点认为，有四个关键性要素不容忽视甚至缺一不可，即参与、中立、可信、尊重。③其中，参与和中立两个因素涉及司法决策的质量，可信和尊重关乎人际对待的质量。④就是说，当事人能够参

---

①　[美]汤姆·R. 泰勒：《人们为什么遵守法律》，黄永译，中国法制出版社2015年版，第106页。

②　参见[美]汤姆·R. 泰勒：《人们为什么遵守法律》，黄永译，中国法制出版社2015年版，第191页。

③　See Tom R. Tyler, Procedural Justice and the Courts, Court Review, Vol. 44 (1/2), 2007.

④　See Steven L. Blader, Tom R. Tyler, A Four- Component Model of Procedural Justice: Defining the Making of a "Fair" Process, 29(6) Personality and Social Psychology Bulletin, 747, 748, 757, 2003.

与到程序中并有机会表达自己的意见，司法机构保持中立、尊重当事人并赢得后者的基本信任，这是赢得信服与认同的正当程序之基本特性与要点。李文赛提出了由"代表性、一致性、排除偏见、准确性、可矫正性和伦理性"等六项标准构成的综合框架。① 其中，所谓代表性指人们对裁判结果的过程控制；一致性指当事人受到平等的对待；排除偏见指程序能够防止裁决者的偏袒或偏见；准确性指程序能够客观而富有质量地解决纠纷；可矫正性指当事人有机会和途径矫正不正确的决定；伦理性指程序符合一般的公正和道德标准。② 人们在多大程度上会基于一些共同的标准来评判程序正当呢？包括意识形态在内的富有差异的个人特征和认知先见会导致人们的程序认知与评价的标准差异。③ 规范主义路径的代表人物泰勒等人通过实证研究发现，人们在程序经历过程中使用的认知和评判标准是多样而非单一的，并会有不同的侧重，"他们关注程序的七个不同的方面：法律当局的动机、是否诚信、是否存在偏见、是否符合伦理性、他们是否有机会提出自己的意见和证据、裁决的质量、是否有纠正错误的机会"④。每一个方面都可能产生独立而重要的影响力，但是，泰勒等人的立场鲜明，认为规范性因素在其中发挥着决定性影响。但是，绝大多数人还是愿意采用某种共通的标准。⑤ 在规范主义的视野中，评判程序正义的价值观念共识是在人的社会化过程中完成的，因此，"要弄清人们据以判断程序是否公正的那些道德价值观都有哪些特征，一个重要的方法是看这些道德价值

----

①　参见[美]汤姆·R. 泰勒：《人们为什么遵守法律》，黄永译，中国法制出版社 2015 年版，第 207 页。

②　参见[美]汤姆·R. 泰勒：《人们为什么遵守法律》，黄永译，中国法制出版社 2015 年版，第 207~209 页。

③　参见[美]汤姆·R. 泰勒：《人们为什么遵守法律》，黄永译，中国法制出版社 2015 年版，第 215 页。

④　[美]汤姆·R. 泰勒：《人们为什么遵守法律》，黄永译，中国法制出版社 2015 年版，第 241~242 页。

⑤　参见[美]汤姆·R. 泰勒：《人们为什么遵守法律》，黄永译，中国法制出版社 2015 年版，第 284 页。

观与基本的政治、社会价值观有什么关系"①。

　　泰勒等人的规范主义解释路径是极具启发意义的，他将意识形态因素提至程序公正评价的主要标准层面。但是，问题在于泰勒的实证研究是基于美国社会的，其研究结果更适合于解读美国这样一个有着悠久程序文化传统的法治先发国家。在美国社会中，关于如何评价程序公正或者说程序认同的规范性标准是存在着价值共识的。而在其他国家的解释说明力就可能要受到法文化传统与意识形态变量的限制。正因此，谷口安平认为"不同的文化对程序公正可能有不同的看法，而且可能有文化冲突"②。有日本学者试验研究发现，同样是参与这一标准，美国人要求的是对抗式的，而日本人可能只是想看看整个过程而已。③ 也正因此，在缺乏程序文化传统的国家，人们的程序认同就可能是基于实质的结果的标准。如此一来，意识形态等价值观念标准就派不上用场了。以我国为例，百姓关于司法的实质正义取向必然支配着至少是深刻影响着人们对程序正义的结果式感知和评价。但是，也可以换个角度说，在缺乏程序文化传统的国家，对于程序何以公正缺乏价值共识，但是对于实质正义的道德观念却可能有一个统一的标准，而这正好从反面为人们的程序认同提供了一个共同的标准，如此一来，注重实质正义的社会价值观念实际上就演变为一种意识形态前见，进而成为解读司法程序认同的意识形态基础。

---

　　① ［美］汤姆·R.泰勒：《人们为什么遵守法律》，黄永译，中国法制出版社2015 年版，第 290 页。

　　② ［日］谷口安平：《程序公正》，董鹤莉译，载宋冰编：《程序、正义与现代化——外国法学家在华演讲录》，中国政法大学出版社 1998 年版，第 378 页。

　　③ 宋冰编：《程序、正义与现代化——外国法学家在华演讲录》，中国政法大学出版社 1998 年版，第 378 页。

第四章 司法裁判的意识形态之维

司法裁判是司法主体运用司法职权、遵循司法程序、使用司法方法与技术，根据事实证据和法律依据，对案件的实体和程序问题所作出的具有法律效力的判断的过程及结果。作为过程及其结果的司法裁判在微观的角度上将主体、程序、方法、技术熔为一炉，裁判主体的意识形态塑造和裁判程序的意识形态设计也势必具体地影响到司法裁判的理想境界与现实状态。

第一节 裁判方法论的意识形态风格

一、形式主义裁判观：分离意识形态

法律形式主义理论包含着一套形式主义的司法方法论。严格规则、形式逻辑、演绎推理、裁判自治是形式主义裁判方法的核心要义。这一套方法论及其置身其中的法理论是特定历史时期政治、经济、社会等方面综合条件的需要和产物，体现了特定时期的意识形态立场及其内容。在西方，以美国为例，形式主义司法方法占据主导地位的时期是走向工业化、现代化进程中的自由竞争资本主义时期，经济上的自由竞争、政治上的有限政府、文化上的自由主义等价值理念与制度安排作为合力塑造了形式主义裁判观。形式主义法理论代表美国人兰德尔认为，形式主义的裁判过程是一个标准化流程："一是从以往若干判例中抽象出一般原则或规则，使用的是特殊到一般的归纳推理方法；二是从一般原则或规则出发，推导出适用

于当前案件的具体裁判规则，使用的是从一般到特殊的演绎推理方法；……三是以推导出的裁判规则为大前提，以案件事实为小前提，获得个案的判决，这正是演绎推理中的三段论式。"①概括来讲，其一，形式主义的裁判方法注重形式逻辑的运用，"作为形式主义者的惟一必要条件就是，绝对确信自己的前提以及从前提推出结论的方法"②。极端的形式主义将法官视为一个操作演绎推理的司法三段论机器，认为"法律推理应该仅仅依据客观事实、明确的规则以及逻辑去决定一切为法律所要求的具体行为"③。其二，强调严格规则，法律解释以文义解释为限，否定其他有价值介入可能性的解释方法，更拒绝可能将政治、道德等意识形态内容引入裁判的漏洞填补等司法续造方法。其三，裁判整体风格是机械司法风格，反对自由裁量。由此可见，形式主义裁判方法的法学观是实证主义的，④其在整体上体现为一种自治型裁判模型，与意识形态等价值因素保持分离。形式主义裁判方法是司法裁判的法律模型或自治模型的典型代表。不过，尽管就该种模型的裁判方法内部来看是非意识形态的，但是，从这一风格形成和确立的时代背景看，又是深受主导法律意识形态的影响的。此外，形式主义裁判观本身也可视为一种司法意识形态，这是一种法律职业内部的意识形态，或曰法律人的"守法主义"意识形态。

二、现实主义裁判观：引入意识形态

针对形式主义裁判观，现代主义法学发起了猛烈的批判。首先是直指

---

①　秦策、张镭：《司法方法与法学流派》，人民出版社2011年版，第63页。又参见[美]斯蒂芬·M.菲尔德曼：《从前现代主义到后现代主义的美国法律思想》，李国庆译，中国政法大学出版社2005年版，第179页。

②　[美]波斯纳：《法理学问题》，苏力译，中国政法大学出版社2002年版，第52页。

③　[美]史蒂文·J.伯顿：《法律和法律推理导论》，张志铭、解兴权译，中国政法大学出版社1999年版，第3页。

④　参见[美]斯蒂芬·M.菲尔德曼：《从前现代主义到后现代主义的美国法律思想》，李国庆译，中国政法大学出版社2005年版，第182页。

形式逻辑的局限性，认为那种将司法裁判过程描绘为从大前提、小前提到结论的观点是极具误导性的，真实的裁判过程则是从一个大致的结论出发寻找前提来证明结论或调整结论的过程。"在大多情况下，裁判和其他判断一样是从暂时形成的结论回逆作出的。"①也就是说，司法推理逻辑无法反映司法裁判的真实过程。②　当然，现实主义法学并非一概否定推理逻辑，只是认为逻辑是裁判的一个影响因素但不是主要影响因素，"法律的生命不是逻辑，而是经验"③。其次又直指严格规则的局限性，认为那种将规则视为司法裁判的核心的观点同样是具有误导性的，法律规则因其模糊性、不周延性和不协调性，从而是不确定的。裁判过程的真相是，除了传统意义上而言的纸面规则之外还有实在规则，纸面规则对于司法裁判仅具有有限的指引和预测能力，真正起支配作用的是实在规则，是法官实际的司法行为与之相符合的描述性规则。在建设性意义上，现实主义法学认为，法官个体因素、法院与其他部门的关系、司法环境等都可能影响着司法裁判过程。外部社会的政治、道德和文化观念，法官个体的经验、个性和直觉，这两方面因素作为一种互相作用的组合力量，切实地指引和决定着法官的裁判。一如霍姆斯所言的，"一个时代为人们所感受到的需求、主流道德和政治理论、对公共政策的直觉——无论是公开宣布的还是下意识的，甚至是法官与其同胞们共有的偏见，在决定赖以治理人们的规则方面的作用都比三段论推理大得多"④。其中，法官的从政经历、政党归属、政策观点、道德观念等因素都显示了政治或道德意识形态偏好对于法官裁判

①　Jerome Frank, Law and Modern Mind, Peter Smith, 1970, p. 108.

②　对此，法律程序学派认为现实主义法学混淆了判决的发现过程与正当化过程，"尽管发现的过程可能不是理性的，但是正当化的过程可以是而且应该是严格的理性的"。正是在对判决的正当化过程中，严格理性制约着法官的裁判。参见[美]斯蒂芬·M. 菲尔德曼：《从前现代主义到后现代主义的美国法律思想》，李国庆译，中国政法大学出版社 2005 年版，第 246 页。

③　[美]霍姆斯：《普通法》，冉昊、姚中秋译，中国政法大学出版社 2006 年版，第 1 页。

④　[美]霍姆斯：《普通法》，冉昊、姚中秋译，中国政法大学出版社 2006 年版，第 1 页。

的直接影响力。"司法判决既受到法官关于公共政策的观点的影响，也受到了作出判决的法官的个性的影响。"①需注意的是，现实主义法学的裁判观并未将意识形态等法外综合影响与规则的影响相混同，也未用前者直接取代后者，"一个诚实的法官在决定如何裁决有争议的案件时，法律规则无疑具有某种影响力"②，而是在承认后者的存在及其效力的同时，肯定了前者的现实意义。意识形态等因素也非直接介入裁判并作为依据，而是通过法官的历史解释、目的解释、漏洞填补、法律续造等方法进行了转化。也就是说，意识形态等法外因素代表着法官裁判中的自由裁量依据，体现为对法律规则的补充或发展。而且，这种补充或发展也是在一定限度内进行的，不是无限度、全方位或整体性的。"实际上，每个法官都在他的能力限度内进行立法……他只是在空白处立法，他填补着法律中的空缺地带。"③"法律规则能够在大多数案件中决定判断的结果，但是在少数案件中，法律规则之中存在缝隙，需要法官担当'缝隙立法'的工作。"④即使最为激进的现实主义者弗兰克，他也承认法官创造性的受约束性，只有受到恰当的约束，裁判能动性才是福音而非祸害。⑤从宏观上看，现实主义裁判观是现实主义法学的法律观所决定的，在现实主义法学视野中，法律的自治被打破，法律成为社会目的的工具，"对法律的任何部分都应当不断地从目的、效果的角度来加以研究，并根据目的、效果以及二者的关系来加以评判"⑥。但是，相较于前现代社会的压制型法的工具主义，现实主义法学的工具主义毋宁是一种突破自治的回应性。在如此法学世界观下，

① 转引自秦策、张镭：《司法方法与法学流派》，人民出版社 2011 年版，第 80 页。

② Jerome Frank, Law and Modern Mind, Peter Smith, 1970, p. 112.

③ [美]卡多佐：《司法过程的性质》，苏力译，商务印书馆 2000 年版，第 70 页。

④ 转引自秦策、张镭：《司法方法与法学流派》，人民出版社 2011 年版，第 90 页。

⑤ See Jerome Frank, Words and Music: Some Remarks on Statutory Interpretation, 47 Colum. L. Rev., 1947.

⑥ Karl Llewellyn, Some Realism about Realism: Responding to Dean Pound, 44 Harv. L. Rev. 1931.

机械司法方法必然被能动司法方法所超越，而能动司法方法又有别于任意司法。裁判过程中法律与意识形态等法外因素之间呈现为局部自治与混合的状态。

三、行为主义裁判观：注重意识形态

以现实主义法学为理论渊源的"行为法学试图把法律解释为发源于法律程序中主要官方参与者个人的价值观念的东西"①。行为主义法学代表人物舒伯特在司法行为上着墨甚多，其理论以司法行为主义著称。舒伯特认为，态度、价值在法官裁判过程中占据着决定性地位。通过对大量的司法判决和司法行为的考察，舒伯特及相关学者发现，"法官的司法心态、人生经历等对其在法庭上表现出来的支配判决的主导性意识形态起着极为重要的作用"②。也就是说，在司法行为主义理论看来，意识形态深刻影响甚至支配着法官的裁判过程及其结果，而这种意识形态本身又受制于法官个人的心态、经历等综合因素。在舒伯特看来，裁判过程中，法官的态度直接反映着法官表决和书写判决时的心理状态，这种态度既包括法官对相关公共政策的态度，也包括法官之间或法官与其他相关人之间的态度，这种态度就像法律规范一样是评价法官裁判行为的重要指标。不同法官的态度可能有所不同，是政治、信仰、种族、经济安全、社会地位、教育、工作经历等复杂因素决定了不同的法官态度，而在这些决定因素的背后潜藏着的是更为深刻的经济、政治和文化背景，包括法官置身其间的意识形态背景及其所接受的意识形态偏好。③ 概言之，法官意识形态通过影响法官态度从而影响法官的裁判活动。④ 当然，舒伯特并不认为法官决策完全由态

---

① ［美］彼得·G. 伦斯特洛姆：《美国法律辞典》，贺卫方等译，中国政法大学出版社 1998 年版，第 6 页。

② 胡震、韩秀桃：《行为主义法学》，法律出版社 2008 年版，第 55 页。

③ 胡震、韩秀桃：《行为主义法学》，法律出版社 2008 年版，第 59 页。

④ See Glendon Schubert, Behavioral Jurisprudence, Law and Society Review, 3 (1968).

度决定，而法官态度包括但不等于意识形态。① 此外，舒伯特也未将法律的逻辑标准排除在法官裁判过程之外，而只是认为除了逻辑合理性之外，还存在生理合理性和非逻辑合理性，而作为影响抉择的人格结构的意识形态属于生理合理性范畴。② 另一位代表人物川岛武宜表达了类似的观点。在川岛武宜看来，司法裁判当然要以法律为基准来进行，③ 但是，除了制定法和判例的判断框架之外，法官的个性、事件的具体事实、法官所处的社会环境（"特别是习惯、习俗、舆论及在该社会中占支配地位的价值体系"）等因素也会对法官的裁判行为产生十分重要的影响。④ 总的来讲，行为主义法学注重裁判过程的意识形态因素的影响力，但也并未夸大到司法决策的态度模型层面，而是为法律要素保留着应有的重要位置。

四、西方马克思主义法学的裁判观：嵌入意识形态（一）

意识形态是西方马克思主义法学最主要的问题，在法律与意识形态的关系问题上，其总体的观点为，法律是对意识形态的表达，法律既为意识形态所塑造又是意识形态工具，司法裁判过程由此充斥着意识形态的过程。就司法裁判中的意识形态问题，西方马克思主义法学者柯林斯针对法律推理自治问题进行了集中分析。他指出，关于法律推理，"法律推理自主性的信念为大多数法律体系中的公民和法律人所共享"⑤。对此，有三种不同的立场：第一种立场是推理自主性的支持者，认为"这种公正地解决

---

① Brian D. Lammon, What We Talk About When We Talk About Ideology: Judicial Politics Scholarship and Naïve Legal Realism, St. John's Law Review: Vol. 83: Iss. 1, Article 3(2012).

② 参见张乃根：《西方法哲学史纲》，中国政法大学出版社 2008 年版，第 364 页。

③ 参见［日］川岛武宜：《现代化与法》，申政武等译，中国政法大学出版社 1994 年版，第 304 页。

④ ［日］川岛武宜：《现代化与法》，申政武等译，中国政法大学出版社 1994 年版，第 318 页。

⑤ ［英］休·柯林斯：《马克思主义与法律》，邱昭继译，法律出版社 2012 年版，第 61 页。

纠纷的推理方法是在独立的理性领域进行的，推理的结果并不由背景性的主流意识形态所决定"①。该一立场将法律推理与意识形态进行了分离。第二种立场认为"法律推理的形式主义是假象。自主的法律逻辑的迷人景致背后潜伏着险恶的阶级统治的机制。法官操纵着法律以迎合统治阶级的利益，但他们将他们的活动隐藏在法律修辞的背后"②。该一立场将法律推理与意识形态进行了混合。第三种立场是，在马克思主义研究阵营中，越来越多的学者包容了法律推理自主性的观点，赋予了法律推理的局部自治性。对这三种关于法律推理自主性的观点和立场，柯林斯都进行了批判，进而立足于马克思主义意识形态理论对该问题进行了自己的解读。柯林斯认为，"首先，法律通过支持和执行与主流意识形态一致的行为标准解决社会的冲突。法律的第二个功能是意识形态方面的。法律制度是主流意识形态的某些最重要的提供者。不仅法官充当了表达主流意识形态喉舌的角色，而且整个的法律话语表达了诸如私有制这样的概念，由于私有制在法律修辞中得到不断的宣传，于是它深深植根于每个公民的价值观念之中"③。因此，在马克思主义法学的立场上，"意识形态无疑会影响法律实践，并且在相当程度上，将以一种设计出来符合这些理想的形式创制法律。……法律推理的自主性是对司法程序的不精确描述。……法官的目标是类似案件类似处理，但是，我们可以确信类似性和差异性的定义由占统治地位的意识形态提供的标准所决定。形式正义不是空洞的正义，而是阶级统治的另一种形式"④。柯林斯表述的裁判与意识形态的关系无疑是嵌入混合型的。

---

① ［英］休·柯林斯：《马克思主义与法律》，邱昭继译，法律出版社2012年版，第62页。

② ［英］休·柯林斯：《马克思主义与法律》，邱昭继译，法律出版社2012年版，第63页。

③ ［英］休·柯林斯：《马克思主义与法律》，邱昭继译，法律出版社2012年版，第91页。

④ ［英］休·柯林斯：《马克思主义与法律》，邱昭继译，法律出版社2012年版，第136页。

五、批判法学的裁判观：嵌入意识形态(二)

深受西方马克思主义法学思想影响的批判法学在裁判与意识形态问题上采取了类似的解读模式。批判法学的"教皇"肯尼迪针对私法领域中的两种纠纷解决方式进行了批判分析，以明确规范裁判和以衡平法裁判两种对立方式的背后是个人主义与利他主义价值标准的分歧，而法官对两种主义的平衡实际上是虚假的，法官所给出的真理不过是论证方式的转换而已。由于法律反映着多元价值，因此，法官在个人主义解释与利他主义解释之间的选择最终是政治性的，是基于意识形态的。① 更多的讨论集中于法律推理，批判法学推出的一个经典命题就是：法律推理是不确定的。批判法学的"基督"昂格尔认为，在西方资本主义国家发展到福利国家阶段，法律推理发生了从形式主义向目的性或政策导向的转变，从追求形式公正向关注程序公正或实质公正的转变。政策导向的推理迫使法官进行价值选择，目的正义则要求法官进行伦理解释。这一切都破坏了法律的自治性，摧毁了法治，也解除了法律推理与政治推理、经济推理和道德推理的明确界限。② 法律推理由此是政治性的、意识形态性的。当然，关于推理的意识形态性，批判法学内部观点不尽一致，激进派把法律视为一个"空荡荡的容器"，什么含义都可以往里面装，法律也就谈不上什么确定性、中立性和客观性，因此法律推理就是虚假的，不过是法官个人道德或政治观念的运用。温和派则保留了司法裁判的规则基础，承认法律规则的结构及其意义所具有的一定程度上的确定性，但是，由于推理解释的能动空间很大，意识形态就经由法官的推理介入司法之中。③ 针对传统批判理论所主张的

---

① 参见朱景文主编：《对西方法律传统的挑战——美国批判法律研究运动》，广西师范大学出版社 2004 年版，第 37~41 页。

② 参见[美]昂格尔：《现代社会中的法律》，吴玉章、周汉华译，译林出版社 2001 年版，第 187~193 页。

③ See James Boyle, The Politics of Reason: Critical Legal Theory and Local Social Thought, UPA. L. REV. 1985(133).

意识形态导致法律推理不确定的观点，批判法学第二代代表学者巴尔金转而认为"意识形态是法律工作者之间取得很大程度上一致的原因。虽然不是所有的人都分享完全同一的意识形态，但在大部分案件中，他们的意识形态不会相差太大"①。所有的司法判决都使用了意识形态解释，非意识形态的判决同样具有意识形态性，只不过因为过于普通而未受关注而已。甚至于要求法官忠实于规则进行裁判的措施和意图本身就是一种意识形态判断。② 尽管论证方式不同，但是巴尔金关于司法裁判的意识形态性的观点是归属于批判法学传统一脉的。

第二节　裁判过程的意识形态重构

一、意识形态介入裁判的可能与限度

裁判过程总体上体现为一个司法推理过程，这一过程"部分是科学，部分是艺术。与科学探究一样，法律推理按照规定的规则和程序，根据仔细地观察和精心地证据权衡而尽力理性地获得结论。然而，与艺术一样，法律推理的结果亦反映了'艺术家'（即法官）的裁量选择。法官的选择与艺术家的选择一样，反映了个人的偏见、恐惧、渴望和公共政策的偏好"③。正因此，不能将裁判过程简化为或囚禁于遵循形式逻辑的司法三段之中，"判决不只是一种纯粹的逻辑过程的结果，而是受到法官个性的非理性成见的决定性影响"④。"如今，人们普遍承认，法官的人格和信仰对于法律的实现有重要影响。它们不仅影响法官对法律规则进行解释，而且影响对

---

① 袁强：《解读"法律迷津"——巴尔金的法律意识形态思想述评》，载《清华法治论衡》2004 年第 1 卷。

② See J. M. Balkin, Ideology as Constraint, 43 Stan. L. Rev., 1991.

③ 转引自解兴权：《通向正义之路——法律推理的方法论研究》，中国政法大学出版社 2000 年版，第 31 页。

④ ［德］施奈德：《犯罪学》，吴鑫涛、马君玉译，中国人民公安大学出版社、国际文化出版公司 1990 年版，第 528 页。

当事人所提出的证据如何进行认定。"①在诸如知识与技能、逻辑与经验、经历与体验、个性与气质、兴趣与追求等影响裁判的诸多个人因素中，意识形态就是以前见、态度、偏见或偏好的形式直接或间接地影响着法官的事实认定、法律发现、判决证成等活动。意识形态的影响在不同司法体制中的限度有所不同。一种极端的情况是，意识形态影响不受多少约束，在超越甚至取代规则方面不受限制；另一种极端的情况是，意识形态影响受到严格的限制或约束，仅在极有限的范围内、以极为隐秘的间接方式对法官裁判产生一定的影响；第三种情况则相对平衡一些，即意识形态的影响得到承认，在特殊情况下甚至受到制度性肯定，但是一般情况下，这种影响都会受到来自法官自身和外部制度的拘束，如法官的守法主义伦理对法官自身的约束，合议庭其他法官对法官个人偏好的制衡，司法体制与机制对法官意识形态偏好的约束。因此，裁判过程中的意识形态取向存在程度上或多或少的问题，而不是全有全无的问题。在严格地服从规则与纯粹的意识形态裁判之间，法官的意识形态工作受到法律文本、法律共同体乃至社会公众内在和外在的制约。"'内在'约束感假定了法官在寻找在她看来是好的法律主张。'外在'约束假定法官在寻找在其受众看来是好的法律主张。"②诚如肯尼迪所言，"意识形态取向的工作不是用以改变整个法律体系。它是该体系内的工作"③。还需明确的是，作为影响裁判过程的非法条主义因素，"意识形态并非法官在开放领域的唯一求助"④，有时也并非是主要求助或最佳求助。诸如法官个人背景、个人和职业经验等其他非法条主义因素同样影响着裁判过程，而且，个人背景、生活经历、职业经验、个人特点乃至于心理情感等因素在塑造法官意识形态的过程中也扮演着重

---

① ［英］彼得·斯坦、约翰·香德：《西方社会的法律价值》，王献平译，中国法制出版社 2004 年版，第 42 页。

② ［美］肯尼迪：《判决的批判》，王家国译，法律出版社 2012 年版，第 124 页。

③ ［美］肯尼迪：《判决的批判》，王家国译，法律出版社 2012 年版，第 127 页。

④ ［美］波斯纳：《法官如何思考》，苏力译，北京大学出版社 2009 年版，第 88 页。

要角色。①

二、事实认定与意识形态

裁判过程总体上是由发现事实或确认事实、寻找法律或获取法律、根据法律和事实作出裁决等基本环节组成的。② 尽管事实认定、法律发现、判决证成等环节之间没有严格的界限，而是相互参照、互为依存，比如"法律事实的认定必须取向于法律规范，而且法律规范之萃取及其具体化也必须取向于具体的法律事实"③，但是，为了更深入而细致地考察裁判过程中意识形态介入的可能、性质、方式、作用等问题，接下来，笔者准备分别从事实认定、法律发现、裁判论证三个角度来探讨。这里先从事实认定谈起。

（一）事实认定中的意识形态

案件事实是从法律重要性上对已发生的生活事实进行考量、筛选之后形成的裁判小前提，④ 它来源于生活事实，但是，生活事实能否转化为案件事实，关键在于其与法律的事实构成要素的符合，符不符合就需要法官的认定和判断。"案件事实是思想加工处理后的成果，处理过程并已包含法的判断……所有经法律判断的案件事实……都不仅是单纯事实的陈述，毋宁是考量法律上的重要性，对事实所作的某些选择、解释及联结的结果。"⑤

从"未经加工的案件事实"到"最终的案件事实"，法官又如何进行判断

---

① 参见[美]波斯纳：《法官如何思考》，苏力译，北京大学出版社 2009 年版，第 88～90 页。

② 参见王洪：《制定法推理与判例法推理》，中国政法大学出版社 2013 年版，第 3 页。

③ 黄茂荣：《法学方法与现代民法》，法律出版社 2007 年版，第 234 页。

④ 参见[德]拉伦茨：《法学方法论》，陈爱娥译，商务印书馆 2003 年版，第 160 页。

⑤ [德]拉伦茨：《法学方法论》，陈爱娥译，商务印书馆 2003 年版，第 161 页。

呢？这一过程以选择可适用之法规范为起点，进而，运用各种方法对"未经加工的案件事实"是否符合可适用法规范的事实构成要素进行判断，可资运用的主要判断方法有感知方法、逻辑方法、经验方法、价值判断方法等。"关于事实的陈述，通常以感知为基础。"①一些具有法律重要性的事实是可以通过人的感知来确证的。当然，通过感知或直觉的方法所得到的事实并不一定可靠。对那些不能仅以感知为基础来进行判断的事实，可以借助社会经验进行判断，经验判断必须以社会上的共同经验为基础，至少应以人们相互之间有默契的经验为基础，而不能依据个别人的独特经验。②如果缺乏一般经验法则，事实认定者就需要对各种事实进行衡量与比较，即在规范的观点下对事实进行评价，而根据诸如善良风俗、诚实信用等需要填补或补充的标准来评价事实时，事实认定者就要进行价值判断。③可据以进行价值评价的标准首先是"在法秩序、宪法以及被接受的法律原则中存在一些有拘束力的评价标准"，④也会涉及对社会伦理道德等法秩序之外因素的考量。将这些标准应用于事实评判前要进行具体化理解，这种具体化理解又应当以社会上公认的标准或共同的信仰为基础，政治观点、道德观念或政策判断等都不应是认定者纯粹的个人主观恣意。⑤

当事实认定进入或必须进入经验判断、价值判断的层面上，裁判者与意识形态之间的距离就很近了。作为特定社会中意义体系构成部分的意识形态正是在经验判断或价值判断中体现在事实认定领域中。经验判断中对社会共同经验的运用，价值判断中对政治观点、道德观念的运用，既说明了意识形态介入的可能性，也代表着它的介入形式。在借助经验判断或进行价值判断过程中，都可能存在着法官的判断余地或自由裁量空间。在留

---

① ［德］拉伦茨：《法学方法论》，陈爱娥译，商务印书馆 2003 年版，第 165 页。
② 参见黄茂荣：《法学方法与现代民法》，法律出版社 2007 年版，第 252 页。
③ 参见［德］拉伦茨：《法学方法论》，陈爱娥译，商务印书馆 2003 年版，第 170 页。
④ ［德］拉伦茨：《法学方法论》，陈爱娥译，商务印书馆 2003 年版，第 268 页。
⑤ 参见黄茂荣：《法学方法与现代民法》，法律出版社 2007 年版，第 172 页。

有判断余地的案件中，基于不得拒绝裁判的理念和义务，尽管无法给予彻底的论证，法官还是必须对既存事实作出某种判断。不管是面临"两个均可认为正当的判断中作出抉择"的情况，还是应对"可能的决定中没有一项决定是显然不正当"的难题，"这一类事件的最后决定就取决于法官个人的价值理解及确信"①。在这样一种不可避免的个人决定空间中，法官的价值观或意识形态的介入事实认定领域也成为一种可能。此外，鉴于律师在诉讼过程中的角色与职能，律师在向法庭呈现案件事实的过程中同样存在着价值介入问题，当然这种介入在不同的诉讼模式中受到的法官再确认程度或制约程度有所不同，在辩论主义诉讼模式中，法官主要依赖于律师帮助下的当事人的主张和举证来判断和确认事实；而在职权主义模式中，法官占据着事实调查的主导权。不过，不管是在哪种诉讼模式下，法官或律师对案件事实的发现和判断都是对事实的一种重建性解释，既然是解释和判断就会运用到理智与情感，规范取向之外的主观因素介入由此具有了可能性和现实性。也就是说，意识形态作为事实认定者的判断背景或根据是一种客观存在的司法现象。前见、偏见或偏好等主观因素介入会导致事实的不确定性。在传统的自治型事实认定者看来，这种不确定性无疑是不可容忍的，他们认为事实认定过程中就是要竭力排除这些不确定因素，而且程序规则和证据规则确实也能够在一定程度上削弱这些不确定性因素及其影响。然而，在作为交叉型事实认定模式代表的现实主义法学的事实怀疑论者却认为，这种不确定性是无法从根本上进行消解的，"司法事实调查中永远会存在大量非理性的、偶然性的、推测性的因素"，其根本原因在于"法官那种不可预测的独特个性，因为它使任何提出相互冲突证据的诉讼变成一件高度主观的事情。根据弗兰克的观点，法官（或陪审团）具有'一种实际上不受控制的和实际上无法控制的事实裁决权'或'最高权力'"。②

---

① ［德］拉伦茨：《法学方法论》，陈爱娥译，商务印书馆2003年版，第175～176页。

② ［美］博登海默：《法理学：法律哲学与法律方法》，邓正来译，中国政法大学出版社2004年版，第166页。

（二）证据采信中的意识形态

被最终认定下来并作为裁判小前提的事实是通过程序、基于证据、以实体法规范为导向而认定下来的事实。这其中，证据采信是关键，而证据的采信不仅是一个遵循程序规则和证据规定的纯粹逻辑过程，也渗透着法官前见、直觉、个性、态度和偏好等因素在内的非逻辑因素。关于证据审查，历史地看，主要存在神示认定、法定认定、自由心证认定几种模型。神示认定是神明裁判模式的事实认定方式，借助神明等信仰力量来认定裁判事实是一种非理性的模型。法定证据认定用法定的证据制度来规范和约束事实认定者的事实认定活动，排斥法官在事实认定上运用个人知识或经验进行的自由裁量活动。自由心证认定赋予事实认定者运用逻辑、经验和常识等来认定事实的自由裁量权。自由心证认定中的自由裁量在受到一定限制和规范之后形成了有限的自由心证认定方式，现代各国主要采取的是自由心证认定方式。从裁判事实认定模式的历史发展来看，事实认定不只是一个单维度的逻辑推导过程，其间还夹杂着经验和价值的基础。所谓经验，包括一般社会经验、法律职业经验和个人经验。其中，一般社会经验是人在社会化过程中所获得的日常知识，作为"理解的先行结构"制约或影响着人们的事实判定；法律职业经验，关注的是事实认定者所拥有的作为法律职业共同体共识意义上的特殊习惯或偏好；个人经验，指涉事实认定者在个人实践和体验基础上形成的知识和技能以及在此基础上形成的个人价值立场或偏好。经验往往渗透在事实认定者的"理解的先行结构"之中，以一种隐形的方式发挥作用。所谓理解的前见，就其来源或形成来讲，受到法律知识、审判经验、生活经验、个人价值立场及其判断等诸种因素的影响。裁判者的前见无疑会受到主流意识形态和个人意识形态偏好的影响。理解的前见或事前倾向意味着，事实认定者总是倾向于接受或收集那些与其认知前见相符合的信息，基于特定倾向的信息进而会直接影响到事实认定者对案件事实的确定。运用偏好或价值的裁量在事实认定中主要体现在证明对象的确认、证明责任的分配、证明标准的确定等方面：对证明对象中间接事实、辅助事实、免证事实的权衡取舍，如有着种族偏见或偏好的法官对有色人种的证人语言的采信与否；证明责任分配上的自由裁量，如在特殊情况下根据政策、公平和诚信原则来分配证明责任；证明标准上的盖然性判断，"对证明标准尺度的掌握是裁判者内心的事情，理论上科学的标准最终要回到依裁判者本人的素质、道德、经验等因素对案件事实予以自由心证这条路上"①。

三、法律发现与意识形态

"法律适用是一种对向交流的过程，于此，必须在考虑可能适用的法条之下，由'未经加工的案件事实'形成作为陈述之终局的案件事实，同时也必须在考虑终局的案件事实之下，将应予适用的规范内容尽可能精确化。"②精确应予适用的规范内容是法律发现活动，寻找或获取法律是对相关法律进行的判断，其最终结果是构建裁判推理的大前提。如何发现法律，需要法律方法，裁判过程中可资运用的方法在总体上可以划分为法律解释和法律续造两大类型。方法基于目的，法律的目的在于合乎正义地解决法律问题，法的安定性、合目的性、正义性这些价值目的由此成为法律解释和法律补充的根据和指引。③ 那么，在法律解释与补充活动中，如何寻找公正裁决的标准呢？在齐佩利乌斯看来，首先，要从具有多数公认力的正义观念中去寻找，这种正义观念具体化为社会既有的法律，尤其是宪法中的价值判断；其次，当决定要超越现行法进入续造领域时也要努力寻求最大限度的公认力，比如以常识这一社会价值的合意为准；再次，当上述材料仍无法为法官提供正义判准时，"决定的作出只能以法官个人的法

---

① 李静：《裁判者的事实裁量权》，载《北京仲裁》2005 年第 2 期。
② ［德］拉伦茨：《法学方法论》，陈爱娥译，商务印书馆 2003 年版，第 191 页。
③ 参见［德］齐佩利乌斯：《法学方法论》，金振豹译，法律出版社 2009 年版，第 14 页。

感受为基础"。① 对于这样一些在法伦理上无计可施的边界案件，"正义不是被发现，而是被尝试，被以一种试验性的方式加以实现"。诚然，"法律发现的过程并非可以完全通过客观标准事先加以把握的一个纯粹的认识过程。……在那些为法官从事法律解释和漏洞填补留有决定余地的地方，法官可以对法律续造施加影响"②。正是在所谓的宪法判断、社会常识、法感受等非规则性内容中，意识形态获得了介入的空间。

（一）法律解释与意识形态

法律通过语词表达观念，界定法律语词的涵义空间是法律解释的主要任务。如何解读法律，在语义学上有主观解释论与客观解释论两种立场。主观论以探求历史上的立法者意志或意图为目标，客观论以解析法律本身的意义或意图为目标。在专制政体中，以元首意志来解释法律就是一种较为极端的主观解释法；而在民主政体下，以大多数人的共同观念来解释法律则是一种客观解释法。更多的时候，人们是在兼容主观和客观因素的中间立场上进行法律解释。法律解释的最终目标是"探求法律在今日法秩序的标准意义……而只有同时考虑历史上的立法者的规定意向及其具体的规范想法，而不是完全忽视它，如此才能确定法律在法秩序上的标准意义"③。法律解释只能在法律的可能语义空间内进行，超越这一空间就不再是法律解释了。"可能之语义的界限也即是解释的界限。如果法学要越过这一界限，则不能再通过法律解释，而只能借助法律补充性的，或法律纠正性的法律续造，尤其是通过'漏洞填补'来实现。"④由于法律以社会为基

---

① ［德］齐佩利乌斯：《法学方法论》，金振豹译，法律出版社 2009 年版，第 26 页。

② ［德］齐佩利乌斯：《法学方法论》，金振豹译，法律出版社 2009 年版，第 26 页。

③ ［德］拉伦茨：《法学方法论》，陈爱娥译，商务印书馆 2003 年版，第 199 页。

④ ［德］齐佩利乌斯：《法学方法论》，金振豹译，法律出版社 2009 年版，第 66 页。

础，特定社会关系和社会政治观念是法律规范得以立足的背景，这一背景的变动势必给法律的意义带来变迁。解释法律可能之语义，也就不能不受到特定社会思想文化及其变迁的影响，解释活动也就必然会渗入道德或政治判断。"规则的解释通常要求某种实质性的道德或政治性判断——不仅包括受法律本身约束的实质性道德判断，而且包括不可避免地进入法律术语解释中的实质性判断。"①实质性判断的运用使得"规则的意义就是实体判断的产物。在本质上，通常至少有部分的政治或道德特点"②。因此，"不同的法官属于各种不同的相互对立的政治传统，不同的法官们的阐释在其关键部分露出不同的意识形态，这也无需为之震惊"③。

检视几种具体的法律解释方法，可以发现其中可能涉及意识形态因素。其一，历史解释法，探求的是"历史上的立法者之规定意向、目标及规范想法"④。立法者意志可以从立法史中关于法律起草者的规范想法中获取，这一资源具体包括立法草案及其说明、立法讨论记录、立法机关报道等。"立法史及立法过程中的有关资料，如调查报告、立法草案、审议记录、立法理由书中的说明书以及当时发生的相关讨论等都成为法官进行历史解释的依据。"⑤对立法意志的回溯和爬梳，其实质就在于"最大可能地充分考虑到立法者的精神"⑥。由于立法是一种公共决策活动，围绕某一法律的价值观或意识形态及其争议势必展现于上述材料中，反映着立法者意志或精神的应有内容，由此成为历史解释法运用的一种重要依据。施泰因多夫就将"法律政治"内容包纳在法律的历史解释标准之中，而其所云的

---

①　[美]凯斯·R.孙斯坦：《法律推理与政治冲突》，金朝武等译，法律出版社2004年版，第149页。

②　[美]凯斯·R.孙斯坦：《法律推理与政治冲突》，金朝武等译，法律出版社2004年版，第153页。

③　[美]德沃金：《法律帝国》，李常青译，中国大百科全书出版社1996年版，第81页。

④　[德]拉伦茨：《法学方法论》，陈爱娥译，商务印书馆2003年版，第207页。

⑤　武飞：《法律解释：服从拟或创造》，北京大学出版社2010年版，第55页。

⑥　[德]恩吉施：《法律思维导论》，郑永流译，法律出版社2004年版，第106页。

"法律政治"就是法律在政治上的目标，政治意识形态是一种集中的表现。① 立法过程中介入其间的意识形态本已被立法者转化为法律概念和范畴，而在解释法律时法官所再次考量的意识形态实际上是对立法者立法意识形态的一种回顾，通过回顾以把握受意识形态渗透或塑造的法律的具体含义。需注意的是，法官作为能动的个体，探究立法者意识形态安排的同时，很可能将个人的意识形态偏好或倾向掺杂其间，法律意义的历史解读也由此包含了一定程度上的法官意识形态考量。其二，社会学解释法，将社会效果的考量引入法律解释之中并作为确定法律含义的根据或参考。②"社会学解释方法是将政治、经济、文化等因素引入法律解释中的重要通道。"③社会价值上的需要、主流民意的要求、社会效果上的妥当性等成为确定法律意义的判准，社会的伦理观念或政治价值都可能由此介入到法律意义的阐明活动之中。其三，合宪性解释法，宪法代表着最高法伦理性原则，尤其是宪法基本权利中所体现的原则和价值，如人性尊严、自由和平等、法治国、社会国等。因此，"在多数可能的解释中，应始终优先选用最能符合宪法原则者"④。宪法具有鲜明的意识形态性，不仅制宪展现着意识形态竞争和汇聚，宪法文本是主流意识形态的表达，而且行宪也有赖于意识形态的整合。因此，合宪性解释是无法回避意识形态的。⑤ 需注意的是，宪法原则需要填补，"在具体化宪法原则时，法官应尊重立法者对具体化的优先特权"⑥。只有当立法规整和具体化在根本上与宪法原则相抵触之时，司法才能进入具体化宪法原则的领域。

---

① 转引自［德］拉伦茨：《法学方法论》，陈爱娥译，商务印书馆2003年版，第210页。

② 这里的社会效果是广义的，即法律效果之外的社会效果，包括政治上、经济上、文化上的效果。

③ 王利明：《法学方法论》，中国人民大学出版社2012年版，第442页。

④ ［德］拉伦茨：《法学方法论》，陈爱娥译，商务印书馆2003年版，第217页。

⑤ 参见刘连泰：《论宪法的意识形态属性》，《北京联合大学学报（人文社会科学版）》2017年第1期。

⑥ ［德］拉伦茨：《法学方法论》，陈爱娥译，商务印书馆2003年版，第221页。

(二)法律续造与意识形态

法律解释与法的续造是司法裁判思维的一个连续体，在法律可能语义之内的是法律解释，超越语义则进入法律续造或曰法律补充校正领域。根据超越法律语义的程度，超越语义但仍在立法者计划之内的是法律内的法的续造或曰漏洞填补，超越漏洞填补的界限仍在整体法秩序之内的是超越法律的法的续造。"不能拒绝裁判的法官有为法解释的义务，如法律有漏洞，亦有填补漏洞的义务，反之，只在有重大事由的情况，法官才会决定从事超越法律的法的续造。"①

首先就漏洞填补而言，法律必有漏洞，司法不得拒绝裁判，法官由此获得了填补漏洞的权力。法律漏洞是违反立法计划的不圆满性，"须以法律本身的观点、法律的根本规整意向、借此追求的目的以及立法者的'计划'为准"来检视和判断上述漏洞是否存在，而立法计划则"必须透过法律，以历史解释及目的论解释的方法来求得"②。须填补的漏洞性质不同，填补漏洞的方法有别：填补开放的漏洞，主要通过类推适用、目的论扩张等方法，遵循"同等事物，同等对待"原则；填补隐藏的漏洞，主要通过目的论的限缩等方法，遵循"不同事物，不同对待"原则。不管是目的性限缩还是目的性扩张，都需要对法律的目的进行考量，只有通过目的考量才能确定法律文义失之过宽从而要限缩其适用范围，或者失之过窄从而应扩张其适用范围。目的考量在一定程度上给裁判者施加了限制，与此同时，目的考量也赋予裁判者相当大的自由裁量空间。考察立法的目的或规范的意旨并不容易，既需要着眼于法律文本来探究，有时还必须到文本之外，即结合历史解释、社会学解释等方法来确定目的；遇有目的多元情况时还应当进行价值衡量与抉择。③ 通过历史解释、社会学解释、价值衡量等具体方法，

---

①　［德］拉伦茨：《法学方法论》，陈爱娥译，商务印书馆2003年版，第246~247页。

②　［德］拉伦茨：《法学方法论》，陈爱娥译，商务印书馆2003年版，第251页。

③　参见王利民：《法学方法论》，中国人民大学出版社2012年版，第421~422页。

意识形态因素在法律的目的考察过程中的介入成为可能。

就超越法律的法的续造而言，旨在解决法律解释、漏洞填补方法不足以解决的问题，"虽然在'法律之外'（超越法律的规整），但仍在'法秩序之内'（其仍须坚守由整体法秩序及其根本的法律原则所划定的界限）"①。超越法律的法的续造是一种创造性的法律补充，其所依据的具体标准有鉴于法律交易上的需要、事物的本质、法伦理性原则、法理念等。其中，法理念体现了人类追求至善的意志或取向，由正义性、合目的性与安定性三个要素构成。由于法理念"不但尚未直接为'宪法'、其他制定法或习惯法所明文规定，而且不能明显自'宪法'或法律规定归纳出"②，所以，法理念的内容往往需要结合特定时期特定社会的文化价值环境来把握，其内容就主要体现为法政策、法伦理上的意识形态安排。由于过于抽象和宏观以及较大的自由裁量空间，鉴于"禁止向一般条款逃逸"原则，法理念在创造性法律补充活动中必须经过具体化，即将理念具体化为原则，再结合案件事实获得最终的裁判规范。作为法理念的具体化形态，法伦理性原则蕴含着实质正义内涵，"作为原则，其并非可直接适用于具体个案的规则，毋宁为一种指导思想"③。可以说，在法理念与法规则之间，法伦理性原则发挥着中介和桥梁的作用。根据法伦理性原则进行法律续造，就是要将法理念中蕴含的政策或意识形态要求转化到具体案件的裁判规则之中进而影响案件的裁判结果。所以，法伦理性原则的运用是意识形态介入裁判的一个范例。

（三）经由意识形态的法律发现模式

法律发现方法体系中，一类方法是基于形式理性的发现法，着眼于法律的文义和体系，秉持价值中立或价值无涉的司法立场；另一种方法则基于目的理性或价值理性的发现法，对法律进行目的考量或价值权衡，进入

---

① ［德］拉伦茨：《法学方法论》，陈爱娥译，商务印书馆2003年版，第287页。
② 黄茂荣：《法学方法与现代民法》，法律出版社2007年版，第477页。
③ ［德］拉伦茨：《法学方法论》，陈爱娥译，商务印书馆2003年版，第293页。

"法律的历史、法律的意图或目的、法律的价值取向、社会习惯或惯例、社会效用或社会利益、社会公共政策以及社会公平正义观念等实质内容"①。可以说，正是在对法律进行实质推导的过程中，在法官行使自由裁量权的空间内，各种法外的价值观念经由法官个体的主观意志和价值偏好之介质得以进入裁判过程，包括意识形态在内的法外因素也成为发现和确立裁判前提的参考或依据，也成为司法推理整个过程及其结果的论证资源。换言之，在裁判过程中，不管是法律解释还是法律补充方法，之所以可能涉及意识形态因素，根本上是缘于法律发现过程中不可避免的价值衡量与判断。② 所谓价值衡量与判断，就是在面临立法上的价值判断不清、过时或缺位的情形，法官针对个案中所涉之利益冲突进行价值衡量和选择，对所涉之价值空位进行价值发现和填补，通过价值判断为个案裁判确立最终的裁判依据。法律解释过程中，含义明了的规范是不存在价值判断余地的；文义有模糊但通过体系解释、历史解释等方法可以确定的规范也不需要价值判断；当不确定之文义无法通过上述手段予以确定的时候，"法院就不得不根据它关于正义与合理政策的观念进行价值判断，以确定哪一种对该条款的解释更为可取"；而"当法官在未规定案件中创制新的规范或废弃过时的规则以采纳某种适时的规则的时候，价值判断在司法过程中会发挥最大限度的作用"③。一定社会道德性的、政治上的意识形态正是通过法官的价值判断、衡量与选择活动介入法律发现活动中。

进一步讲，法律发现过程中之所以要运用价值衡量，在根本上源于法律本质上所具有的不确定性。如果法律在大多数案件上都存在正确答案的话，意识形态的影响也就失去存在的可能性了；正是法律具有内在的不确

---

① 王洪：《制定法推理与判例法推理》，中国政法大学出版社 2013 年版，第 229 页。

② 价值衡量、利益衡量、法益衡量的用法在学理上存在争议，本书是在广义上理解价值衡量，并不严格区分价值衡量与利益衡量或法益衡量。

③ ［美］博登海默：《法理学：法律哲学与法律方法》，邓正来译，中国政法大学出版社 2004 年版，第 527 页。

定性，很多时候案件在法律上没有唯一或明确的回答，意识形态的影响力才会表现出来。而如何看待和对待法律的不确定性，直接决定了意识形态介入裁判过程的模式和程度。自治模型中，法律确定而自主，排斥意识形态，意识形态的介入受到严格的限制。嵌入模型中，法律的不确定性被夸大，意识形态对司法的介入是相当频繁而无甚障碍的，甚至可以说在不需要意识形态介入的法律解释活动中都会被意识形态介入。在交叉模型中，法律是兼具确定性与不确定性的规范体系，裁判中意识形态因素的介入既得到肯定又受到制约。

站在司法与意识形态关系的交叉互动立场上，作为价值判断标准或依据的意识形态，其主观性风险是需要防范或规制的，否则就有可能变成法官的独断或任性。"严格要求法官必须在法律框架内进行判断，努力寻求立法者的价值判断，依据法律上的价值体系进行判断，都是有效地约束法官价值判断的措施。"①因此，法官的价值判断不能停留在个人的意识形态偏好层面，而应尊重法律秩序内在的价值理念安排，服从法律价值体系的位阶及其冲突解决规则，同时，还应尊重并服从社会的普遍价值观念或主流意识形态主张。也就是说，行价值判断的法官应该竭力将个人意识形态偏好与主流意识形态、法律意识形态与法外意识形态予以有机地整合。展开来讲，涉及意识形态介入裁判的有如下几个具体的注意事项。

其一，在介入形式和内容上，嵌入型司法中，意识形态频繁而无障碍地介入裁判，意识形态话语表达可以不需要经过任何转化而直接呈现于裁判过程中。与之形成对照的是，在交叉型司法中，意识形态需要经过转化并以法律范畴的方式才能介入裁判。经过转化得以介入司法的意识形态在内容上主要体现为法律的非正式渊源：一类是体现在公共政策中的意识形态，作为"尚未被整合到法律之中的政府政策和惯例"②的公共政策是政治意识形态的表达形式；一类是体现在社会道德观念中的意识形态，主要是

---

① 王利民：《法学方法论》，中国人民大学出版社 2012 年版，第 581 页。
② ［美］博登海默：《法理学：法律哲学与法律方法》，邓正来译，中国政法大学出版社 2004 年版，第 487 页。

指社会的道德意识形态；一类是体现在民意或舆论中的意识形态，体现了"不能被视为是已经发展成熟了的完全确定的正义标准或固定的道德信念"①，尽管未成熟或定性，但反映了意识形态强有力的支配性的发展态势。作为非正式法源，意识形态担当的可能角色有三：一是作为解释法律的依据；二是作为填补漏洞的资源；三是作为法官法律适用的前见，意识形态会创造一些无意识的前见，由法官带入具体案件裁判过程。② 不管是哪种角色，最终作为裁判依据的意识形态必须具体化为某种裁判规则的形式。

其二，在介入限度和范围上，包括意识形态等在内的非正式渊源主要作为基于形式理性所发现的正式法律渊源的补充或后备力量。"当一种正式的权威性的法律渊源就某个法律问题提供了一个明确的答案时，那么在绝大多数情况下，就不需要亦不应当再诉诸法律的非正式渊源。……当一项正式法律文献表现出可能会产生两种解释的模棱两可性和不确定性……的时候，就应当诉诸非正式渊源，以求获得一种最利于实现理性与正义的解决方法。另外，当正式渊源完全不能为案件的解决提供审判规则时，依赖非正式渊源也就理所当然地成为一种强制性的途径。"③意识形态因素介入的案件范围限于所谓的非常规案件，在这种类型的案件中，仅仅有法律教义、制度约束还远远不足以令法官公正地解决问题，政策偏好、策略考量以及个人气质、经验、雄心等因素混合在一起为法官提供裁判指引。④从司法推理模式上看，意识形态介入的案件需要启动有价值渗透的辩证推理，当然，这种辩证推理往往与无价值介入的形式推理混合使用，"我们

---

①　[美]博登海默：《法理学：法律哲学与法律方法》，邓正来译，中国政法大学出版社 2004 年版，第 491 页。

②　参见[美]波斯纳：《法官如何思考》，苏力译，北京大学出版社 2009 年版，第 9 页。

③　[美]博登海默：《法理学：法律哲学与法律方法》，邓正来译，中国政法大学出版社 2004 年版，第 430 页。

④　参见[美]波斯纳：《法官如何思考》，苏力译，北京大学出版社 2009 年版，第 79 页。

不应当这样认为，即人们必须在推理的分析形式与辩证形式之间做出排他性的选择，即使用一种推理形式就得排除采取另一种推理形式。实践中经常发生的情况是，这两种论证方式在同一案件的审理过程中往往会以某种混合的形式出现"①。司法生命中的逻辑与经验两个面向由此被有机地结合起来，一如布宁所言，"法律的生命不是逻辑，而是由逻辑构造的经验"②。需指出的是，从意识形态角度来看简易案件与疑难案件之分，与传统意义上规则视角的简易与疑难之分有所不同。规则视角上的简易案件在意识形态视角上有可能是一个疑难案件，因为法官的意识形态偏好可能并不支持一个可直接适用的规则，从而就要展开意识形态论证，以便将他所偏好的规则与政策引入裁判。而传统意义上的疑难案件反而在意识形态视角上有可能转变为一个简易案件，因为在两个以上可适用的规则面前，法官基于意识形态偏好的选择将会是一件较容易的事情。③

四、裁判论证与意识形态

(一)裁判论证中的意识形态

法律解释是法律推理的一个环节，而解释和推理又都是在法律论证的框架中进行的，"法学的理性在于它的论证之理性"④，裁判论证是对裁判结果的正当化，既是裁判理性的基本保证，也是裁判可接受性的客观基础。在事实认定与法律发现的基础上作出裁判，解决的是"法官是如何得出一个裁判结果"的问题，需要继续追问的是"法官是如何证明裁判结果的正当性"的问题，这便进入裁判论证说理领域。一种典型的理论将法律论

---

① ［美］博登海默：《法理学：法律哲学与法律方法》，邓正来译，中国政法大学出版社 2004 年版，第 524 页。

② Leonard G. Boonin, Concerning the Relation of Logic to Law, Journal of Legal Education 1964, 17.

③ 参见［美］肯尼迪：《判决的批判》，王家国译，法律出版社 2012 年版，第 128 页。

④ ［德］考夫曼、哈斯默尔主编：《当代法哲学和法律理论导论》，郑永流译，法律出版社 2002 年版，第 462 页。

证划分为内部证成与外部证成,① 前者要求裁判须从前提中逻辑地推导出来,后者要求前提本身必须是正确或真实的,② 两方面分别确立裁判结果的内部正当性与外部正当性。裁判的内部证成主要体现为司法三段论模型,这是裁判论证的最基本要求。与基于三段论推理逻辑的传统意义上的论证不同的是,外部证成更注重实质的非形式逻辑,外部证成成为当代裁判论证的焦点和核心问题。③ 下面主要就外部证成与意识形态的关系谈一谈裁判论证中的意识形态。裁判论证说理要求法官为裁判结果提供依据并阐明所提出依据的依据,如果说裁判结果的依据是第一性依据,那些援引和选择这些依据的依据就是第二性依据。第一性依据是内在于法律体系之中的规范性依据或形式性依据;第二性依据包括"事实构成上的释明性依据;法律内的形式性依据;法律外的实质性依据"④。在这里,实质性依据指涉着法律之外的道德、政治、经济、习俗或其他社会因素。一般来讲,简单或常规案件一般不涉及实质性依据即可完成论证说理,而疑难复杂案件则须进入实质性依据之探明。在裁判结果探寻实质性依据的合理化论证活动,法官需要对道德、经济、政治等法外因素予以实质性考量,⑤ 正是在这种情况下,司法裁判"不可避免地浸染在意识形态、评价和利益之中"⑥。也可以说,意识形态作为一种论证资源得以进入裁判者的视野。

---

① 参见[德]阿列克西:《法律论证理论》,舒国滢译,中国法制出版社 2002 年版,第 274 页。

② 参见王鹏翔:《目的性限缩之论证结构》,载王文杰主编:《月旦民商法研究·法学方法论》,清华大学出版社 2004 年版。

③ 参见焦宝乾:《法律论证:思维与方法》,北京大学出版社 2010 年版,第 135 页。

④ 陈林林:《裁判的进路与方法——司法论证理论导论》,中国政法大学出版社 2007 年版,第 10 页。

⑤ 参见陈林林:《裁判的进路与方法——司法论证理论导论》,中国政法大学出版社 2007 年版,第 52 页。

⑥ Donald J. Black, Book Review: Law, Society, and Industrial Justice, 78 (3) American Journal of Sociology, 1972, p. 709.

（二）基于意识形态的裁判论证方式

基于意识形态的裁判论证，主要采取的是原则论证和政策考量两种具体的方式。法律原则是"规则和价值观念的汇合点"①。法律原则具有鲜明的道德性，"被视为直接调控着大多数受到道德考量影响的行为和判断的场合"②。也就是说，原则背后潜隐着社会一般道德观念与价值共识，因此，原则成为意识形态的一个载体。基于原则的论证就是要为某原则排除某规则的适用、某原则排除另一原则的适用提供更强的理由说明，为此，裁判者就要进行原则权衡，"对该当语境中的所有原则和价值观念，负有周全考虑之义务"③。原则论证的过程表现为原则的具体化，在这一过程中，首先要确定案件中应予以使用的原则，接着，为该原则寻找下位原则，再就该原则排除相关规则的适用提出解释，进而建立规则或提出原规则的例外规则，最后形成适用于个案的裁判规范。④ 在原则论证中，意识形态在原则的具体化过程中得以实现并介入裁判结果。

"政策是意识形态的一个潜在木马"⑤，政策中潜隐着意识形态，其所诉诸的价值体现为意识形态主张，又或者说，某种意识形态总是将其对利益和价值的安排转化到政策话语之中以期获得实现，所以，经由政策考量，意识形态得以介入司法裁判。在形式推理无法解决问题或需要使用非演绎理由的情况下，存在权利冲突或道德原则冲突，需要对冲突的政策进行权衡，这种权衡一定意义上就是对相关意识形态价值主张的考量。政策

①　[英]麦考密克、[奥]魏因贝格尔：《制度法论》，周叶谦译，中国政法大学出版社 2004 年版，第 90 页。

②　[英]拉兹：《法律原则与法律的界限》，雷磊译，载《比较法研究》2009 年第 6 期。

③　陈林林：《裁判的进路与方法——司法论证理论导论》，中国政法大学出版社 2007 年版，第 163 页。

④　参见舒国滢：《法律原则适用中的难题何在》，载《苏州大学学报（哲学社会科学版）》2004 年第 6 期。

⑤　[美]肯尼迪：《判决的批判》，王家国译，法律出版社 2012 年版，第 98 页。

及其反映的意识形态由此成为裁判规则建构过程中的非演绎性资源或依据，裁判者也成为自觉或不自觉的意识形态行动者、执行者。当然，意识形态涉及的政策论证与基于演绎的推理并不矛盾，"如果可用规则明确指向政策，或要求一种确定的衡平，或表现为一个标准，那么法官忠诚于法律的义务要求他使用政策而非演绎。如果没有哪个可用规则要求政策论证，且存在一个法律素材的解释可以从那些素材中演绎得来，那么它可能就是合乎法律的正确解释"①。也就是说，基于意识形态的政策论证并非否定或排除基于规则的演绎论证，两者得以适用的案件情形有别。而且，更多的时候，两者在裁判过程中是相互配合、携手并进的，即受政策论证补充或指引的演绎论证，这种方式"有一个演绎框架……在每个关键点上，法官或学者会诉诸权利、道德、效用或制度原因等非演绎得来的因素，用政策主张来补足明显无力或错误的演绎处理法"②。

第三节　裁判可接受性的意识形态修辞

一、裁判可接受性的意识形态视角

（一）裁判可接受性问题的缘起与实质

不同于正当性、合法性或合理性，可接受性聚焦于接受主体的主观认知和评价，受众本位是可接受性最为突出的特点。③可接受性是多学科研究主题，法学中也广泛存在着可接受性问题。在立法领域，立法可接受性就是立法为社会公众的认同与接受的问题，可接受性将立法研究与立法实践的视角转到社会公众的法律需求与接受能力上。执法领域同样存在着执法行为

---

① ［美］肯尼迪：《判决的批判》，王家国译，法律出版社 2012 年版，第 70 页。
② ［美］肯尼迪：《判决的批判》，王家国译，法律出版社 2012 年版，第 74 页。
③ 参见孙光宁：《可接受性：法律方法的一个分析视角》，北京大学出版社 2012 年版，第 17 页。

被执法相对人的接受问题，在行政执法从单方性向参与性、从强制性向合意协作性转变的新行政法发展背景下，执法可接受性问题更具有现实意义。

司法领域中同样存在着可接受性问题，可接受性在司法领域的呈现并非空穴来风，而是有着深厚的司法方法论研究基础。早在 20 世纪的六七十年代，就有学者开始关注裁判领域的听众问题。有学者认为，法律论证应是听众中心的，论证的影响力除了要有论证可靠性基础之外，还要接受听众的检验。① 论证再可靠，若无法得到听众的接受，也很难说是成功的。法律论证的听众理论研究代表人物佩雷尔曼认为，法律论证意在实现听众对于言说者意见的内心认同，因此，听众概念在法律论证理论中占据着关键位置。法律论证的听众包括普通听众、单一听众和自我听众，其中，普通听众是泛指具有理性及相应能力的人，单一听众是特定情境中的特定听众，自我听众是言说者自己。佩雷尔曼认为，理性的法律论证必然是得到普遍听众接受的论证。② 相较于佩雷尔曼的宏观研究，听众理论的另一代表人物阿尔尼奥则采取了一个微观进路。阿尔尼奥认为，理性论证既要采取理性的方式又要得到听众的接受，而所谓听众就是一群拥有共同生活方式和共同价值规范的人，理性论证与说服在这样一群人中才是可能的，当然，如果不同的人之间存在生活方式与价值规范的交集或共识，那么，在这些共识基础上的理性论证也能够获得接受。③ 阿尔尼奥对听众进行了进一步的划分：普遍听众、特定听众、理想听众、具体听众。普遍听众是理性之人，"普遍听众的认同和信服是论辩的合理性与客观的标准"④，类似

---

① See Austin J. Freely, Argumentation and Debate: Critical Thinking For Reason Decision Making, Wadsworth Publishing, 1993, p. 136.

② See Chaim Perelman & Lucie Olbrechts-Tyteca, The new rhetoric: a treatise on argumentation, Translated by John Wilkinson & Purcell weaver, University of Notre Dame Press, 1969, pp. 19-30.

③ See Aulius Aarnio, The Rational as Reasonable: A Treatise on Legal Justification, D. Reidel Publishing Company, 1987, pp. 222-230.

④ Chaim Perelman, L. Olbrechts-Tyteca, The New Rhetoric: A Treatise on Argumentation, University of Notre Dame Press, 1969, p. 40.

于哈贝马斯的理想言谈情境；特定听众是生活于特定文化传统中的听众；理想听众是抽象的被理论建构的听众；具体听众是实存、有限、具体存在的听众。阿尔尼奥认为，只有特定而理想的听众才能够成为裁判可接受性的基础，这一类型的听众既生活在同一生活形式中又具备接受理性论证的基础或标准。① 上述两位代表性学者的代表性理论既对听众理论进行了建构，又为裁判可接受性指明了检验标准。然而，从听众这一核心概念来看，两人的研究均有值得我们反思的地方。佩雷尔曼的听众理论更强调普遍听众，但是，普遍听众概念只是一个理想类型，它删除了听众的具体历史与现实语境，同时也忽略了听众的多样性与差异性。阿尔尼奥转而寻求一个具体而明晰的听众概念，将其限定于法律职业共同体群落，然而，这一理论限缩简单而蛮横地将其他裁判听众给排除或代表了。②

从裁判可接受性论题产生的学理背景可以看出，裁判可接受性探讨的是裁判受众的主观认知与评价的问题，而受众对裁判的认知和评判将直接决定着其对裁判结果的服从与否，这也正是现代司法裁判权威能否确立的关键所在。裁判通过说理具有正当性，这只是为裁判权威的建立提供了一个内部要素，裁判权威是在裁判与裁判受众之间产生的，裁判权威的最终建立还需要得到裁判受众的文化接受和认同，而裁判受众的接受和认同就是裁判说理的可接受性问题。因此，裁判权威的确立除了要论证裁判的正当性之外，还需要实现裁判的可接受性。对于裁判可接受性来讲，裁判正当性是客观基础，不能将裁判可接受性等同于裁判正当性，也不能用裁判可接受性取代裁判正当性，因为，如果法官裁判首要考虑的不是裁判的正当性或合法性，不从实体法与程序法出发，而是更多地考虑裁判的可接受性，考虑裁判结果与社会大众道德价值观念的相符性的话，这样的裁判可

① See Aulius Aarnio, The Rational as Reasonable: A Treatise on Legal Justification, D. Reidel Publishing Company, 1987, pp. 221-222.

② 参见谢小瑶、赵冬:《裁判可接受性的"理想"与"现实"》，载《南京大学法律评论》2013年春季卷。

接受性将是违背法治理念的。①

在实质上，受众本位的裁判可接受性追问的是裁判受众对裁判过程及其结果的价值认同和行为遵从，是裁判过程及其结果所体现的司法正义与人们的正义预期和正义取向之间的契合。由于现代社会利益和价值的多元多样化现实的客观存在，能够得到社会认同的裁判正义必然是整合了的社会正义观，是立法正义与司法正义、法律正义与社会正义、实体正义与程序正义有机融合了的正义观。正义观念之共识在此便处于枢纽的位置，现代社会"必须把价值多元看作一种正常状态和持久条件，而不是例外和反常。这样，就必须努力寻求一种为各种广泛的宗教、哲学与道德理论认可的持续共识，且这种共识不宜通过国家力量来维持，而是要得到其政治上活跃的公民的一种实质性多数的自愿和自由的支持"②。裁判受众作为认同主体所认同的裁判正义也必然是综合了的正义诉求。

(二)裁判可接受性的现实复杂性

在根本上属于价值认同的裁判可接受性，因裁判受众类型的不同、认同接受动机原因的差异以及认同接受标准的区别而呈现出一个值得深入挖掘的文化心理认同机制。

不同的受众以及不同的主客观原因决定了裁判接受认同的不同程度与形式，比如依从性接受和认同性接受之间就存在质的差异，前者是有着或多或少被动或被迫的成分，是不稳定的低水平的接受，而后者则代表着接受的高级阶段，是基于情感、理性、利益、价值认同的自觉、主动的接受。③ 这也表明裁判认同结果或裁判认同度必然是多样的、多元化的，这种多样或多元化的认同结果进一步折射出通过接受和认同的裁判权威的生成规律。裁

---

① 参见向朝霞：《论司法裁判的社会可接受性》，载《太原师范学院学报（社会科学版）》2008 年第 1 期。

② 何怀宏：《伦理学是什么》，北京大学出版社 2002 年版，第 86 页。

③ 参见赵继伟：《马克思主义意识形态接受论》，武汉大学出版社 2009 年版，第179～190 页

判受众在范围上可以划分为核心受众和非核心受众，核心受众是当事人和司法机关，非核心受众是专家学者、新闻媒体以及一般社会公众。当事人是裁判的直接承受者，与裁判有根本利害关系，理应成为裁判可接受性的主要受众；与之紧密相关但又相对独立的受众是当事人的辩护人或代理人，这些职业法律人作为受众的视角和标准是职业化、专业化的。作出裁判的司法机关一般不是自己所作裁判的受众，但不同层级的司法机关之间却可能成为彼此裁判的受众，比如二审法院是一审判决的受众，再审法院是生效判决的受众。新闻媒体、专家学者，与案件无利害关系，一般普通案件也不会进入他们的视野，富有争议性和影响性案件裁判才会引起他们的足够兴趣。对于一般社会公众而言，同样只有有争议性、影响性或典型性的案件才会引起他们的关注，通过网络的舆论或民意逐渐成为普通民众关于裁判可接受性的主要表达窗口。上述受众又可以进一步划分为外部认同主体和内部认同主体两种类型，前一类型代表的是案件当事人、社会公众对裁判的认同，后一类型代表的是上级法院法官对本级法院裁判的认同。一般我们所讲的裁判接受和认同主要指的是外部认同，在外部认同类型中，当事人与裁判有直接而紧密的利害关联，无论在情感上还是在理性上，当事人对裁判的认知和评价都是最显著而强烈的，其认同基础主要在于个案，体现为个案中的当事人诉讼心理，当事人视角的裁判认同主观性较强。社会公众对裁判的认同相对来说更为间接一点和宏观一点，其认同基础不限于司法个案，体现为公众对司法裁判乃至司法环境整体的观念和立场，社会主流价值观念在社会公众的裁判认同过程中的作用较为突出。

按照怎样的标准来认同，或者如何衡量认同还是不认同，在抽象静态的意义上凝练为两项裁判文化共识：一是裁判在事实和法律、程序与实体、裁判结果等方面的合法性；二是裁判的合理性问题，"合理的个案裁判，必须接受三个维度的审查：第一，'向上'审查，看其是否传达了法律秩序，尤其是宪法规范中的理念与价值；第二，'向下'审查，验证其是否兼容于具体规范的规范意图；第三，'向外'审查，检视其是否符合社会通行的正义观和价值取向"①。而当深入受众认同的心理过程之时，我们会发现影响受众认同的因素是复杂的。受众认同裁判的心理过程可以分为两个阶段：第一个阶段是裁判信息的输入及其对受众心理的刺激；第二个阶段是受众在心理刺激后的行为外化。以当事人为例，裁判过程完毕、裁判结果作出，这些信息便会对其心理产生刺激，引发其接受与否的心理反应和选择，在这种心理影响支配之下，当事人进而会采取接受与否的行动，当判决生效之前当事人未上诉，判决生效后当事人未申诉，可表明其接受裁判；而选择上诉或申诉、不自觉履行判决或抗拒判决执行则代表不接受。从裁判信息输入到裁判认同输出，这一过程中受众对裁判信息的消化是建立在一定主客观基础上的，对于当事人来说，当事人在诉讼过程中产生的裁判结果预期、裁判过程与裁判文书中说理的说服力、裁判效率及当事人的诉讼成本考量等因素都切实地影响着当事人对裁判的接受。此外，司法主体与司法程序的权威性作为先在性因素的影响力同样不容忽视。与此同时，裁判受众所输出的认同结果也会因思想与行为上的分离而呈现为或强或弱、或主动或被动、或形式或实质的裁判服从形式。对于当事人来说，如果在法定期限内未上诉、申诉，自觉履行判决内容，可以认定为裁判接受，但是如果这个接受只是行动的被动接受，而内心并未认同，则可认定为形式接受；如果不仅行动上接受，内心上也认同，则可认定为实质接受。当事人作为受众的裁判认同与服从是基础性、个体性的，而欲从整体上来研判一级法院的裁判权威，则需要通过对包括当事人和司法机关等不同受众的裁判认同情况的综合分析来获得，其主要研判指数包括一审服判率（一审后未上诉、抗诉案件占一审裁判案件总量的比例）、生效裁判服判率（裁判生效后未申诉、申诉再审案件占全部生效裁判案件总量的比例）、申请执行率（裁判生效后因未自愿履行而向法院申请执行的案件占全部生效裁判案件总量的比例）、二审维持率（进入二审的一审裁判被维持数占二

---

①　陈林林：《裁判的进路与方法——司法论证理论导论》，中国政法大学出版社2007年版，第52页。

审结案总量的比例)、再审维持率(已生效裁判进入再审被维持的案件量占再审结案总量的比例)、生效判决维持率(生效裁判被法院维持量占全部生效裁判总量的比例)等。

(三)修辞学与意识形态视角的呈现

基于上文所言及的裁判可接受性的问题实质及其现实复杂性,如何增强可接受性从而获得认同,这里有一个方法论与分析视角的选择问题。这一方法论和分析视角必须有助于针对裁判可接受性的价值认同实质与社会文化心理上的现实复杂性。根据理论内核及其解释能力,我们把眼光聚焦于修辞学上。在理论内核上,新修辞学的核心对象是听众与可接受性,新修辞学认为,"有效力的论证是针对特定听众(听者和读者)产生影响的论证。听众的要求与知识背景不同,不仅影响论证的构造,也影响论证的效力。考虑论证的听众,不是逻辑学的要求,而是修辞学要求"①。就其解释能力而言,"修辞的方法已经成为与逻辑方法和对话方法并列的基本方法之一。如果说对话方法搭建了法律论证过程的平台,逻辑方法侧重于保障论证的真实,那么,修辞方法则是在言说者——受众关系发展过程中的具体内容"②。实际上,前面谈到裁判可接受性问题产生的学理背景的时候已经指出,可接受性在司法领域的缘起和发展端赖佩雷尔曼这些修辞学代表人物的努力。诚如波斯纳所言,"判决的艺术必然是修辞"③,而司法裁判的"修辞并不是空洞的辞藻和堂皇的外衣,而是让枯燥的法律成为更容易吞食的胶囊或糖衣。如果把司法判决表述为法律产品的生产,则判决的修辞就是法律产品的促销手段,只有经过修辞的判决才能为公众更好地接

---

① 武志宏等主编:《批判性思维——以论证逻辑为工具》,陕西人民出版社 2005年版,第108页。

② 孙光宁:《可接受性:法律方法的一个分析视角》,北京大学出版社 2012年版,第74页。

③ [美]波斯纳:《法律与文学》,李国庆译,法律出版社 2002年版,第371页。

受"①。裁判修辞的根本目的就在于说服司法受众进而实现裁判结果的可接受性。裁判修辞是围绕裁判说服与可接受性展开的，旨在在法官与当事人、法律职业群体、社会公众等司法受众之间达成接受关系，在这种接受关系中，一方是作为裁判主体的法院法官，另一方是当事人、法律职业群体、社会公众等裁判受众，两方主体之间的认同接受关系的建立又是以司法环境为制度和文化背景。

那么，裁判可接受性的修辞视角与我们言及的意识形态有着怎样的关系呢？就其论证基础来讲，修辞学始终是一种价值论探究，② 修辞论证是价值导向的，连接着价值观，以一定的价值目的为标准，发挥着文化价值凝聚的角色。③ 也就是说，修辞论证以发现、宣扬、凝聚人们的价值观念和主张为功能和使命，特定社会的价值共识是修辞论证展开的前提，而修辞论证的结果也就体现为修辞主体的价值判断与选择的结果。无疑，在修辞学意义上，意识形态与特定的话语模式和修辞方式紧密关联。"意识形态话语在很大程度上依赖修辞"④，而修辞则是意识形态得以实现的重要策略。在这个意义上，笔者认为，裁判可接受性有赖于法官在修辞论证上下苦功夫，而意识形态事关法官修辞论证的前提、对象和结果，意识形态由此得以通过法官的裁判修辞而介入裁判可接受性工作，进而在裁判受众的裁判认同和裁判权威的建构上发挥应有的影响力。

二、意识形态修辞与裁判可接受性

(一)意识形态在裁判修辞中的角色与功能

意识形态一方面作为裁判修辞的共识性依据，是对裁判过程的事实认

---

① 洪浩、陈虎：《论判决的修辞》，载《北大法律评论》2003 年第 1 期。

② See Ralph T. Eubanks, Virgil L. Baker, Toward an Axilogy of Rhetoric, Quarterly Journal of Speech, 1962, 48(2).

③ 参见胡曙中：《西方新修辞学概论》，湘潭大学出版社 2009 年版，第 170~181 页。

④ [美]诺埃尔·卡洛尔：《大众艺术哲学论纲》，严忠志译，商务印书馆 2010 年版，第 545 页。

定与法律发现的非逻辑的修辞性增强，另一方面还能发挥出凝聚、融合裁判受众价值分歧与利益争执的力量。

意识形态首先是作为价值观念共识基础的角色介入裁判修辞论证，这也是意识形态在裁判修辞中所扮演的主要功能性角色。意识形态上的价值共识是裁判修辞论证的出发点，这一观念基础为司法者与司法听众之间的对话商谈、说服交流提供了可能性前提，并为最终的关于纠纷解决的结论性共识创造了条件。新修辞学代表人物佩雷尔曼认为，着力于受众信奉的修辞论辩只能选择已被受众接受的见解或在受众看来没有争议性的意见作为出发点，而符合这一特征的论证出发点可划分为真实类和偏好类两大类，① "前者指包括受众在内的一般人确信是'真实'的那些事物或意见，可以进一步细分为'事实'、'真理'、'认定'三类；后者则指论辩的具体目标受众所'偏好'、喜爱或信服的各类见解，可以进一步细分为'价值'、'价值阶'和'偏好域'等三类"②。与真实类的论证出发点或共识不同，意识形态是体现抽象价值的偏好性出发点，反映着特定文化共同体中人们所信奉和分享的主导性价值理念以及诸种具体价值之间的位阶安排和属性归类。意识形态经常运用于政策论证之中，涉及不同意识形态之间或某种意识形态内部的争论，如个人权利与国家规制、公平竞争与自由竞争等之间的论争。③ 可以说，没有一定的意识形态共识，法官的裁判修辞论辩就无从下手，司法听众的裁判认同和接受也就缺乏基本平台。如果说裁判修辞主要着力于裁判内容及其可接受性，那么，法官裁判及其文书无疑是意识形态修辞作用的核心对象。如何将受众所信奉的真实类和偏好类前提转移到有待接受的结论之上，这是裁判修辞的主要工作，这一工作集中展示在作为裁判修辞的书面言辞载体——裁判文书之上。在裁判文书的修辞中，

---

① Chaim Pereloman, The Realm of Rhetoric, trans. William Kluback, 23 (Notre Dame, 1982).

② 刘亚猛：《西方修辞学史》，外语教学与研究出版社 2008 年版，第 333 页。

③ ［美］库尔特·M. 桑德斯：《作为修辞之法律，作为论证之修辞》，程朝阳译，载《法律方法》2010 年卷。

为实现所谓的"信奉转移"，通过运用各种具体的修辞技巧，意识形态扮演着司法权力修辞的角色，在说服与认同中确立司法与受众之间的权威关系，从而有助于实现通过司法的法律统治。意识形态在裁判修辞中的第二个功能性角色是价值整合，意识形态因素影响或左右着司法听众对裁判结果的态度和价值认同，有助于整合司法受众对裁判结果认知评价上的异质因素或不同意见及其所代表的意识形态立场，最大限度地提升裁判结果的可接受性程度。

意识形态的上述两个功能性角色具体是以什么面目介入裁判修辞的呢？语言是意识形态的寄所和载体，"语言和意识形态的关系是很密切的，通过语言的研究，可以帮助我们认识某种意识形态"①。"传授语言的过程本质上就是传授意识形态的过程"②，而接受语言教化也就是在接受意识形态。意识形态话语介入裁判修辞也主要是通过修辞语言这一形式。在嵌入压制型司法模型中，意识形态话语可以原样进入裁判文书修辞，而无需进行转化或包装，与法律话语形成混杂之势，也对法律话语的修辞运用形成一种模糊化或挤压效果；而在交叉互动型司法模型中，裁判修辞向意识形态话语既保持开放又保持谨慎，意识形态话语必须经过修辞者法官的语言转换方能介入裁判结果之中。所谓转换，就是将意识形态语言转化为法律语言或范畴，又或者说在法律话语体系中为意识形态话语找到寄身之所。

（二）裁判修辞中意识形态运用的制约

尽管修辞论证是异于逻辑论证的或然性论证，意识形态参与其间的裁判修辞论证走了一条主观的价值进路，但是，从裁判修辞者角度上讲，这一价值进路绝不是法官个人的价值偏好任性，它首先要与特定社会的文化传统和意识形态相契合；其次，修辞活动本身还必须遵循作为"思考的和论辩的理性"的修辞理性的制约，而更为关键的制约来自裁判修辞所面对

---

① ［美］杰姆逊：《后现代主义与文化理论》，唐小兵译，北京大学出版社 2005 年版，第 59 页。

② 俞吾金：《意识形态论》，上海人民出版社 1993 年版，第 3 页。

和要说服的听众。司法听众类型和范围决定着裁判修辞的争点与主题，听众的预期、目的和意识形态偏好影响着裁判修辞的方法与技巧，而听众的接受与认同度则直接检验着修辞论辩的合理性与实效性。在现代修辞学意义上，裁判修辞是裁判受众本位的，"修辞学以说服为目的"，"说服与观点有关"，① 说服就不是裁判者的自说自话，其所论辩的观点也不是自娱自乐，而是要面向听众并与之商谈，力求获得听众对裁判观点或结论的接受。"新修辞学的核心部分或要点是听众理念，因为只有顺应听众，说服才有可能。"②"对于法官来讲，其修辞听众是双方当事人、上级法院和开明的公众舆论。"③作为修辞者的法官所面对的最直接的听众是当事人，当事人因裁判结果与其直接利益相关，更多的是从自身利益预期的角度来评价裁判结果，面对纠纷双方当事人不同的利益预期及其价值立场，裁判者应竭力在当事人充分参与的前提下通过裁判修辞寻找到当事人之间的共识，整合彼此之间的价值分歧，以及塑造或引导当事人的司法观念。律师、法官、检察官、法学专家学者等人一方面会因诉讼程序的原因，另一方面更会因职业共同体的原因，成为裁判修辞的听众。同为法律职业人，这些职业性听众被假定为拥有共同的法律价值观和司法观念，因此，这些听众接近前文述及的阿尔尼奥所划分的理想型普遍型听众。面对这些裁判受众，裁判修辞者的职业意识形态在修辞论证中具有强大的说服功能。社会公众属于扩大了的裁判听众范围，尤其是在具有社会影响性的案件中，社会公众是不容忽略的说服对象，而公众对案件的关注更多的是出于伦理道德或政治上的关注，作为文化共同体的社会是面向社会公众修辞论证的背景或环境，而主流意识形态则成为修辞的价值起点和基础。能否立足于

---

① ［比］佩雷尔曼：《旧修辞学与新修辞学》，杨贝译，载《法哲学与法社会学论丛》2005 年总第 8 卷。

② ［比］佩雷尔曼：《旧修辞学与新修辞学》，杨贝译，载《法哲学与法社会学论丛》2005 年总第 8 卷。

③ Chaim Perelman, Justice, Law and Argument: Essays on Moral and Legal Reasoning,. D. Reidel Publishing Company, 1980, p. 151.

文化共同体和主流意识形态来化解意识形态争议、凝聚意识形态共识，是事关公众裁判认同与否的根本性问题。修辞论证的目标在于说服听众对某一论断的接受和认同，而"一项论证的说服力如何，总是有赖于相关听众对什么才是有说服力的看法。是听众决定了一项论断在何时以及在何种程度上为该论证所证成"①。因此，面对多元化的听众及其多样性、差异性的司法需求，为解决事实、定义、定性、程序等方面可能存在的争议，裁判修辞者应当全面考量当事人的个人利益与价值预期、职业意识形态和社会主流意识形态等因素，综合运用各种具体的修辞方法和说服策略，以求得裁判的个人认同、职业认同和社会认同共赢的综合修辞效果。也正是为了达成如此修辞效果，裁判修辞者应兼具言说者与听众的双重角色。

---

①　［美］库尔特·M. 桑德斯：《作为修辞之法律，作为论证之修辞》，程朝阳译，载《法律方法》2010 年卷。

结　　语

一、基本结论

本书以意识形态为分析视角全面考察了司法在职业理性与逻辑之外的另外一副面孔。意识形态在司法主体的建构与形象塑造，在司法程序的设计及其权威确立，在司法裁判的过程及其结果认同等方面都存在着介入空间和影响可能。而从历时性的角度上看，不同的历史时期和国家，意识形态对司法的影响程度和方式有所不同，从而呈现出嵌入混同型、自治自主型和交叉互动型几种不同类型，当代司法与意识形态的交叉互动型关系格局是对前两种类型的批判和超越，意识形态对司法的影响也由此呈现出一种崭新的面貌。

在法院的创立与变革中，不管西方还是中国，都有着意识形态的安排，而意识形态的这种介入因其程度和方式有别而体现为司法自治逻辑与政治统治逻辑之间力量对比关系的变化。在行政主导或立法主导的权力合一时代，司法总体上与行政或立法合一，或者说是嵌入行政或立法，法院的创立和发展主要由司法系统之外的力量来推动，外部意识形态的价值安排居于支配地位。在近现代法治背景中，权力分立的理念战胜了集权理念，司法也逐步脱离行政或立法而获得了自治空间，法院的创立和变革中的司法自主逻辑逐步占了上风。而在当代社会背景中，法院发展和变革的背后，意识形态的斗争以及司法系统与外部系统的角力则呈现为一种互动的局面，法院要适度回应政治理念或道德观念的要求，而法院的自治逻辑并未因此而丧失。与此同时，不同历史时期，法院机构形象设计构造上，意识形态也通过各种仪式符号施加影响，从古代法院与现代法院，政治或道德色彩的建筑风格逐步让位于司法自主独特的风格，其背后也折射着法院与意识形态的关系格局的变动。在法官选任上，司法历史与现实中，职业选任标准与意识形态价值考量之间演绎出职业标准为主兼顾意识形态标准、职业标准与意识形态标准平分秋色、职业标准和意识形态标准变动竞争的几种模式。意识形态标准的介入始终是无法摆脱的，但是其介入的程度和深度有所不同从而展现了司法与意识形态的不同关系。在法官角色期待上，意识形态是影响因素之一，在传统型法官、法理型法官和个人魅力型法官的类型变迁中，意识形态观念因素与法律制度性因素在法官角色塑造上所占比重也不断发生着变动。在当代语境中，法官的角色塑造主要是制度赋予的，而政治、道德意识形态同时也提出期待，并在法官角色扮演中打下自己的烙印，但是法官的制度性职业角色并未受到冲击，法官是法律人兼具政治人和社会人的角色集。

在司法程序的演化与变迁中，不管是世界范围内从传统型向现代型程序转型过程中，还是中国从低程序化、弱程序化走向正当程序化的诉求中，意识形态在背后都发挥着强大的推动力，体现为主流意识形态的变迁或调整，这种变迁或调适实际上也体现为程序设计中形式与实质关系、法律与道德或政治关系、司法与意识形态之间关系的一种改变。在现当代法治国家背景下，正当程序业已积淀为一种主义、一种理念，或曰一种意识形态。作为意识形态的正当程序深刻影响着司法程序的具体制度设计，这种具体设计与传统型程序和所谓的法外程序或隐形程序有着质的分野。与此同时，正当程序意识形态本身在运行过程中也经历了程序本位主义与程序相对工具主义两种风格或类型，这两种主义是对程序绝对工具主义或实体本位主义的一种批判和否定，两种主义之间也呈现为一种进化态势，这种进化态势在根本上可由尊重正当程序的意识形态或文化传统对程序与实体之间关系的动态调适来解释。司法程序是司法的生命线，司法程序是人们感知和评价司法权威的重要维度，司法程序能否获得认同是司法程序权威是否确立的检验。从程序受众的主观角度来看，人们共同信奉的政治或道德价值理念作为规范性因素深刻影响着人们对程序正当的感知与评价，进而影响到人们对程序的认同。评判程序是否正当的价值观念正是植根于特定国家或社会的基本政治、社会价值观之中的。在实质正义上存在共同价值尺度的文化或国度里，程序的结果的满意度而不是程序本身成为程序认同的主要基础；而在程序正义上存在共同价值标准的社会中，程序本身的优秀品质成为程序认同的主要标准。立足当代，在正当程序得到确立或获得权威的文化背景中，不断被社会化的程序意识形态有望塑造或凝聚人们关于程序正义的价值共识，从而成为树立和提升人们程序认同的首要标准，而仍然发挥着一定作用的关于实质正义的意识形态观则扮演着辅助角色。

在司法裁判观上，不同的法学流派所阐发的裁判方法与意识形态的关系也呈现出复杂状态。将裁判与意识形态相分离是一种司法自治模型的主张，而裁判嵌入到意识形态之中的裁判观则与前一自治模型截然相反，在裁判中引入或注重意识形态影响的处理方案则集中表达了司法与意识形态的交叉互动关系，这是当代社会值得认同和采取的立场。在裁判的事实认定、法律发现、判决证成等环节中，形式主义或自治型司法观将这些活动视为由法律主宰的，而以批判法学为代表的裁判观则会将这些活动演绎为完全的意识形态叙事。在前者看来，裁判活动不会也不应受到意识形态的介入，在后者看来，意识形态不仅介入也全面渗透到裁判活动中。在当代法视野中，更可取的是在法律与意识形态之间找到某种平衡或协作关系。基于交叉互动型立场，由于法律固有的不确定性和由此导致的裁判过程中不可避免的价值衡量，意识形态等法外价值观念经由法官的偏好或态度介入司法之中，成为事实认定、证据采信、法律解释、法律续造、裁判论证的依据、参考或资源。在交叉互动的分析立场上，意识形态对裁判过程的介入是适度的、有针对性的而且是需要转化的，即这种介入不会导致正式法律渊源在裁判中的退场，这种介入也主要针对的是正式法律形式不足以圆满解决问题的非常规案件，这种介入还需要进行从意识形态话语到法律话语、范畴、概念的转换，最终通过法官的原则权衡和政策考量来完成。

司法裁判最终通过权威裁判与受众建立支配与服从关系，这种关系的建立一是有赖于裁判本身的理性，二是要建基于裁判受众的认同和接受。裁判修辞是增强裁判可接受性的重要工具和纽带，而意识形态在裁判修辞过程中发挥着价值共识依据和价值分歧整合的作用。意识形态话语在裁判修辞中运用的一种极端的形态是直接介入、无需转换、没有限度，而交叉互动型立场上，这种介入是适度而谨慎的，它受到法律话语、修辞理性和裁判听众之价值需求的制约。

二、未竟问题

尽管有着中外司法历史与现实材料的实践印证，也不缺乏司法理论研究尤其是司法政治研究的文献基础和学理参照，本书关于意识形态对司法的影响研究总体上还只能算是一个初步的尝试性的框架分析。作为一个框架分析，本书的研究希望成为一份尊重、正视和认真对待司法之意识形态维度的国内样本。当然，我们已经发现一些拓展司法研究领域与视角的学术努力，司法政治学、司法社会学、司法心理学、司法伦理学等交叉学科及其方法正在成长。意识形态分析视角的运用既让我们看到司法的真实面目，包括残酷司法史上的狰狞面目，也有助于我们发现司法确定性与自治性的真实边界及其面临的可能任务和挑战，又有助于我们在一个变动而充满风险和悖论的当代背景下以一种积极的、发展的、互动的和回应的姿态去把握司法与社会之间的复杂作用关系。之于现代司法研究，笔者以为，意识形态是一个窗口、一把钥匙、一盘惊醒纯粹自治迷梦的冰水。与此同时，如何更为深入地反思和重塑司法与意识形态关系的分析模式，如何更为准确而细致地将分析模式运用在司法主体、司法程序、司法裁判的意识形态影响分析之中，这些自我质问既体现了本书的不足，也是本人后续研究要继续深耕细作之处。

从对意识形态影响司法的理论分析模式的梳理与归纳，以及交叉互动型研究立场的初步建构，本书对司法主体、司法程序与司法裁判的意识形态分析更多的是一般理论阐释，夹杂着一定的历史实证材料考察。那么，接下来的任务显然指向了集中的实证尤其是量化研究。司法与意识形态的实证研究在国外既有一定的成果也积累了方法基础，在诸如司法意识形态测量的方法论及其具体应用上产出了一批令司法交叉研究者兴奋不已的文献。在一元意识形态主导和多样化思潮并存的当代中国语境中，司法中意识形态测量的实证研究存在着大量值得期待的问题域和需要用力爬梳的资料和信息。

此外，还有一个未竟的问题，裹挟在本书的相关论述之中，但是其本身是一个需要单独处理的司法政治学命题，也是本人在接下来需要着手的课题，那就是司法意识形态。严格意义讲的司法意识形态是被司法场域内化了的职业性意识形态，就像在西方被法律职业者共同信奉的守法主义意识形态一样。司法意识形态则代表着司法与意识形态两个相互作用的现象之间的一种交叉互动的具体结果，既在宏观层面上表述着司法系统整体的意识形态立场和主张，也在微观层面上指向法官裁判过程中的主义和价值取向。司法意识形态既包括作为理念原则的基本性内容，也存在着作为策略技术的操作性内容。作为一个更为集中的话题，司法意识形态也同样可以从定性与定量两个角度展开考察。

三、面向中国

尽管总体上属于理论阐释并大量运用了比较法分析，本书的研究目的和意义却是面向中国问题的，尤其是指向当代中国司法改革与发展问题。正文中业已指出，当代中国司法的起步与发展几经波折。在这一变迁过程中，在中华人民共和国成立后三十年，不管是从法院宏观上的创立、程序机制的具体设计，还是从法官微观上的裁判来讲，意识形态对司法的影响都是全面而具有渗透性的，司法的意识形态面孔十分鲜明，在这样一种司法嵌入意识形态的模式中，司法的自治与自主性是相当匮乏的。改革开放以来，中国司法决意走上了一条变革之路。变革司法一是要突破泛意识形态化的司法困境，二是要确立和增强司法的自治性。从最高人民法院的五个五年改革纲要及其实施情况来看，在改革的动因、内容和目标等方面，意识形态对当代中国司法的影响以及由此形成的司法与意识形态的关系格局呈现出一种变动、调适的格局。一方面，司法的自治性和专业化在不断成长，另一方面，来自意识形态的影响仍然强劲。不管是从司法实践还是从司法理论研究上看，司法与意识形态之间还未能找到较为妥当的相处之道。在司法这一边，对意识形态的误解、成见、恐惧或抱怨并未消除，由此采取的应对方式往往是过激地抗拒或盲目地沉浸其间。而在意识形态影响这一边，不仅执政党意识形态发挥着主导性角色，来自传统司法的儒家意识形态、来自域外司法的自由主义意识形态以及当代中国涌动的多元社会思潮也都通过各种方式试图对当代司法发展施加影响。主流意识形态如何整合分歧、凝聚共识，是其能否比较合理而适当地影响司法的前提。畅想未来，笔者以为，立足国际背景和中国语境，当代中国司法将继续在巩固和增强司法自治性与肯认主流意识形态之必要影响之间探索一种妥当的关系模式和平衡的艺术。这种探索还不仅仅是实践中的改革和试验，还应该注重理论上的提炼和建构。这种探索不仅要针对宏观上的司法体制发展，而且要深入到司法程序机制的具体设计以及法官的具体裁判活动之中。这种探索不仅要以积极的心态关注意识形态之于司法的正面影响，还要以谨慎的心态防范或解决其间的负面效应。

参考文献

一、著作类

[1] 季广茂：《意识形态》，广西师范大学出版社 2005 年版。

[2] 郑永年：《再塑意识形态》，东方出版社 2016 年版。

[3] 王晓升等：《西方马克思主义意识形态理论》，社会科学文献出版社 2009 年版。

[4] 赵继伟：《马克思主义意识形态接受论》，武汉大学出版社 2009 年版。

[5] 刘少杰：《当代中国意识形态变迁》，中央编译出版社 2012 年版。

[6] 任岳鹏：《西方马克思主义法学视域下的"法与意识形态"问题研究》，法律出版社 2009 年版。

[7] 公丕祥主编：《法理学》，复旦大学出版社 2002 年版。

[8] 张文显主编：《法理学》，高等教育出版社、北京大学出版社 2007 年版。

[9] 潘念之：《法学总论》，知识出版社 1982 年版。

[10] 范忠信、陈景良：《中国法制史》，北京大学出版社 2007 年版。

[11] 张中秋：《中西法律文化比较研究》，南京大学出版社 1991 年版。

[12] 张晋藩：《中国法律的传统与近代转型》，法律出版社 1997 年版。

[13] 胡旭晟：《解释性法史学——以中国传统法律文化的研究生为侧

重点》，中国政法大学出版社 2005 年版。

［14］范忠信、郑定、詹学农：《情理法与中国人》，中国人民大学出版社 1992 年版。

［15］吕世伦主编：《现代西方法学流派》上册，中国大百科全书出版社 2000 年版。

［16］范愉：《司法制度概论》，中国人民大学出版社 2003 年版。

［17］李昌道、董茂云：《比较司法制度》，上海人民出版社 2004 年版。

［18］宋冰：《读本：美国与德国的司法制度及司法程序》，中国政法大学出版社 1998 年版。

［19］最高人民法院中国应用法学研究所：《美英德法四国司法制度概况》，韩苏琳编译，人民法院出版社 2008 年版。

［20］贺卫方：《司法的理念与制度》，中国政法大学出版社 1998 年版。

［21］贺卫方：《法边馀墨》，法律出版社 1998 年版。

［22］刘全娥：《陕甘宁边区司法改革与"政法传统"的形成》，人民出版社 2016 年版。

［23］高其才、左炬、黄宇宁：《政治司法：1949—1961 年的华县人民法院》，法律出版社 2009 年版。

［24］侯欣一：《从司法为民到大众司法：陕甘宁边区大众化司法制度研究（1937—1949）》，三联书店 2020 年版。

［25］上海社会科学院院史办公室：《重拾历史的记忆：走近雷经天》，上海社会科学出版社 2008 年版。

［26］王定国等编：《谢觉哉论民主与法制》，法律出版社 1996 年版。

［27］陈景良主编：《当代中国法律思想史》，河南大学出版社 1999 年版。

［28］公丕祥：《当代中国的司法改革》，法律出版社 2012 年版。

［29］公丕祥主编：《当代中国的法律革命》，法律出版社 1999 年版。

［30］蔡定剑：《历史与变革——新中国法制建设的历程》，中国政法大学出版社 1999 年版。

［31］董必武：《董必武政治法律文集》，法律出版社 1986 年版。

［32］陈光中等：《中国现代司法制度》，北京大学出版社 2020 年版。

［33］陈铭祥：《法政策学》，台湾元照出版公司 2011 年版。

［34］李游：《和谐社会的司法解读：以中西方司法传统的演变为路径》，法律出版社 2013 年版。

［35］黄宗智：《民事审判与民间调解：清代的表达与实践》，中国社会科学出版社 1998 年版。

［36］肖建国：《民事诉讼程序价值论》，中国人民大学出版社 2000 年版。

［37］谢佑平：《刑事司法程序的一般理论》，复旦大学出版社 2003 年版。

［38］宋英辉：《刑事诉讼原理导读》，中国检察出版社 2008 年版。

［39］李心鉴：《刑事诉讼构造论》，中国政法大学出版社 1992 年版。

［40］戴桂洪：《中国行政程序法制现代化》，南京师范大学出版社 2008 年版。

［41］魏晓娜：《刑事正当程序原理》，中国人民公安大学出版社 2006 年版。

［42］樊崇义等：《正当法律程序研究——以刑事诉讼程序为视角》，中国人民公安大学出版社 2005 年版。

［43］宋英辉主编：《刑事诉讼原理》，法律出版社 2003 年版。

［44］左卫民、周长军：《变迁与变革——法院制度现代化研究》，法律出版社 2000 年版。

［45］宋冰编：《程序、正义与现代化——外国法学家在华演讲录》，中国政法大学出版社 1998 年版。

［46］秦策、张镭：《司法方法与法学流派》，人民出版社 2011 年版。

［47］徐亚文：《程序正义论》，山东人民出版社 2004 年版。

［48］陈瑞华：《程序正义理论》，中国法制出版社 2010 年版。

［49］孙笑侠：《程序的法理》，商务印书馆 2005 年版。

［50］季卫东：《法治秩序的建构》，中国政法大学出版社 1999 年版。

［51］张千帆：《西方宪政体系》上册·美国宪法，中国政法大学出版社 2004 年版。

［52］张乃根：《西方法哲学史纲》，中国政法大学出版社 2008 年版。

［53］胡震、韩秀桃：《行为主义法学》，法律出版社 2008 年版。

［54］朱景文主编：《对西方法律传统的挑战——美国批判法律研究运动》，广西师范大学出版社 2004 年版。

［55］解兴权：《通向正义之路——法律推理的方法论研究》，中国政法大学出版社 2000 年版。

［56］王洪：《制定法推理与判例法推理》，中国政法大学出版社 2013 年版。

［57］黄茂荣：《法学方法与现代民法》，法律出版社 2007 年版。

［58］武飞：《法律解释：服从拟或创造》，北京大学出版社 2010 年版。

［59］陈林林：《法律方法比较研究：以法律解释为基点的考察》，浙江大学出版社 2014 年版。

［60］王文杰主编：《月旦民商法研究·法学方法论》，清华大学出版社 2004 年版。

［61］焦宝乾：《法律论证：思维与方法》，北京大学出版社 2010 年版。

［62］陈林林：《裁判的进路与方法——司法论证理论导论》，中国政法大学出版社 2007 年版。

［63］孙光宁：《可接受性：法律方法的一个分析视角》，北京大学出版社 2012 年版。

［64］何怀宏：《伦理学是什么》，北京大学出版社 2002 年版。

［65］燕继荣：《政治学十五讲》，北京大学出版社 2004 年版。

［66］苏国勋：《理性化及其限制——韦伯思想引论》，上海人民出版社 1988 年版。

［67］屈浩然、寿民：《法院建筑设计（下）——法院建筑的性格》，中国建筑工业出版社 1984 年版。

［68］秦启文、周永康：《角色学导论》，中国社会科学出版社 2011 年版。

［69］奚从清：《角色论——个人与社会的互动》，浙江大学出版社 2010 年版。

［70］胡曙中：《西方新修辞学概论》，湘潭大学出版社 2009 年版。

［71］刘亚猛：《西方修辞学史》，外语教学与研究出版社 2008 年版。

［72］焦宝乾：《法律修辞学导论》，山东人民出版社 2012 年版。

［73］侯学勇：《中国司法语境中的法律修辞问题研究》，山东人民出版社 2017 年版。

二、译著类

［1］［英］大卫·麦克里兰：《意识形态》，孔兆政、蒋龙翔译，吉林人民出版社 2005 年版。

［2］［澳］安德鲁·文森特：《现代政治意识形态》，袁久红等译，江苏人民出版社 2008 年版。

［3］［英］约翰·B. 汤普森：《意识形态理论研究》，郭世平等译，社会科学文献出版社 2013 年版。

［4］［英］约翰·B. 汤普森：《意识形态与现代文化》，高铦等译，译林出版社 2012 年版。

［5］［法］阿尔都塞：《哲学与政治：阿尔都塞读本》，陈越编译，吉林人民出版社 2003 年版。

［6］［英］哈特：《法律的概念》，许家馨、李冠宜译，法律出版社 2006 年版。

［7］［英］拉兹：《法律的权威》，朱峰译，法律出版社 2005 年版。

［8］［美］富勒：《法律的道德性》，郑戈译，商务印书馆 2005 年版。

［9］［美］德沃金：《认真对待权利》，信春鹰、吴玉章译，中国大百科全书出版社 1998 年版。

［10］［美］庞德：《法理学》第 2 卷，邓正来译，中国政法大学出版社 2007 年版。

［11］［美］杰弗里·图宾：《誓言：奥巴马与最高法院》，于霄译，上海三联书店 2013 年版。

［12］［美］杰弗瑞·A. 西格尔、哈罗德·J. 斯皮斯：《正义背后的意识形态——最高法院与态度模型》，刘哲玮译，北京大学出版社 2012 年版。

［13］［美］李·爱泼斯坦、威廉·兰德斯、理查德·波斯纳：《法官如何行为：理性选择的理论和经验研究》，黄韬译，法律出版社 2017 年版。

［14］［美］劳伦斯·鲍姆：《法官的裁判之道》，李国庆译，北京大学出版社 2014 年版。

［15］［美］拉斯韦尔、麦克道格尔：《自由社会之法学理论：法律、科学和政策的研究》，王超等译，王贵国总审校，法律出版社 2013 年版。

［16］［美］诺内特、［美］塞尔兹尼克：《转变中的法律与社会：迈向回应型法》，张志铭译，中国政法大学出版社 2004 年版。

［17］［美］伯纳德·施瓦茨：《美国法律史》，王军等译，法律出版社 2018 年版。

［18］［德］托依布纳：《法律：一个自创生系统》，张骐译，北京大学出版社 2004 年版。

［19］［比］马克·范·胡克：《法律的沟通之维》，孙国东译，法律出版社 2008 年版，第 52 页。

［20］［德］马克斯·韦伯：《论经济与社会中的法律》，张乃根译，中国大百科全书出版社 1998 年版。

［21］［德］马克斯·韦伯：《经济与历史 支配的类型》，康乐等译，广西师范大学出版社 2004 年版。

［22］［美］德沃金：《法律帝国》，李常青译，中国大百科全书出版社1996年版。

［23］［美］伯尔曼：《法律与宗教》，梁治平译，中国政法大学出版社2003年版。

［24］［美］梅利曼：《大陆法系》，顾培东、禄正平译，法律出版社2004年版。

［25］［美］马丁·夏皮罗：《法院：比较法上和政治学上的分析》，中国政法大学出版社2005年版。

［26］［美］亨利·J.亚伯拉罕：《司法的过程：美国、英国和法国法院评介》，泮伟江等译，北京大学出版社2009年版。

［27］［德］K.茨威格特、H.克茨：《比较法总论》，潘汉典译，贵州人民出版社1992年版。

［28］［美］达玛什卡：《司法和国家权力的多种面孔》，郑戈译，中国政法大学出版社2015年版。

［29］［美］迈克尔·D.贝勒斯：《法律的原则———一个规范的分析》，张文显等译，中国大百科全书出版社1996年版。

［30］［意］卡佩莱蒂等：《当事人基本程序保障权与未来民事诉讼》，徐昕译，法律出版社2000年版。

［31］［意］卡佩莱蒂编：《福利国家与接近正义》，刘俊祥等译，法律出版社2000年版。

［32］［美］汤姆·R.泰勒：《人们为什么遵守法律》，黄永译，中国法制出版社2015年版。

［33］［美］波斯纳：《法理学问题》，苏力译，中国政法大学出版社2002年版。

［34］［美］波斯纳：《法律与文学》，李国庆译，法律出版社2002年版。

［35］［美］波斯纳：《法官如何思考》，苏力译，北京大学出版社2009年版。

［36］［美］史蒂文·J.伯顿：《法律和法律推理导论》，张志铭、解兴权译，中国政法大学出版社1999年版。

［37］［美］斯蒂芬·M.菲尔德曼：《从前现代主义到后现代主义的美国法律思想》，李国庆译，中国政法大学出版社2005年版。

［38］［美］霍姆斯：《普通法》，冉昊、姚中秋译，中国政法大学出版社2006年版。

［39］［美］卡多佐：《司法过程的性质》，苏力译，商务印书馆2000年版。

［40］［美］彼得·G.伦斯特洛姆：《美国法律辞典》，贺卫方等译，中国政法大学出版社1998年版。

［41］［日］川岛武宜：《现代化与法》，申政武等译，中国政法大学出版社1994年版。

［42］［英］休·柯林斯：《马克思主义与法律》，邱昭继译，法律出版社2012年版。

［43］［美］昂格尔：《现代社会中的法律》，吴玉章、周汉华译，译林出版社2001年版。

［44］［英］彼得·斯坦、约翰·香德：《西方社会的法律价值》，王献平译，中国法制出版社2004年版。

［45］［美］肯尼迪：《判决的批判》，王家国译，法律出版社2012年版。

［46］［美］波斯纳：《法官如何思考》，苏力译，北京大学出版社2009年版。

［47］［德］拉伦茨：《法学方法论》，陈爱娥译，商务印书馆2003年版。

［48］［德］齐佩利乌斯：《法学方法论》，金振豹译，法律出版社2009年版。

［49］［德］恩吉施：《法律思维导论》，郑永流译，法律出版社2004年版。

［50］［美］博登海默：《法理学：法律哲学与法律方法》，中国政法大学出版社 2004 年版。

［51］［美］凯斯·R. 孙斯坦：《法律推理与政治冲突》，金朝武等译，法律出版社 2004 年版。

［52］［德］考夫曼、哈斯默尔主编：《当代法哲学和法律理论导论》，郑永流译，法律出版社 2002 年版。

［53］［德］阿列克西：《法律论证理论》，舒国滢译，中国法制出版社 2002 年版。

［54］［英］麦考密克、［奥］魏因贝格尔：《制度法论》，周叶谦译，中国政法大学出版社 2004 年版。

［55］［美］诺埃尔·卡洛尔：《大众艺术哲学论纲》，严忠志译，商务印书馆 2010 年版。

［56］［美］房龙：《人类的艺术》上，衣成信译，中国和平出版社 1996 年版。

［57］［美］乔纳森·H. 特纳：《社会学理论的结构》，吴曲辉等译，浙江人民出版社 1987 年版。

［58］［美］丹尼斯·朗：《权力论》，陆震纶、郑明哲译，中国社会科学出版社 2001 年版。

［59］［法］亚历山大·科耶夫：《权威的概念》，姜志辉译，译林出版社 2011 年版。

［60］［美］汉娜·阿伦特：《过去与未来之间》，王寅丽、张立立译，译林出版社 2011 年版。

［61］［美］丹尼尔·贝尔：《资本主义文化矛盾》，赵一凡等译，三联书店 1989 年版。

三、论文类

[1]赵敦华：《"意识形态"概念的多重描述定义——再论马克思恩格斯的意识形态批判理论》，载《社会科学战线》2014 年第 7 期。

［2］唐爱军：《马克思关于意识形态的分析框架及其拓展》，载《中共中央党校学报》2015 年第 2 期。

［3］张业亮：《大法官选任："司法选择"还是"政治事物"》，载《世界知识》2016 年第 6 期。

［4］郑智航：《党政体制塑造司法的机制研究》，载《环球法律评论》2020 年第 6 期。

［5］汪庆华：《中国行政诉讼：多中心主义的司法》，载《中外法学》2007 年第 5 期。

［6］应星：《行政诉讼程序运作中的法律、行政与社会》，载《北大法律评论》2008 年第 9 卷第 1 辑。

［7］贺欣：《离婚法实践的常规化——体制制约对司法行为的影响》，载《北大法律评论》2008 年第 9 卷第 2 辑。

［8］贺欣：《为什么法院不接受外嫁女纠纷——司法过程中的法律、权力和政治》，载《法律和社会科学》2008 年第 3 卷。

［9］贺欣：《法院推动的司法创新实践及其意涵——以 T 市中级人民法院的行政诉讼为例》，载《法学家》2012 年第 5 期。

［10］于晓虹：《策略性服从：我国法院如何推进行政诉讼》，载《清华法学》2014 年第 4 期。

［11］周永坤：《政治当如何介入司法》，载《暨南学报（哲学社会科学版）》2013 年第 11 期。

［12］王建勋：《政治化：误入歧途的中国司法》，载《领导者》2011 年总第 41 期。

［13］周赟：《政治化：司法的一个面向——从 2012"涉日抗议示威"的相关案件说起》，载《法学》2013 年第 3 期。

［14］江必新：《正确认识司法与政治的关系》，载《求是》2009 年第 24 期。

［15］杨建军：《法治国家中司法与政治的关系定位》，载《法制与社会发展》2011 年第 5 期。

［16］林文学、张伟：《以司法方式加强社会主义核心价值观建设的方法论》，载《法律适用》2018 年第 19 期。

［17］廖永安、王聪：《路径与目标：社会主义核心价值观如何融入司法》，载《新疆师范大学学报（哲学社会科学版）》2019 年第 1 期。

［18］于洋：《社会主义核心价值观的司法适用》，载《法学》2019 年第 5 期。

［19］陈金钊：《"社会主义核心价值观融入法治建设"的方法论诠释》，载《当代世界与社会主义》2017 年第 4 期。

［20］周尚君、邵珠同：《核心价值观的司法适用实证研究》，载《浙江社会科学》2019 年第 3 期。

［21］彭中礼、王亮：《司法裁判中社会主义核心价值观的运用研究》，载《时代法学》2019 年第 4 期。

［22］杨福忠：《论司法培育和弘扬社会主义核心价值观的机理与技术路径》，载《法学论坛》2020 年第 2 期。

［23］孟融：《我国法院执行公共政策的机制分析》，载《政治与法律》2017 年第 3 期。

［24］方乐：《司法参与公共治理的方式、风险与规避——以公共政策司法为例》，载《浙江社会科学》2018 年第 1 期。

［25］廖永安、王聪：《法院如何执行公共政策：一种实用主义与程序理性有机结合的裁判进路》，载《政治与法律》2019 年第 12 期。

［26］王国龙：《审判的政治化与司法权威的困境》，载《浙江社会科学》2013 年第 4 期。

［27］姚建宗：《法律政治逻辑阐释》，载《政治学研究》2010 年第 2 期。

［28］姚建宗：《论法律与政治的共生：法律政治学导论》，载《学习与探索》2010 年第 4 期。

［29］周祖成：《法律与政治：共生中的超越和博弈》，载《现代法学》2012 年第 6 期。

［30］伍德志：《欲拒还迎：政治与法律关系的社会系统论分析》，载《法律科学》2012 年第 2 期。

［31］江国华：《常识与理性（十）：司法技术与司法政治之法理及其兼容》，载《河北法学》2011 年第 12 期。

［32］公丕祥：《中国特色社会主义司法改革道路概览》，载《法律科学》2008 年第 5 期。

［33］公丕祥：《当代中国的自主型司法改革道路——基于中国司法国情的初步分析》，载《法律科学》2010 年第 3 期。

［34］杨建军：《司法改革的理论论争及其启迪》，载《法商研究》2015 年第 2 期。

［35］郑智航：《人民司法群众路线生成史研究（1937—1949）——以思想权力运作为核心的考察》，载《法学评论》2017 年第 1 期。

［36］段瑞群：《"司法大跃进"——新中国初期司法审判制度的变异史》，载《澳门法学》2020 年第 1 期。

［37］公丕祥：《中国司法改革 60 年》，载《中国社会科学辑刊》2009 年冬季卷。

［38］孙笑侠：《司法职业性与平民性的双重标准——兼论司法改革与司法评估的逻辑起点》，载《浙江社会科学》2019 年第 2 期。

［39］王颖：《中国司法的"政法模式"与"法政模式"》，载《法学论坛》2017 年第 5 期。

［40］苏力：《中国法学研究格局的流变》，载《法商研究》2014 年第 5 期。

［41］侯猛：《新中国政法话语的流变》，载《学术月刊》2020 年第 2 期。

［42］侯欣一：《法学研究中政法主题的缺失及彰显——一个学术史的梳理》，载《法律科学》2020 年第 6 期。

［43］侯猛：《知识结构的塑造——当代中国司法研究的学术史考察》，载《现代法学》2019 年第 4 期。

［44］张文显：《在新的历史起点上推进中国特色法学体系构建》，载《中国社会科学》2019 年第 10 期。

［45］谢海定：《法学研究进路的分化与合作——基于社科法学与法教义学的考察》，载《法商研究》2014 年第 5 期。

［46］李瑜青、张建：《司法研究方法的反思与批判》，载《学术界》2014 年第 7 期。

［47］黄文艺：《中国政法体制的规范性原理》，《法学研究》2020 年第 4 期。

［48］杨光斌：《建国历程的新政治学：政党中心主义、政治秩序与"好政治"三要素》，载《中国政治学》2018 年第 1 期。

［49］杨光斌：《被掩蔽的经验 待建构的理论——社会中心主义的经验与理论检视》，载《社会科学研究》2011 年第 1 期。

［50］李新廷：《社会中心主·国家中心主义·政党中心主义——西方比较政治学研究视角的演进与中国关照》，载《国外理论动态》2016 年第 2 期。

［51］景跃进：《将政党带进来——国家与社会关系范畴的反思与重构》，载《探索与争鸣》2019 年第 8 期。

［52］陈明明、李松：《当代中国党政体制的沿革：路径与逻辑》，载《统一战线学研究》2020 年第 6 期。

［53］张昌辉：《从政治价值到法律范畴：作为转换时刻的法律政策》，载《天津大学学报（社会科学版）》2019 年第 4 期。

［54］苏永钦：《飘移在两种司法理念间的司法改革——台湾司法改革的社经背景与法制基础》，载《环球法律评论》2002 年春季号。

［55］白雪峰：《论美国司法独立的确立》，载《美国研究》2000 年第 3 期。

［56］廖海：《美国司法独立争论的历史考察》，载《法律科学》1999 年第 1 期。

［57］马登科：《论政治在美国司法体制形成中的影响——以马伯里诉

麦迪逊案为视角》，载《广西社会科学》2009 年第 5 期。

［58］苏力：《制度是如何形成的？——关于马歇尔诉麦迪逊案的故事》，载《比较法研究》1998 年第 1 期。

［59］袁强：《解读"法律迷津"——巴尔金的法律意识形态思想述评》，载《清华法治论衡》2004 年第 1 卷。

［60］江国华、朱道坤：《世纪之交的英国司法改革》，载《东方法学》2010 年第 2 期。

［61］韩朝炜、王涛：《英国司法独立模式的历史性转变及其启示》，载《法律适用》2013 年第 6 期。

［62］季涛：《论司法变迁的未来模式》，载《浙江学刊》2001 年第 3 期。

［63］巢志雄：《司法仪式的结构与功能》，载《司法》2008 年第 3 辑。

［64］黄晓平：《古代衙门建筑与司法之价值追求》，载《北方法学》2009 年第 6 期。

［65］徐顺欣、陈健鸿：《中国司法文化递嬗之建筑学观照——以古代衙署和现代法院的立面图像为分析基点》，载《全国法院第 25 届学术讨论会获奖论文集》2014 年上册。

［66］全亮：《论司法独立的有限性——法官选任为视角》，载《甘肃政法学院学报》2014 年第 1 期。

［67］关毅：《英美模式的法官成长之路》，载《法律适用》2008 年第 8 期。

［68］丁艳雅：《法官选任方式与程序之比较研究》，载《中山大学学报（社会科学版）》2001 年第 4 期。

［69］刘辉：《美国最高法院大法官选任过程中的意识形态因素分析》，载《美国问题研究》2011 年第 2 期。

［70］陈开琦：《美国法官遴选制的机理及启示》，载《社会科学研究》2006 年第 6 期。

［71］徐爱国：《美国的法官与政党》，载《法制资讯》2011 年第 12 期。

[72] 左卫民：《中国法官任用机制：基于理念的初步评析》，载《现代法学》2010 年第 5 期。

[73] 王禄生：《相马与赛马：中国初任法官选任机制实证研究》，载《法制与社会发展》2015 年第 2 期。

[74] 刘忠：《条条与块块关系下的法院院长产生》，载《环球法律评论》2012 年第 1 期。

[75] 左卫民：《中国法院院长角色的实证研究》，载《中国法学》2014 年第 1 期。

[76] 李强：《韦伯、希尔斯与卡理斯玛式权威——读书札记》，载《北大法律评论》2004 年第 6 卷第 1 辑。

[77] 杨建军：《好法官的两种形象》，载《法学论坛》2012 年第 5 期。

[78] 张彩凤、叶永尧：《英国治安法官制度的现代化演进及其形态考察》，载《法制现代化研究》2008 年刊。

[79] 顾荣欣：《英美法系治安法官制度之比较》，载《外国法制史研究》2008 年刊。

[80] 马塞尔·柏宁斯、克莱尔·戴尔：《英国的治安法官》，李浩译，载《法学译丛》1990 年第 6 期。

[81] 李洋、张锐智：《英国治安法官制度价值探析》，载《沈阳工业大学学报（社会科学版）》2012 年第 1 期。

[82] 宁杰：《论公共传播中先进法官的形象塑造》，载《人民司法》2016 年第 16 期。

[83] 《山东审判》编辑部、济南中院研究室：《"宋鱼水审案方法"与当代司法方法专题研讨》，载《山东审判》2005 年第 3 期。

[84] 江苏法院陈燕萍工作法研究小组：《情法辉映 曲直可鉴——陈燕萍工作法研究报告》，载《人民司法》2010 年第 9 期。

[85] 易军：《诉讼仪式的象征符号》，载《国家检察官学院学报》2008 年第 3 期。

[86] 王华胜：《英国法官服饰的形成与改革》，载《环球法律评论》

2010 年第 5 期。

[87] 徐昕：《程序自由主义及其局限——以民事诉讼为考察中心》，载《开放时代》2003 年第 3 期。

[88] 齐树洁：《小额诉讼：从理念到规则》，载《海峡法学》2013 年第 1 期。

[89] 范愉：《小额诉讼程序研究》，《载中国社会科学》2001 年第 3 期。

[90] 胡旭晟：《试论中国传统诉讼文化的特质》，载《南京大学法律评论》1999 年春季号。

[91] 胡旭晟：《中国传统诉讼文化的价值取向》，载《中西法律传统》2002 年卷。

[92] 马作武：《古代息讼之术探讨》，载《武汉大学学报（哲学社会科学版）》1998 年第 2 期。

[93] 赵晓耕、沈玮玮：《健讼与惧讼：清代州县司法的一个悖论解释》，载《江苏大学学报（社会科学版）》2011 年第 6 期

[94] 邓健鹏：《健讼与息讼：中国传统诉讼文化的矛盾解析》，载《清华法学》2004 年第 1 期。

[95] 李文健：《转型时期的刑诉法学及其价值论》，载《法学研究》1997 年第 4 期。

[96] 霍海红：《程序与实体关系的话语变迁——以中国"民事法"为中心》，载《南京大学法律评论》2010 年秋季卷。

[97] 吴兆祥：《新民事诉讼法出台的背景及其重大影响》，载《中国法律：中英文版》2012 年第 5 期。

[98] 陈瑞华：《通过法律实现程序正义——萨默斯"程序价值"理论评析》，载《北大法律评论》第 1 卷第 1 辑。

[99] 孙笑侠、应永宏：《程序与法律形式化——兼论现代法律程序的特征与要素》，载《现代法学》2002 年第 1 期。

[100] 季卫东：《程序比较论》，载《比较法研究》1993 年第 1 期。

[101] 谢佑平、万毅:《法内程序与法外程序——我国司法改革的盲点与误区》,载《学术研究》2003 年第 4 期。

[102] 张萍:《论司法过程中的法外程序》,载《江淮论坛》2016 年第 1 期。

[103] 苏新建:《程序正义对司法信任的影响——基于主观程序正义的实证研究》,载《环球法律评论》2014 年第 5 期。

[104] 刘连泰:《论宪法的意识形态属性》,载《北京联合大学学报(人文社会科学版)》2017 年第 1 期。

[105] 舒国滢:《法律原则适用中的难题何在》,载《苏州大学学报(哲学社会科学版)》2004 年第 6 期。

[106] 李静:《裁判者的事实裁量权》,载《北京仲裁》2005 年第 2 期。

[107] 谢小瑶、赵冬:《裁判可接受性的"理想"与"现实"》,载《南京大学法律评论》2013 年春季卷。

[108] 向朝霞:《论司法裁判的社会可接受性》,载《太原师范学院学报(社会科学版)》2008 年第 1 期。

[109] 洪浩、陈虎:《论判决的修辞》,载《北大法律评论》2003 年第 1 期。

[110]《欧洲各国法官选任机制的基本标准》,林娜编译,载《法制资讯》2014 年第 9 期。

[111] [加] 希普诺维奇:《法律与意识形态》,张昌辉译,载《南京大学法律评论》2012 年第 1 期。

[112] [英] 安德鲁·哈尔平:《意识形态与法律》,张昌辉译,载《法律与伦理》2019 年第 2 期。

[113] [法] 布迪厄:《法律的力量——迈向司法场域的社会学》,强世功译,载《北大法律评论》1999 年第 2 卷第 2 辑。

[114] [美] 库尔特·M. 桑德斯:《作为修辞之法律,作为论证之修辞》,程朝阳译,载《法律方法》2010 年卷。

[115] [美] 麦德福、强世功:《司法独立与最高法院的权威》,载《读

书》2003 年第 5 期。

[116][英] R. 马丁：《论权威——兼论 M. 韦伯的"权威三类型说"》，罗述勇译，载《国外社会科学》1987 年第 2 期。

[117][加] 肯特·罗奇：《刑事诉讼的四种模式》，陈虎译，载《刑事法评论》2008 年第 2 卷。

[118][比] 佩雷尔曼：《旧修辞学与新修辞学》，杨贝译，载《法哲学与法社会学论丛》2005 年总第 8 卷。

[119][英] 拉兹：《法律原则与法律的界限》，雷磊译，载《比较法研究》2009 年第 6 期。

[120][苏] 莫斯克维切夫：《"非意识形态化"理论的产生》，谢遏龄译，载《国外社会科学文献》1984 年第 2 期。

[121][苏] 达维久克、季塔连科：《从"非意识形态化"理论到"重新意识形态化"观念》，夏伯铭译，载《国外社会科学文献》1984 年第 2 期。

四、报纸类

[1] 孙海波：《社会主义核心价值观融入司法的原则及界限》，载《人民法院报》2021 年 3 月 22 日第 2 版。

[2] 陈林林：《社会主义核心价值观的司法应用与制度保障》，载《中国社会科学报》2020 年 12 月 2 日第 4 版。

[3] 郑智航：《政治与法律的二元共生与双向进化》，载《中国社会科学报》2018 年 7 月 18 日第 7 版。

[4] 闫海：《"法理学家问，政治学家答"：我国法政治学范式的产生和发展》，载《中国社会科学报》2011 年 5 月 24 日第 10 版

[5] 刘涛：《中国法政治学的发展趋向》，载《中国社会科学报》2019 年 8 月 7 日第 7 版。

[6] 郑智航：《政治与法律的二元共生与双向进化》，载《中国社会科学报》2018 年 7 月 18 日第 7 版。

[7] 蔡琳：《政治与法律内在关联的逻辑前提》，载《中国社会科学报》

2018 年 12 月 12 日第 9 版。

［8］郑永年：《中国的"反"意识形态运动》，载《联合早报》2017 年 1 月 31 日。

［9］《奥巴马提名最高法院大法官遭共和党拒绝》，载《新快报》2016 年 3 月 18 日。

［10］贺卫方：《司法仪式给法律人以尊严和荣耀》，载《检察日报》2006 年 10 月 13 日。

［11］贺卫方：《从惊堂槌说到法庭威仪》，载《人民法院报》2002 年 1 月 25 日。

［12］刘树德：《法院设置的宪法表达》，载《人民法院报》2013 年 11 月 22 日第 7 版。

［13］徐斌、周志伟：《法院之建筑风格》，载《人民法院报》2012 年 7 月 13 日第 7 版。

［14］方金刚、胡夏冰：《国民参与审判制度：点评与展望》，载《人民法院报》2014 年 10 月 31 日第 7 版。

［15］［英］沃尔夫勋爵：《英国法院对法治的贡献》，杨奕编译，载《人民法院报》2015 年 9 月 18 日第 5 版。

［16］吴志伟：《法袍演进中的文化内涵》，载《人民法院报》2012 年 3 月 30 日。

［17］黄鸣鹤：《世上多了一个最高法院》，载《南方周末》2009 年 10 月 15 日。

［18］公丕祥：《陈燕萍工作法是新时代马锡五审判方式》，载《法制日报》2010 年 2 月 24 日第 3 版。

五、学位论文类

［1］郝丽芳：《美国联邦司法政治研究》，南开大学 2013 年博士学位论文。

［2］杨桦：《美国最高法院司法决策的行为主义与新制度主义研究》，

浙江大学 2013 年硕士学位论文。

[3] 卓英子：《司法审判中的政治因素——一个比较研究的视角》，中国人民大学 2007 年博士学位论文。

[4] 何民捷：《意识形态对司法审判的影响——以 1949 年到 1958 年人民日报的法治报道为研究视角》，中国人民大学 2012 年博士学位论文。

[5] 段瑞群：《"司法大跃进"研究（1957—1961）》，中国人民大学 2017 年博士学位论文。

[6] 李雅云：《中国共产党领导司法的历史嬗变》，中共中央党校 2011 年博士学位论文。

[7] 王颖：《当代中国司法领域政治和法治的辩证探析》，吉林大学 2019 年博士学位论文。

[8] 刘晓鸣：《政策司法化研究——关于人民法院执行党的政策的法律政治学分析》，吉林大学 2020 年博士学位论文。

六、外文文献类

[1] Martin Shapiro, Alec Stone Sweet, On Law, Politics, and Judicialization, Oxford：Oxford University Press, 2002.

[2] Mark C. Miller, Judicial Politics in the United States, Taylor &Francis, 2015.

[3] Terry Eagleton, Ideology：An Introduction, London：Verso, 1991.

[4] M. Seliger, Ideology and Politics, Allen and Unwin, London, 1976.

[5] Keith E. Whittington et al., The Oxford Handbook of Law and Politics, Oxford：Oxford University Press, 2008.

[6] Robert M. Howard et al., Routledge Handbook of Judicial Behavior, Routledge, 2018.

[7] Nancy Maveety ed., The Pioneers of Judicial Behavior, Michigan：University of Michigan Press, 2003.

[8] Brain Z. Tamanaha, Beyond the Formalist-Realist Divide：the Role of

Politics in Judging, Princeton: Princeton University Press, 2010.

[9] Cornell Clayton and Howard Gillman eds. Supreme Court Decision-Making: New Institutionalist Approaches, Chicago: University of Chicago Press, 1999.

[10] Howard Gillman and Cornell Clayton eds. The Supreme Court in American Politics: New Institutionalist Interpretation, Lawrence: University Press of Kansas, 1999.

[11] Roger Cotterrell, Law's Community: Legal Theory in Sociological Perspective, Oxford: Clarendon Press, 1995.

[12] Kwai Hang Ng, Xin He, Embedded Courts: Judicial Decision-Making in China, Cambridge University Press, 2017.

[13] Mark C. Miller, Exploring Judicial Politics, New York: Oxford University Press, 2009.

[14] Isaac Unah, The Supreme Court in American Politics, Palgrave Macmillan, 2009.

[15] Mauro Zamboni, Law and Politics: A Dilemma for Contemporary Legal Theory, Springer-Verlag Berlin Heidelberg, 2008.

[16] C. Sumner, Reading Ideologies: An Investigation into the Maxist Theory of Ideology and law, London: Academic Press, 1979.

[17] Raymond Geuss, The Idea of a Critical Theory: Habermas and the Frankfurt School, Cambridge Universtity Press, 1981.

[18] Sheldon Goldman, Picking Federal Judges, Yale University Press, 1997.

[19] Harold J. Berman & William R. Greiner, The Nature and Functions of Law, The Foundation Press, 1980.

[20] E. Allan and Tom R. Tyler, The Social Psychology of Procedural Justice, Plenum Press, 1988.

[21] Jerome Frank, Law and Modern Mind, Peter Smith, 1970.

[22] Chaim Pereloman, The Realm of Rhetoric, trans. William Kluback, 23, Notre Dame, 1982.

[23] Austin J. Freely, Argumentation and Debate: Critical Thinking For Reason Decision Making, Wadsworth Publishing, 1993.

[24] Chaim Perelman & Lucie Olbrechts-Tyteca, The new rhetoric: a treatise on argumentation, Translated by John Wilkinson & Purcell weaver, University of Notre Dame Press, 1969.

[25] Aulius Aarnio, The Rational as Reasonable: A Treatise on Legal Justification, D. Reidel Publishing Company, 1987.

[26] Chaim Perelman, Justice, Law and Argument: Essays on Moral and Legal Reasoning,. D. Reidel Publishing Company, 1980.

[27] Alan Hunt, The Ideology of Law: Advances and Problems in Recent Applications of the Concept of Ideology to the Analysis of Law, Law & Society Review, Vol.19, No.1 (1985).

[28] Martin Shapiro, Political Jurisprudence, 52 Ky. L. J. 294(1964).

[29] Georg Vanberg, Legislative-Judicial Relations: A Game-Theoretic Approach to Constitutional Review, American Journal of Political Science 45 (2)2001.

[30] Lee Epstein, Jack Knight, Toward a Strategic Revolution in Judicial Politics: A Look Back, A Look Ahead, Political Research Quarterly, Vol. 53, No. 3(2000).

[31] Whither Political Jurisprudence: A Symposium, The Western Political Quarterly, 1983, 36(4).

[32] Lawrence Baum, Judicial Politics: Still a Distinctive Field, in Ada W. Finifter ed., Political Science: The State of the Discipline, The American Political Science Association, 1983.

[33] Martin Shapiro, Public Law and Judicial Politics, in Ada W. Finifter ed., Political Science: The State of the Discipline II, The American Political

Science Association, 1993.

[34] Frederick Schauer, Formalism, Yale Law Journal, Vol. 97, No. 4 (1988).

[35] Frank B. Cross, Political Science and the New Legal Realism: A Case of Unfortunate Interdisciplinary Ignorance, Northwestern University Law Review, 1997, 92(1).

[36] Lee Epstein, Tonja Jacobi, The Strategic Analysis of Judicial Decisions, Annual Review of Law and Social Science, Vol. 6 (2010).

[37] Rogers Smith, Political Jurisprudence, The "New Institutionalism", and the Future of Public Law, The American Political Science Review, Vol. 82, No. 1(1988).

[38] Keith E. Whittington, Once More Unto the Breach: Post Behavioralist Approaches to Judicial Politics, Law& Social Inquiry, Vol. 25, No. 2(2000).

[39] Brain Z. Tamanaha, Balanced Realism on Judging, 44 Val. U. L. Rev. 1243(2010).

[40] William N. Eskridge, Gary Peller, The New Public Law Movement: Moderation as a Postmodern Cultural Form, Michigan Law Review, 1991, 89 (4).

[41] Joshua B Fischman, David S Law, What Is Judicial Ideology, and How Should We Measure It?, Vol. 29 Washington University Journal of Law & Policy (2009).

[42] Arthur Dyevre, Unifying the field of comparative judicial politics: towards a general theory of judicial behaviour, European Political Science Review (2010), 2. 2.

[43] Brian Z. Tamanaha, The Several Meanings of 'Politics' in Judicial Politics Studies: Why 'Ideological Influence' is Not 'Partisanship', Emory Law Journal, 61, 2012.

[44] Giovanni Sartori, Politics, Ideology, and Belief Systems, American

Political Science Review, Vol. 63, 1969.

[45] Willard A. Mullins, On the Concept of Ideology in Political Science, American Political Science Review, Vol. 66, 1972.

[46] Lee Epstein, Jack Knight, Reconsidering Judicial Preferences, Annual Review of Political Science, 2012, 16(1).

[47] Glendon Schubert, Behavioral Jurisprudence, Law and Society Review, 3(1968).

[48] Brian D. Lammon, (2012) What We Talk About When We Talk About Ideology: Judicial Politics Scholarship and Naïve Legal Realism, St. John's Law Review: Vol. 83: Iss. 1, Article 3.

[49] Gerald J. Postema, The Principle of Unility and the Law of Procedure: Bentham's Theory of Adjudication, Georgia Law Review, Vol. 11.

[50] John Griffiths, Ideology in Criminal Procedure or a Third "Model" of the Criminal Process, Vol. 79, No. 3, Yale L. J. (1970).

[51] J Thibaut, L Walker: A Theory of Procedure, 66 California Law Review, 1978, 66(3).

[52] Tom R. Tyler, Procedural Justice and the Courts, Court Review, Vol. 44 (1/2) (2007).

[53] Steven L. Blader, Tom R. Tyler, A Four-Component Model of Procedural Justice: Defining the Making of a "Fair" Process, 29(6) Personality and Social Psychology Bulletin, (2003).

[54] Jerome Frank, Words and Music: Some Remarks on Statutory Interpretation, 47 Colum. L. Rev. 1947.

[55] Karl Llewellyn, Some Realism about Realism: Responding to Dean Pound, 44 Harv. L. Rev., 1931.

[56] James Boyle, The Politics of Reason: Critical Legal Theory and Local Social Thought, UPA. L. REV. 1985(133).

[57] J. M. Balkin, Ideology as Constraint, 43 Stan. L. Rev., 1991

［58］Donald J. Black, Book Review: Law, Society, and Industrial Justice, 78(3) American Journal of Sociology, 1972.

［59］Ralph T. Eubanks, Virgil L. Baker, Toward an Axilogy of Rhetoric, Quarterly Journal of Speech, 1962, 48(2).

［60］Herbert Packer, Two Models of the Criminal Process, 113 U. Pa. L. Rev. (1964).

［61］Pablo T. Spiller, Rafael Gely, Strategic Judicial Decision Making (August 2007), NBER Working Paper No. w13321, Available at SSRN: https://ssrn.com/abstract = 1008815.

［62］A Department for Constitutional Affairs Consultation Paper, Constitutional Reform: A Supreme Court for the United Kingdom, July 2003, http://webarchive. nationalarchives. gov. uk/+/http:/www. dca. gov. uk/consult/ supremecourt/supreme.pdf.

［63］House of Lords, The Law Lords' Response to the Government's Consultation Paper on Constitutional Reform: a Supreme Court for the United Kingdom, July 2003, http://www. parliament. uk/documents/judicial-office/ judicialscr071103.pdf.

后　记

回顾在象牙塔里生活的二十余年，一直以来的研习兴趣主要在法律政治学基础理论这一块。我的硕士论文《法律意识形态概念的学理探析》，可以视为法政治学基本概念研究。在此研究体验和资料积累基础上，博士阶段我决定继续在此领域耕耘，最终确定从司法层面展开更为微观而细致的探讨。本书便是在我的博士论文《论意识形态对司法的影响》的基础上修订而成的。我的修改主要体现在导论和第一章。在导论部分，主要对国内外研究现状进行了更为翔实的梳理和评析。在第一章中，对域外分析模式的论证框架进行了较大调整，主要结合国外司法政治学研究成果深化了对分析模式演变及其根源的阐释；进一步梳理了国内司法政治研究成果，对国内分析模式转换与选择进行了更为细致的论证。

第一部专著出版之际，心中有无限感慨。直接意义上讲，本书是读博的产物。漫长的博士岁月——考三年、读三年半，是我求学生涯中最苦的一段时光。所苦者当然主要不是读书本身。如今回想起来，是煎熬也是磨砺，有难过也有精彩。更为重要的感慨应该是诸多感谢。在本书的初创和修改阶段，感谢杨登峰、刘旺洪、屠振宇等老师的真诚批评和宝贵修改建议，感谢周佑勇、上官丕亮等老师的犀利追问和宝贵完善建议，感谢三位盲审专家给予的充分肯定。本书第一章部分内容曾参与中国法学青年论坛等征文活动并获奖，感谢评审专家给予的鼓励。2018年我以本书第四章内容为基础材料申报国家社会科学基金项目，虽仅通过第一轮评审，但获得安徽省哲学社会科学规划项目资助；2021年我以本书第一章第二节内容为基础材料申报司法部法治建设与法学理论研究项目并成功获批，在此，一并致谢。

　　本书初稿写作与我儿乐童的孕育出生时间基本上是同步的，感谢妻子的奶奶和我的妈妈在论文写作与孩子出生前后的照顾和忙累。感谢我和妻子的双方亲人，在我们需要帮助时他们总会及时出现并倾力而为。考博、读博、写论文、发论文、调动工作，如此等等，如果没有我的妻子吕姗姗女士的精神支持和时间保障，其间的诸种折腾和折磨恐怕是难以越过的。

　　本书得以顺利出版，离不开单位给予的经费支持，感谢学院领导和同事在本书问世过程中给予的各种关心和帮助。

　　最后，特别致谢求学路上的三位恩师：初中时代的江选中老师、高中时代的许立新老师、大学时代的孙长永老师。求学之路漫长而艰辛，幸有恩师燃灯引路，一朝受惠恩师德性，传承则当仁不让。

2022 年 3 月 16 日草于江城芜湖